发展循环经济促进
绿色制造走可持续
发展之路

王瑞祥
中国机械工业联合会会长
二〇一七年十一月二日

机床再制造产业技术及工程实践

中国机电装备维修与改造技术协会　组织编写

JICHUANG ZAIZHIZAO CHANYE JISHU
JI GONGCHENG SHIJIAN

化学工业出版社
·北京·

本书是为了促进机床再制造技术的发展而组织行业专家编写的技术图书，详细介绍了机床再制造技术的发展现状及关键技术，如机床再制造技术框架、可再制造性评估、废旧机床零部件及整机的再设计和再修复、再制造专用设备及系统、再制造工艺方案的设计、评价、优化，再制造车间设施布局，再制造回收网络及逆向物流体系等内容。同时，本书收录了国内机床行业再制造的工程实践案例，涉及车铣类机床、齿轮机床、磨削类机床、重型机床、专用机床、机床功能部件、数控机床等。本书附录还列出了再制造行业的相关政策和标准，方便读者查阅。

本书适合从事机床设计、改造、维修的管理人员、工程技术人员以及机械工程相关专业的师生阅读参考。

图书在版编目（CIP）数据

机床再制造产业技术及工程实践/中国机电装备维修与改造技术协会组织编写．—北京：化学工业出版社，2017.11

ISBN 978-7-122-30901-3

Ⅰ.①机…　Ⅱ.①中…　Ⅲ.①机床-机械工业-中国　Ⅳ.①F426.4

中国版本图书馆 CIP 数据核字（2017）第 266831 号

责任编辑：曾　越　张兴辉　　文字编辑：陈　喆
责任校对：王素芹　　装帧设计：王晓宇

出版发行：化学工业出版社（北京市东城区青年湖南街 13 号　邮政编码 100011）
印　　装：三河市延风印装有限公司
787mm×1092mm　1/16　印张 14　字数 338 千字　2018 年 1 月北京第 1 版第 1 次印刷

购书咨询：010-64518888（传真：010-64519686）　售后服务：010-64518899
网　　址：http：//www.cip.com.cn
凡购买本书，如有缺损质量问题，本社销售中心负责调换。

定　　价：89.00 元

《机床再制造产业技术及工程实践》编委会

前言
FOREWORD

机床是制造业的基础装备，其先进水平和保有量，是衡量一个国家制造业水平、工业现代化程度和国家综合竞争力的重要指标。作为全球第一制造大国，我国已发展成为世界上最大的机床生产国及消费国，目前在役机床装备数量超过800万台。由于机床80%的资源是床身、立柱、滑台等基础结构件，可修复、可重用率高，因而具有很高的资源回收利用价值和再制造潜力；另一方面，机床结构相对稳定，通过更换电气、数控系统以及检测元件等即可实现其综合性能的显著提升，提升装备制造能力。因而机床再制造受到国家高度重视，是我国《循环经济促进法》以及国家《关于推进再制造产业发展的意见》中明确支持的再制造机电产品之一。《中国制造2025》中也明确提到“大力发展再制造产业，实施高端再制造、智能再制造、在役再制造，推进产品认定，促进再制造产业持续健康发展。”

机床属于复杂精密机电装备，其再制造技术含量高，定制化程度高，质量难以控制，而且技术更新快，因此对从事再制造的企业和技术人员要求比较高。目前，国内机床再制造企业大大小小超过2000家，但大多以报废、闲置、老旧、退役机床的维修、大修为主，与再制造的技术要求还有一定的差距。2009年，依托中国机电装备维修与改造技术协会，联合重庆机床集团、武汉重型机床集团、北京圣蓝拓数控技术有限公司、重庆大学等从事机床再制造的具有代表性的技术研发和产业化的单位，成立了机床再制造产业技术创新联盟，并多次获得国家科技支撑计划专项项目支持，开展机床再制造关键技术攻关工作，制定了《绿色制造 金属切削机床再制造技术导则（GB/T 28615—2012）》。本书的编著是在前期工作的基础上，总结和凝练而成，希望为从事机床再制造技术研究和产业化应用的工程技术人员提供参考，为我国机床再制造产业发展提供一定的支撑作用。

本书共分为3章。第1章为概述，介绍了机床再制造发展的背景、概念以及国内外发展现状；第2章为机床再制造关键技术，首先提出了机床再制造技术框架，然后对可再制造性评估、整机再设计、废旧零部件再制造修复、专用功能部件开发、再制造工艺方案设计、再制造车间设施布局以及逆向物流等进行了论述和介绍；第3章为典型机床产品再制造工程实践，分别介绍了若干典型机床再制造实际案例，为机床再制造工程实践提供参考。本书附录还列出了机床再制造的相关政策、标准和资质评定办法，供从业单位决策参考。

本书由中国机电装备维修与改造技术协会秘书长吴义苗同志担任主编，重庆大学曹华军、北京圣蓝拓数控技术有限公司宋松、孔勇、孙巧玲担任副主编。本书在内容的研究和撰写过程中得到了上海飞机制造有限公司张文，重庆机床（集团）有限公司李祥麒，宇环数控机床股份有限公司李尤强，武汉重型机床集团有限公司田作新，青海重型机械制造有限公司李忠杰、张军鹏、杨元、邢志宏，北京圣蓝拓数控技术有限公司张福祥、孙越，北京凯奇数控设备成套有限公司刘景元，广州数控设备有限公司苏伟峰，重庆大学李聪波、李玲玲，武汉科技大学江志刚，重庆工商大学杜彦斌等的积极参与和帮助，在此对他们的辛勤工作深表感谢。同时，在机床再制造工作推进和本书撰写过程中还得到了中国机械工业联合会于清茂、赵嘉琨、王守见，北京凯奇数控设备成套有限公司王恒智，广州数控设备有限公司何敏佳，青海重型机械制造有限公司张伟，宇环数控机床股份有限公司许世雄，上海欧博进口设备维修有限公司孙涛，重庆机床（集团）有限公司李先广等的关心和支持，在此也深表感谢和由衷的敬意！

由于机床再制造技术涉及面广、专业性强，加之时间仓促、笔者水平有限，书中不妥之处在所难免，敬请广大读者批评指正。

本书编委会

2017 年 10 月

目录
CONTENTS

第1章 概述

1.1 循环经济与再制造

进入21世纪以后，中国作出了“发展循环经济、建设节约型社会”的重大战略决策，核心为节约资源和能源。在大力发展循环经济的科学发展观的指导下，再制造成为发展循环经济和实现节能减排的重要技术支撑。再制造是循环经济“再利用”的高级形式，是指将废旧汽车零部件、工程机械、机床等进行专业化加工的批量化生产过程，能够最大限度地挖掘出废旧机电产品的潜在价值，有利于形成“资源—产品—废旧产品—再制造产品”的循环经济模式，从而实现资源的循环利用，达到节约成本、节能、节材和保护环境的效果。

1.1.1 循环经济的内涵及基本原则

（1）循环经济的内涵

“循环经济”一词，首先由美国经济学家K·波尔丁提出，主要指在人、自然资源和科学技术的大系统内，在资源投入、企业生产、产品消费及其废弃的全过程中，把传统的依赖资源消耗的线性增长经济，转变为依靠生态型资源循环来发展的经济。

以物质运动形式为着眼点进行分析，循环经济是一种以资源的高效利用和循环利用为核心，以“减量化、再利用、再制造、再循环”为原则，以“低能耗、低排放、高效率”为基本特征，即“资源—产品—废弃物—再生资源”的反馈式循环过程，图1-1所示是循环经济发展模式。循环经济符合可持续发展理念的经济增长模式，是对“大量生产、大量消费、大量废弃”的传统经济模式的根本改变。其特征是低开采、高利用、低排放，可以有效地利用资源和保护环境，以尽可能小的能源消耗和环境成本，获得尽可能大的经济效益和社会效益，从而使经济系统与自然生态系统的物质循环过程相互和谐，促进资源循环利用。

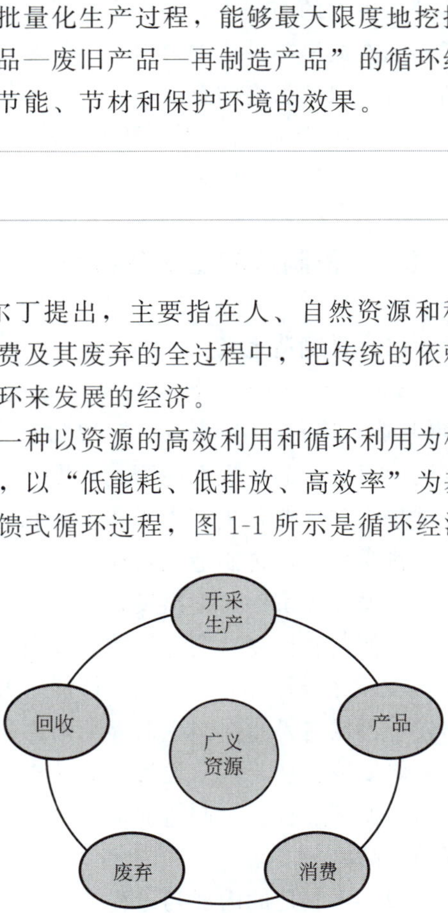

图1-1 循环经济发展模式

（2）循环经济的4R原则

在工业发达国家中，废旧产品的数量较大，造成了相应的环境危害及资源浪费，因而在循环利用和保护环境方面较早地提出了相应的对策。美国从工业发展的角度建立了带有循环经济色彩的3R体系（再利用、再制造、再循环），我国的循环经济基本准则高度概括为“减量化、再利用和资源化”。

从广义的物资循环利用出发，再制造既可以划归为再利用，也可以划归为资源化。在物资的流程中，再利用应界定为可直接利用或经过简单处理即可利用，其特点是以极少的能源、材料和劳力投入即可再次使用。再制造是以废旧机电产品为对象，在保持零件材质和形状基本不变的前提下，运用高技术进行修复或运用新的科技成果进行改造的过程，它充分挖掘了蕴涵在成形零件中的材料、能源和加工附加值，使经过再制造的产品性能达到或超过新品，属于资源化范畴，是废旧机电产品资源化的首选途径。

中国工程院院士徐匡迪在世界工程师大会上结合中国的国情，创造性地提出了关于建设我国循环经济的“4R”工程，包括“减量化、再利用、再制造、再循环”，这就从本质上阐述了具有中国特色的循环经济模式。

① 减量化原则　减量化是以资源投入最小化为目标。该原则要求在生产各环节中，减少进入生产和消费流程的资源和能源量，因此又叫减物质化。

② 再利用原则　再利用是在生产和消费过程中，尽可能多的方式或者次数重复使用物质，通过再利用可防止物品过早成为垃圾。

③ 再制造原则　再制造要求将废旧机电产品及零部件作为毛坯，在保持零件材质和形状基本不变的前提下，运用高技术进行修复或运用新的科技成果进行改造的过程，充分挖掘了蕴涵在成形零件中的材料、能源和加工附加值，使经过再制造的产品性能达到甚至超过新品，对环保的污染明显减小。

④ 再循环原则　再循环要求将一道工序或者一次使用后产品产生的废物作为下一道工序或下一次使用的原料，构成资源循环的生态链。

1.1.2 再制造的定义及特点

（1）再制造定义

1999年，中国工程院院士、著名维修工程及表面工程专家徐滨士在中国首次提出了“再制造（Remanufacture）”的概念：“再制造”是以产品全寿命周期设计和管理为指导，以废旧机电产品实现性能跨越式提升为目标，以优质、高效、节能、节材、环保为准则，以先进技术和产业化生产为手段，来修复或改造废旧产品的一系列技术措施或工程活动的总称。科学地说，再制造就是让旧的机器设备重新焕发生命活力的过程。

从循环经济的角度出发，再制造是以产品全生命周期理论为指导，以报废设备及其部件的循环使用和反复利用为目的，以报废产品为毛坯，采用先进再制造成形技术，使报废设备及其零部件恢复尺寸、形状、性能，形成再制造产品的一系列技术措施；从实际生产的角度出发，再制造是指对全生命周期内回收的废旧装备进行拆解和清洗，对失效的零件进行专业化的修复或替换，然后通过产品的再装配，使再制造产品达到与原有新品具有相同质量、性能的再循环过程。再制造的最终目的在于生产出能实现特定功能，满足消费者需求，环境友好的产品。

（2）再制造的内涵与过程

再制造的内涵是废旧装备高技术维修的产业化，是维修发展的高级阶段，通过新技术来提升装备性能、延长装备的使用寿命，其重要特征是再制造产品的质量和性能不低于新品，而与新品相比，再制造的产品可节约成本50%左右，节能60%左右，节材70%以上，对保护环境贡献显著。

再制造产品的全生命周期是“研制—使用—再生”，其物流是一个闭环系统，这也是对传统全生命周期理论的延伸，其过程主要发生在再制造工厂环境中的工业过程，其过程需要遵循一定的质量标准和经济原则，一般有以下五个步骤，如图1-2所示。

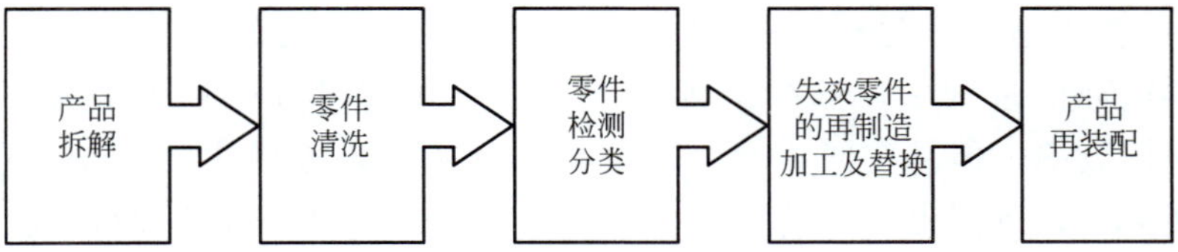

图1-2 再制造的基本过程

产品再制造的第一个步骤是拆解，将废旧产品及其部件有规律地按顺序地分解成零部件，并保证在执行过程中最大化地降低零部件性能再次损坏的过程。第二个步骤是清洗，借助清洗设备将清洗液作用在废旧零部件表面，采用物理、机械、化学、电化学等方法，去除废旧零部件表面附着的油脂、锈蚀、泥垢等污物，并使废旧零部件表面达到所要求的清洁度。第三个步骤是检测与分类，是借助各类检测技术和工具，确定拆解和清洗后废旧零部件的表面几何参数及功能状态等，确定零件的再利用性或者再制造性，然后对零件进行分类。第四个步骤是加工，是对废旧失效零部件进行几何尺寸、机械性能加工恢复或升级的过程，对于无法再制造的零件则进行替换。第五个步骤是再装配，是将再制造后的零件以及替换新备件装配成再制造新品的过程。

(3) 再制造的特点

① 与维修的区别 维修是指在产品的使用阶段为了保持或恢复到良好的技术状态及正常运行而采用的技术措施。一般是在使用阶段针对不能正常使用的零部件进行修复或更换，多以换件为主，辅以单个或小批量的零件进行修复，使产品能够继续使用，延长其有效使用寿命，具有典型的随机性、原位性、应急性和小批量性的特点。维修使用的设备和技术一般较为落后，维修后所得的产品在质量和性能方面大多较难恢复到新品的使用水平。

再制造的对象一般是报废的产品，将废旧产品完全拆解，然后对所有的零件进行清洗、分类、检测、再制造加工或替换、装配，使产品质量达到甚至超过新品的质量和性能，获得第二个使用寿命周期，像新品一样重新投放市场。再制造能够利用先进的再制造技术对大量同类报废产品进行批量化修复，形成规模化生产，有利于实现生产的自动化，从而提高生产效率和资源利用率，使企业以最小的投入成本来获得最大的经济效益。再制造与维修的区别见表1-1。

表1-1 再制造与维修的区别

项目	再制造	维修
过程	报废产品或淘汰产品	有故障的产品
	完全拆卸	部分拆卸
	检测所有零件	检测有故障的零件
	零件重新再制造	更换新零件
	产品重新装配	零件重新安装

续表

项目	再制造	维修
特点	新产品	旧产品
	产品性能达到新产品	提高部分零件的性能
	再制造是一种产业	维修是常规性工作

② 与再循环的区别　再循环是指企业将生产过程中的副产品进行资源化循环利用（图 1-3），它的基本途径是对报废零部件进行大批量回收，之后经过系统的分门别类再回炉处理。在再循环的过程中，减少了废弃产品的数量，同时也减少了对原材料的开采，提高了资源利用效率。但是在回炉时，原先制造时所注入零件中的能源价值和劳动价值等附加值全面丢失，所获得的产品只能作为原材料使用，而且在回炉以及以后的成形加工中又要消耗能源。

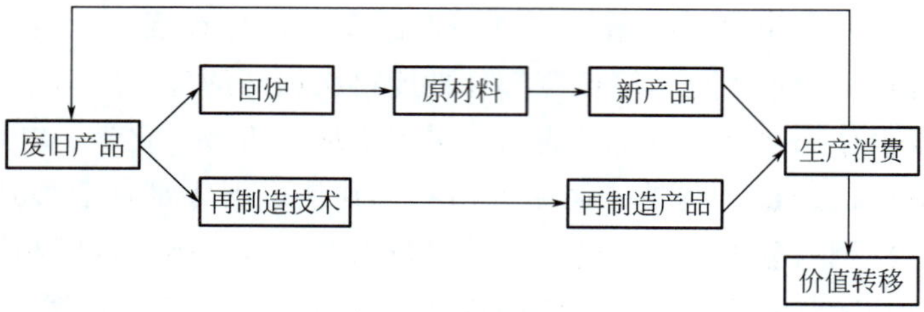

图 1-3　再制造与再循环的区别

再制造则完全不同，它是以废旧零部件为毛坯，通过专业化修复技术获得高品质的产品，在修复过程中消耗的能源少，同时也最大限度地保存了废旧零部件中的附加值，对能源和资源的消耗量以及废弃物的排放量都远低于产品的再循环过程。

再制造技术源于制造和维修技术，是制造和维修过程的延伸与扩展，以下是再制造的特点。

a. 先进性。再制造过程中采用比原产品制造更先进的高新技术和现代生产管理，包括现代表面工程技术、先进的监测技术、先进的加工技术等。

b. 创新性。再制造的对象是退役的产品，不同种类的废旧产品、不同的使用环境、不同的失效模式，要求再制造应在传统的基础上进行创新，不断采用新方法、新设备，呈现出动态性的特征，来解决产品因性能落后而面临淘汰的问题。

c. 经济性。再制造对报废产品的若干零部件进行了再利用，减少了废弃物的数量，很大程度地保存了废旧零部件中的附加值，减少了原材料和新产品生产过程中各种污染，保护了环境，使加工成本降低。既延长了产品的使用寿命，又间接地节约了资源，对生产者和消费者有一定的经济性。

1.1.3 循环经济与再制造

（1）循环经济的支撑技术——再制造

党的十八届五中全会确立了“创新、协调、绿色、开放、共享”五大发展理念，要求建立绿色低碳循环发展产业体系，加快生态文明建设。“十三五”规划《纲要》提出：创新是引领发展的第一动力，绿色是永续发展的必要条件和人民对美好生活追求的重要体现。再制造是绿色制造的关键技术之一，是将废旧产品制造成“如新品一样好”的再制造产品的循环过程，被誉为废旧产品资源再循环的最佳形式。在机遇与挑战并存的新时代背景下，需通过以下举措促进循环经济发展。

① 强化技术服务支撑　循环经济发展离不开关键技术的突破。再制造过程采用比原产品制造更先进的高新技术和现代生产管理，包括现代表面工程技术、先进的监测技术、先进的加工技术等，以保证再制造产品的使用性能。

② 实施循环经济重大工程　重大工程是发展循环经济的重要推手。节能环保产业基地培育工程将有效推动支撑循环经济发展的新兴产业发展。再制造变废为宝，使产品质量达到或超过新品的质量和性能，获得第二个使用寿命周期，像新品一样重新投放市场，减少资源消耗和对环境的污染，提高生产效率和资源利用率，使企业最小的投入成本来获得最大的经济效益。

③ 推动体制机制创新　按照“源头预防、过程控制、损害赔偿、责任追究”的思路，积极推动循环经济制度创新。再制造对报废产品的若干零部件进行了再利用，很大程度地保存了废旧零部件中的附加值，使加工成本降低，直接减少了废弃物的数量，充分利用了资源，减少了对原始资源的需求，从而减少了原材料和新产品生产过程中各种污染，保护了环境，不但对生产者和消费者有一定的经济性，还有良好的综合环保性。

(2) 再制造对循环经济的贡献

① 再制造的经济效益显著　2010 年全球再制造业产值已超过 1400 亿美元，当时预计到 2015 年年均增速 10%，产业规模将达到 2500 亿美元。美国是世界上再制造产业最发达的国家，拥有专业化再制造公司近 10 万家，占全球再制造产业规模的 70%。德国汽车维修零部件 90%都是再制造品，拥有世界最大的二手机床及机床改造市场。日本从事机床再制造并具有一定规模的企业至少有 20 家，主要汽车公司的零部件回收利用率已达到 95%以上。

② 再制造的环保作用突出　废旧机电产品经再制造可以减少原始矿藏开采、提炼以及新产品制造过程中造成的环境污染，能够极大地节约资源，减少温室气体排放。美国环境保护局估计，如果美国汽车回收业的成果能够被充分利用，对大气污染水平将比目前降低 85%，水污染处理量将比目前减少 76%。

③ 再制造能缓解就业压力　实施废旧机电产品再制造，将可兴起一批新兴产业，解决大量就业问题。在 2005 年以前，美国的再制造业曾规划到 2005 年安排 100 万人，我国 2020 年如达到美国 2005 年水平，则创造就业将超过 100 万人。美国的研究表明，再制造、再循环产业每 100 个人员就业，采矿业和固体废弃物安全处理业将失去 13 人员就业。两者相比较，可以看出再制造、再循环产业创造的就业机会远大于其减少的就业机会。

④ 再制造的资源潜力巨大　2010 年全国再制造业产值约为 25 亿元。2013 年以来，国家把再制造发展作为建设生态文明、实现绿色发展的重要方面，同年 2 月国务院发布《循环经济发展战略及近期行动计划》和 8 月国务院发布《关于加快发展节能环保业的意见》均明确提出：“抓好重点产品再制造”“推动再制造产业化发展”。据测算，全国役龄 10 年以上的传统旧机床超过 200 万台，80%的在役工程机械超过保质期，废汽车约 500 万辆，若将其中的 10%进行再制造，产值规模将超过千亿元，再制造的潜力十分巨大。

⑤ 再制造向人民提供物美价廉的产品　通过开展以再制造为主要形式的废旧机电产品资源化，充分提取了蕴涵在产品中的附加值，可以为人们提供物美价廉的产品，提高人民的物质生活水平。例如，再制造发动机，其质量、使用寿命达到甚至超过新品，并有完善的售

后服务，而价格仅为新品的50%左右，可供不同收入阶层和关心环保的人士使用。

⑥ 再制造能提升机电产品国际竞争力，扩大对外开放 发达国家相继立法支持废旧机电产品资源化，强化了对进口机电产品废弃时的资源回收利用评价。例如，北美的工程机械要求全部实现再制造，其市场准入制度是制造商负责对售出使用5年或运行1万小时的工程机械进行全部回收和再制造，并在回收的同时返还消费者产品价格50%的费用。这已成为我国工程机械进入国际市场的门槛，因此我国必须开展废旧机电产品的再制造。如果我国企业能积极开展面向资源化回收的产品设计，并承担起对自己产品实施再制造的责任，就可以避开这些国家的贸易壁垒、扩大出口。同时，还可对进入中国市场的外国机电产品，实施严格的资源回收利用评价。

基于循环经济的解释，再制造产业是以废旧产品高科技维修为主要活动的产业，具有能源消耗少、科技含量高、设备工艺先进、排污少的特点。再制造出来的产品是新产品，不是旧产品，其质量与原产品相当或高于原产品，适应循环经济发展需要。再制造产业将成为极具发展前景的新兴产业，将是我国循环经济产业化的重要实现形式。

1.2 机床及其全生命周期工程

1.2.1 机床的定义及特点

(1) 机床定义

机床是将金属毛坯加工成机器零件的机器，是制造机器的机器，又被称为工业母机。它是先进制造技术的载体和装备工业的基本生产手段，是装备制造业的基础设备，重点为汽车产业、传统机械产业、航天航空等十大军工产业及以信息技术为代表的高新技术产业服务。机床的发展程度直接制约着国家制造业水平的高低，其发展目标是为各机械制造产业提供具有更优异的加工精度，更高的生产效率，更稳定的可靠性，更持久的精度、寿命，更节能环保的制造过程的高性能加工设备。

《中国制造2025》规划纲要成为“十三五”中国装备制造业规划顶层设计的指针，对未来全球装备制造业大环境趋势客观分析研究做出前瞻预测，统筹布局，立足国情和现实，按照“三步走”战略，实现制造强国战略目标。用高新技术和先进实用技术改造传统产业，大力振兴装备制造业已成为我国制造业快速发展的重要基础。

(2) 传统机床行业的特点

大力发展装备制造业是我国工业发展的基础及重要保证，机床制造业作为我国装备制造业的重要组成部分，为我国国民经济和国防建设等提供生产装备。

机床行业属于典型的机械装备制造业，具备以下特点。

① 机床产品结构复杂，其产品技术特性和工艺过程随市场变化而变化。大部分客户都有个性化要求，导致机床企业的产品很大部分都是定制开发、生产，无法实现产品批量生产。机床在生产加工过程中，虽然都需要经过毛坯粗加工、精加工、部件装配、电气配线、电气调试和整机装配等工艺过程，但各个产品之间的制造工艺和工序都存在较大差别。

② 机床行业生产方式包括标准机型的批量生产，还包括单件、小批量的个性化订单生产。在制造模式不仅需要支持多品种、不同批量的生产类型，还需要支持单件生产类型、库

存备货式生产及项目型个性化生产模式。

③ 机床产品的生产周期长，周期短的 2～3 月，长的达半年甚至更长时间。机床产品部件加工工艺复杂，关键物料的采购周期长，再加上个性化要求多，生产过程也难以控制，导致生产过程中变动频繁，生产计划难于控制。

传统的机床设计理念是“只有足够的刚度才能保证加工精度，提高刚度就必须增加机床重量”。因此现有机床重量的 80％用于“保证”机床的刚度，而只有 20％用于满足机床运动学的需要。这不仅浪费原材料，而且增加机床使用过程中所耗能量。传统机床在设计过程中一般只考虑机床的使用性能，即加工范围、加工精度、功能、稳定性等方面，没有或者很少涉及机床的制造和使用过程中的资源消耗情况及其对环境的影响，传统机床加工的特点如表 1-2 所示。

表 1-2 传统机床加工的特点

阶段	技术特征	资源环境影响
设计开发	传动链长	能效低
	结构复杂	机床笨重、材料消耗大
	零件复杂多样、功能单一	零件通用性及重用性差
制造	制造工艺复杂	能耗大
	工艺过程多	材料、刀具等辅助物料消耗大
	精度低	单位产能能耗大
使用	生产效率低	工作环境油雾、油污污染大
	柔性差	生产安全性差
报废处理	未考虑回收重用	资源循环利用率降低

中国机床制造业的快速发展，是以巨大的资源消耗和严重的环境影响为代价的，几乎没有考虑机床产品在生产、使用过程中以及报废后对环境造成的危害，特别是使用过程中切削油消耗大、油雾和油污污染严重、漏油混油现象严重，对生态环境和人类特别有害。

1.2.2 机床全生命周期的开发

传统的产业结构和制造模式已经越来越不能适应时代的要求，需要系统解决因国际市场环境变化以及国内产业发展带来的一系列问题。机床制造企业出于对生存可持续发展的考虑，应积极主动地引入各种先进的制造战略、制造模式和制造技术等对其制造模式进行变革，提高自主创新能力，开发占用较小空间、节省能源、高精度和高速度的机床。

绿色制造是人类社会可持续发展战略和循环经济模式在现代制造业中的体现，是《国家中长期科学和技术发展规划纲要（2006—2020 年）》中制造业领域发展三大思路之一。绿色制造模式顺应了机床行业制造模式的发展趋势，可以系统解决中国机床行业发展的瓶颈问题，是机床行业实现机床产业结构优化、企业自主创新能力提升、产品市场竞争力提高和机床行业节能减排的先进制造模式。

机床全生命周期的开发是一种在机床设计阶段就考虑机床整个生命周期内价值的设计方法。它包括机床生命周期内所有相应的环境描述以及机床和环境相互作用的规律描述。

(1) 全生命周期工程

产品的全生命周期是指本代产品从设计、制造、装配、包装、运输、使用到报废回收的全过程，是一个“从无到有”，再“从有到无”的过程。它既是一门技术，又是一种制造的理念。它支持并行设计、敏捷制造、协同设计和制造，网络化制造等先进的设计制造技术，考虑到设计是工程中的主要环节，因此产品生命周期工程也称为产品生命周期设计（LCD）。

全生命周期设计就是以环境需求为导向的设计方法，它在产品设计阶段就充分考虑产品生命周期全过程对于环境的影响和资源的消耗，是在传统设计方法的基础上发展起来的，因此全生命周期设计不仅考虑产品的质量、功能、成本和使用寿命等因素，还考虑产品的资源消耗、污染物排放以及其他与环境有关联的指标，以实现资源的多级利用，优化配置资源，主要有以下三个方面的优点。

① 在设计阶段尽可能预见产品全生命期的各个环节的问题，并在设计阶段加以解决或设计好解决的途径。现代产品日趋复杂、庞大和昂贵，其中的知识含量也与日俱增，一旦出现问题，仅靠用户的经验和技能很难有效解决和保障设备的有效运行。

② 在设计阶段对产品全生命周期的所有费用（包括维修费用、停机损失和报废处理费用）、资源消耗和环境代价进行整体分析规划，最大限度地提高产品的整体经济性和市场竞争力。

③ 在设计阶段，对从选材、制造、维修、零部件更换、安全保障直到产品报废、回收、再利用或降解处理的全过程对自然资源和环境的影响进行分析预测和优化，以积极有效地利用和保护资源、保护环境、创造好的人-机环境，保持人类社会生产的持续稳定发展。

(2) 全生命周期设计方法分类

全生命周期设计方法主要分为两类：一类是专用方法，部分产品有自己的生命周期设计专用方法，例如高速干式切屑技术、工业汽轮机的叶片优化技术等，这些技术能够提高能源转换效率，同时这些设计属于不同的学科，专业化程度很高；另外一类是通用方法，适用于不同产品，例如模块化设计、生命周期成本设计、低碳设计和基于 TRIZ 的生命周期设计等。

1.2.3 机床产品全生命周期工程

传统机床制造中的产品生命周期是到机床使用报废为止，基于全生命周期工程提出的机床产品全生命周期过程将机床产品生命周期大大外延，包括机床产品从设计、原材料获取、零部件加工、机床装配、机床包装、销售、使用到废旧机床回收再制造、再制造新机床使用以及之后的循环利用的整个过程。

机床全生命周期是由多个紧密联系的单元过程组成。从大的方面看，机床产品全生命周期工程包括制造机床所需的钢材、铸铁等原材料制备、机床产品方案设计、机床产品制造、机床使用维护、机床产品运输、报废机床处理回收及再制造等一系列的过程，再往细分包括机床原材料制备、毛坯生产、零部件加工及热处理、机床装配调试、机床使用及维护、机床报废处理、机床再制造等单元过程。

本节主要是从机床产品方案设计、机床产品所需原材料的制备、机床零部件制造加工、部件装配、机床产品包装、机床产品使用以及废旧机床产品的再制造等阶段来介绍产品全生命周期过程，如图 1-4 所示。

（1）机床产品方案设计

在机床设计阶段就考虑机床整个生命周期内价值的设计方法。这些价值不仅包括设计机床所需的功能，还包括机床的可生产性、可装配性、可调试性、可维修性、可运输性、可循环利用性和环境友好性。其目的是设计的机床对社会贡献最大，而对制造商、用户和环境的成本最小。

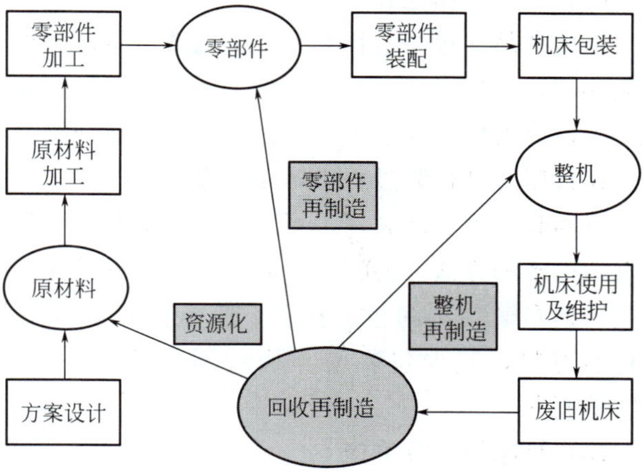

图 1-4 机床全生命周期工程框图

（2）原材料制备

机床制造过程中需要消耗大量的原材料，如钢材、铸铁和其他材料（主要指包装材料和辅助材料）等。在原材料制备阶段，应该合理地选择绿色原材料，这样不仅可以减少原材料制备阶段的环境污染，还可以避免大量的后续污染。如，针对传统的铸件床身铸造过程环境污染严重、能耗高，采用铸件床身不利于改善机床的绿色性能的问题，如果采用钢板焊接床身结构取代铸件床身，那么环境影响就会明显降低。钢板焊接床身结构减少了铸造工艺，大大减少了机床在后续制造过程中的环境污染和能源消耗，同时钢板焊接床身还可以提高机床的强度和刚性，因而具有良好的绿色制造特性。

（3）机床零部件加工

在机床产品全生命周期过程中，其制造加工过程是机床产品从理论上的概念设计方案到具体机床产品实物实现的理论到实践的过程，具有周期较长、制造工艺复杂等一些特点。

在机床制造加工过程中，通过对该过程进行合理的工艺设计与规划，可以尽量减少或避免污染物的产生。比如，通过对加工过程中工艺参数进行优化、对目前现存的加工工艺进行改进或者优化、合理安排工艺路线等，可以降低制造过程中的工艺对环境的不良影响，提高工艺的绿色特性；在确保机床零部件加工质量和加工效率前提下，尽量减少切削液的用量或者选择那些对环境危害小的切削液种类；同时尽可能采用新的加工工艺或者新技术，如干式切削技术、刀具涂层技术、快速原形制造（RPM）技术等。此外，对企业的管理层特别是对生产现场管理人员和生产人员不仅仅要对他们进行成本、质量、效率等观念的教育，更要加强对他们进行绿色制造和环境意识的教育。

（4）机床部件装配

装配是产品生产的最后一步，其目的是将零部件装配成一种有用的产品。机床产品的装配是指将具有各种不同功能的零部件最终组装在一起，形成一个整体的、系统性的机床产品。在待装配部件的运送过程中会产生一些固体废弃物，如各种包装材料，运输车辆会排放废气以及颗粒物，装配过程中的清洁等步骤会产生废液。

新技术的应用可以解决这个阶段大部分的环境问题。例如，装配过程最大的能量消费者和污染源是机床成品的表面涂层，尤其是在具有挥发性的有机化合物排放方面。新型的自动化封装技术可以减少以往涂料经常出现的过喷现象。目前，一种新型的粉末涂料已经得到应用，它采用空气喷涂技术喷到金属表面，并通过静电作用附着在金属表面，此过程中可以基本上不使用溶剂。

(5) 机床产品包装

机床产品的包装过程不仅要消耗大量资源，而且在包装过程以及拆装后往往还会产生大量废弃物，对环境造成严重污染。因此，机床产品包装过程中的资源消耗问题以及环境污染问题应该成为机床绿色制造亟待解决的主要问题之一。

在机床产品包装过程中，尽可能使用达到绿色要求的包装材料，其具有污染少或无污染、可回收、可循环利用、可降解、重量轻、易拆卸、易组装、防水等特点。通过采用各种有效的措施和方法，能够最大限度地减少对资源的消耗和对环境的影响。例如，采用可回收重用的包装结构和包装材料，使得包装得以重复使用；采用可回收处理或者能够再生的包装材料，减少包装废弃物对环境的污染；优化包装方案和包装结构，减少对包装材料消耗等。

(6) 机床使用及维修

用户在机床产品的使用过程中需消耗各种能源，如电、润滑油、切削液等，在能源使用过程中会产生相应的环境污染物。在机床产品的整个生命周期中，使用过程中所消耗的能量要远远超过其制造过程中所消耗的能量。因此，在机床产品的设计研发阶段，就应充分考虑到对其结构和功能上进行合理的设计，以使得其在使用过程具有绿色环保性能。

(7) 废旧机床产品再制造

机床再制造是一种新型的制造模式，它是在废旧机床资源循环利用的基础上充分运用绿色制造技术、信息技术、数控及自动化技术和其他先进制造技术等高新技术的一种新型的制造模式。

机床产品全生命周期工程是指从机床产品全生命周期的时间范围来综合考虑环境影响与资源综合利用问题，以及机床产品寿命问题的有关理论和工程技术的总称。其目标是在产品全生命周期过程内，使机床回用时间合理，对环境的负面影响最小，资源综合利用率最高。机床产品全生命周期过程具有两个重要特征：一是废弃物的最小化；二是整个过程基本上是闭环的，实现资源循环利用。

1.3 机床再制造的概念及模式

再制造作为资源循环利用的最佳形式，已得到国家有关部委以及学术界、工业界的广泛重视。机床作为典型的机电产品，因具有很高的回收价值及再制造潜力，是我国《循环经济促进法》以及《关于推进再制造产业发展的意见》中明确支持再制造的产品之一。废旧机床的再制造是废旧机床高科技维修的产业化，它不仅可以节约一半左右的成本，还可以使再制造后的机床性能有所提高。因此，它是发展循环经济、实现可持续发展的重要组成部分，是值得迅速发展的新兴研究领域和新兴产业。

1.3.1 机床再制造的内涵

(1) 定义及流程

机床的再制造是以机床的全生命周期设计和管理为指导，以优质、高效、节能、环保为目标，以先进技术和产业化为手段，对具有再制造价值的废旧机床的主体结构件及其他具有利用价值的零部件进行恢复或改造的一系列技术措施或工程活动的总称。机床再制造后使其达到或超过新品性能水平，以其作为再制造新机床的零部件，再配以其他新制造的零部件和外购的新的先进配套件，重组成技术先进的新机床，并经过严格检验和验收，达到或超过国家规定的标准，成为可以进入市场流转商品。

经过分析，机床再制造的流程如图 1-5 所示。从图 1-5 中可以看出，再制造是一个闭环的过程：首先进行机床及零部件的回收，经过拆卸、清洗、检测之后进行零部件修复或机床的功能性再制造；然后对修复后的零部件或新零部件进行再装配及整机检验；最后出售给用户或者按照客户要求发送给客户。由机床再制造流程可以看出，机床再制造的主要特点包括以下几个方面。

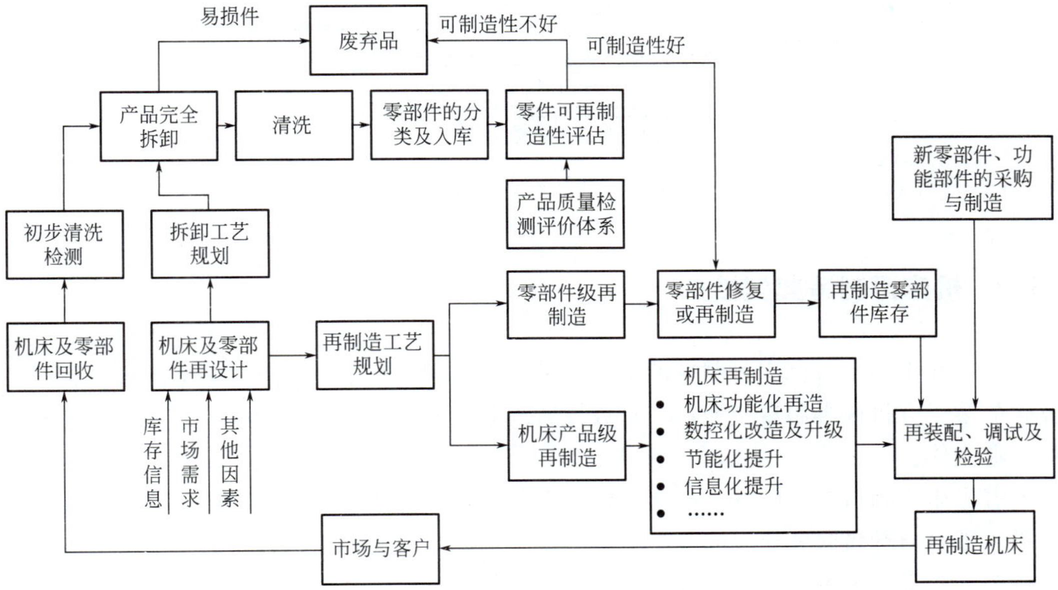

图 1-5　机床再制造流程

① 扩大了产品的生命周期。传统的产品生命周期是从产品的生产到废弃为止，或称为“从摇篮到坟墓”的过程，是串行设计过程；而再制造将产品的生命周期延伸到产品使用结束后的回收重用及处理处置，也即“从摇篮到再现”的过程，是并行设计。

② 再制造是一项循环制造工程，节约了原材料，保护了环境，维护生态系统平衡。

③ 再制造技术充分利用旧机床的零部件，恢复旧机床的加工精度，延长机床的使用寿命，达到新机床的性能。

④ 机床再制造是一种充分利用现有废旧机床资源的机床制造新模式，与传统的机床报废处理和旧机床大修有着本质的区别，是一个充分运用现代先进的制造工艺、信息技术、数控及自动化技术等对废旧机床进行可再制造度评价、拆卸以及创新性再设计、再加工、再装配，制造出功能和性能均得到恢复或提升且符合绿色制造要求的新机床。

（2）技术框架

由于机床再制造集成了相关的制造技术、数控技术、信息化技术、自动化技术等关键技术，形成了如图 1-6 所示的机床再制造技术框架。

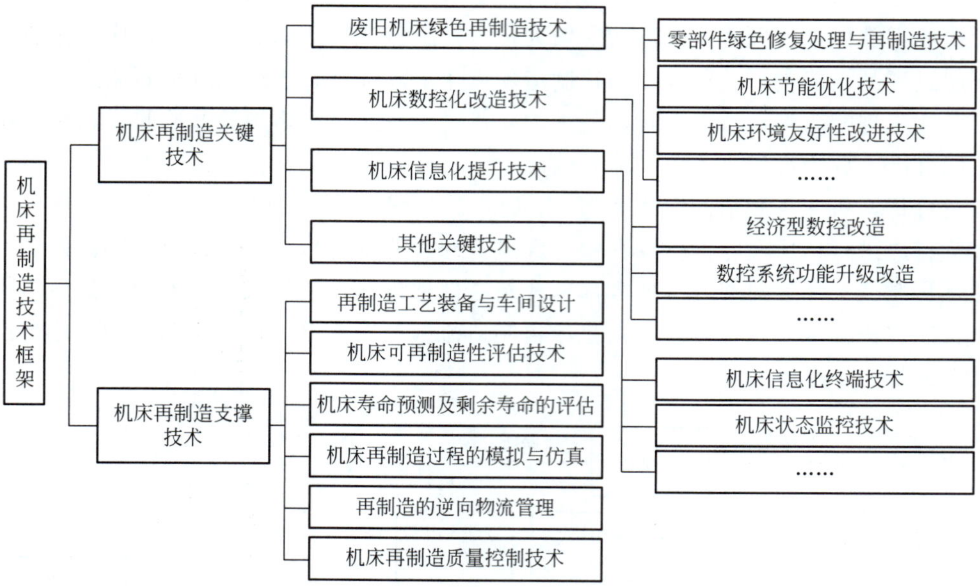

图 1-6 机床再制造技术框架

1.3.2 机床再制造典型模式

目前，在中国从事机床再制造的主要力量主要包括三类企业：一是机床制造企业；二是专业化的第三方机床再制造企业；三是数控系统制造企业。这三类企业构成了我国机床再制造的产业主体。

随着机床再制造技术的逐步成熟，机床再制造将形成基于废旧机床再造的新兴机床制造业、机床维修与升级服务业、回收二手旧机床、机床以旧换新综合产业、各机床制造厂家的集成特约维修部、各生产企业的设备维修车间、各机床厂与客户之间的订单式服务等形式的新型产业模式。下面对典型的再制造模式进行介绍。

(1) 再制造商与客户之间的订单式服务模式

目前我国机床再制造的主要模式是机床再制造企业为用户提供订单服务。这种模式主要是拥有大量废旧机床的用户发布机床再制造的招标公告，然后机床再制造企业通过投标等方式为要求机床再制造的用户提供老旧机床设备的再制造升级。机床再制造企业在再制造前会听取客户的各方面要求，并同客户签订合同和技术协议，当老旧机床再制造完成之后，用户按照事先签订的技术协议进行验收。

(2) 回收二手旧机床进行再制造模式

我国目前正在振兴老工业基地，老工业基地中的企业机床装备的精度系数普遍较低，会有大量的机床流入机床二手交易市场。加上国家在加大产业升级力度，淘汰落后产能，以及一些企业转产或停产等因素导致的机床设备闲置，不断有老旧机床流入二手机床交易市场。机床再制造商可以通过从二手市场回收这些老旧机床设备进行整机再制造，然后将所再制造的机床通过企业的销售网络进入市场销售。回收废旧机床，通过整机再制造与提升后进入市场再销售，由于现阶段用户对再制造机床的认识问题，该模式在再制造商老旧机床回收中所占比例较小，但随着客户对再制造机床观念的转变，以及机床再制造外部环境的改善，该模式所占比例将逐步增大。

(3) 机床“以旧换新”置换模式

目前，国家大力推广在家电销售中采用“以旧换新”的销售方式，这种方式不仅可以拓宽家电的销售渠道，同时还可以回收废旧家电，从而可以回收废旧家电中的有利资源并减少废旧家电带来的环境问题。借鉴于此，重庆机床（集团）等正积极尝试类似于家电行业“以旧换新”销售方式的机床置换模式，也就是用企业新制造或再制造的机床置换企业前期售出的机床用于再制造。该模式正处于起步阶段，目前所占比例还非常小，其优点是既扩大了新机床的销售范围，同时也拓展了废旧机床回收渠道。为促进机床制造与再制造的协调良性发展，需要极力加大该模式的推广力度。

1.4 机床再制造国内外发展现状

1.4.1 机床再制造国外发展现状

国外机床再制造业发展较早，目前已形成较大的产业规模。早在 20 世纪 90 年代，美国就系统地建立了 3R 体系［Reuse（再利用）、Remanufacture（再制造）、Recycle（再循环）］；日本也建立了关于环境保护 3R 体系［Reduce（减量化）、Recycle（再循环）、Reuse（再利用）］。

欧洲通过了有利于再制造工程的相关法律和法规，且正在德国建设欧洲再制造技术中心。在再制造设计方面，主要结合具体产品，针对再制造过程中的重要设计要素（如拆巧性能、零件的材料种类、设计结构与紧固方式等）进行研究；在再制造加工方面，对于机械产品，主要通过换件修理法和尺寸修理法来恢复零部件的尺寸，经检测合格后进行再利用。

美国机床再制造的专业化以及机床零部件的合理化和标准化已成规模，而且分类极细。再制造公司负责对齿轮加工机床、金属切削机床提供技术支撑，并有完善的售后及质保。例如，美国罗切斯特理工学院的再制造工程研究的全国再制造和资源恢复中心（National Center for Remanufacturing and Resource Recovery，NC3R），以提高再制造的效率，降低成本为目的，为再制造企业提供先进的再制造技术和工具，并通过设计消减产品对环境产生的负面影响。

美国的 Daniluk Corp. 公司从 1982 年开始就从事精密机床改造，主要业务包括机床的改造、翻新、再制造，高压冷却系统、导轨修磨，新机床的设计与制造等服务，已经完成了多个机床再制造项目，使经过再制造后的机床能达到新机床标准，并且可提供一整套操作文件，其中包括一整套的电气图纸、梯形图、宏观程序表、机床参数表和机床操作说明等。

Maintenance Service Corp. 公司，可对各种品牌的车床、铣床、钻床、加工中心等进行再制造，已完成 2 万台以上机床的再制造，并联合其他 3 家机床再制造公司，制定了机床再制造标准（NMTRRR 标准）。

More Tool Company Inc. 公司在生产工具磨床和高精度专用设备方面具有雄厚实力，可以将坐标磨床进行再制造，并开展了机床硬件、控制系统维修与更换、机床的拆解和重装等业务。

美国罗切斯特理工学院（Rochester Institute of Technology，RIT）成立了一个专门从

事再制造工程研究的全国再制造和资源恢复中心（National Center for Remanufacturing and Resource Recovery，NC3R），其主要的工作是为产业界提供先进的再制造技术和工具，提高再制造效率，降低再制造成本，该中心在废旧产品失效特性分析、剩余寿命评估、再制造质量检测、面向再制造的可持续性设计、逆向物流等方面展开了大量的研究，并开发了相关支持工具和软件。

美国现已有300多家专门从事机床再制造的企业，例如，Machine Tool Service公司是最早对数控加工中心进行翻新以及再制造的公司之一；Machine Tool Builders，Inc. 公司主要对齿轮加工机床进行再制造；Machine Tool Research，Inc. 公司凭借其较强的工程设计能力对各种品牌的机床实施改造与再制造，而且可以使用最新的CNC控制技术来实现机床的数控化升级。其他机床再制造公司有DOC Machine Tool Services，Inc.，Machine Tool Rebuilding，Inc. 等。其中，公司美国的这些机床再制造公司可针对多种品牌的机床进行再制造，可提供与新机床同等的售后服务以及质量保证。此外，美国许多机床生产企业也非常重视机床再制造工作，例如，美国辛辛那提机床公司（Cincinnati Machine Ltd.）等机床企业。

德国政府对机床改造及再制造非常重视，联邦政府和州政府专门拨款支持该领域的研究工作。例如，联邦教育与研究部（BMBF）从1994～1997年耗资500万马克资助了系列项目"面向技术工作的机床数控化改造（FAMO）——开发技术资源与人力资源的新思路"，目的是帮助企业与高校、研究机构等一起在这一方面进行大量的实践与研究，以期促进德国东部的经济快速发展。据统计，1998年德国再制造后的二手机床销售额达到约25亿马克，已成为世界上最大的二手机床市场。德国席士（Schless）公司成立了机床改造服务部，欧洲最大的机床制造企业——德国吉特迈集团股份公司（DMG）也将机床再制造作为其重点发展的业务之一。

日本将机床再制造业称为机床改装业。在日本，制造业对老旧机床设备打破传统的维修观念，以再制造使之实现现代化。据统计，日本从事机床再制造并具有一定规模的企业至少有20家，如大隈工程公司、冈三机械公司、千代田工机公司、野崎工程公司、滨田工机公司和山本工程公司等。独具特点的是，日本的这类企业秉承"专精特新"的生产理念，基本上都针对大中型的车床、镗床和铣床进行数控化再制造，较少涉及小型数控机床再制造。企业人数也相对较少，一般只有几十名雇员。

此外，意大利、瑞士、西班牙、韩国等国家和中国台湾地区的机床再制造水平也不容小觑。如瑞士秉承一贯的精密型、高标准，在中小型精密机床的再制造领域独树一帜；西班牙、韩国等国家和中国台湾地区的企业主要在中档数控机床领域发展迅速。

国外企业在机床主轴产业的基础研究上处于领先地位，大量新技术、新材料、新工艺被研发用于适应主轴的不同应用场合和领域。同时，这些国外主轴企业也掌握了大部分涉及主轴应用领域的国际专利，制定了相关的国际标准，形成行业垄断。在设计开发、生产制造、市场开拓上，国外主轴企业立足于市场需求，在提高产品性能和可靠性方面投入大量财力，同时与相关的大学、科研机构、产业协作企业建立了紧密合作的机制，共同研发新产品、新技术；通过工艺的工程化研究确定产业化路径，通过获取的丰厚利润再进行科技投入。

1.4.2 机床再制造国内发展现状

在政策方面，自2009年以来，国家相关部门出台了相关法律法规和文件，如《循环经济促进法》《关于推进再制造产业发展的意见》和《关于深化再制造试点工作的通知》等，均明确指出机床为再制造产品之一。2010年由重庆大学、重庆机床（集团）有限责任公司、中国机电装备维修与改造技术协会等单位负责起草的国家标准《绿色制造金属切削机床再制造技术导则》已在2012年通过国家审批，且已实施。该标准规定了金属切削机床再制造的一般要求以及机械和电气部分的技术要求。武汉华中自控成立了《再制造重型机床再制造通用技术要求》标准撰写工作组及专家委员会，目前已报国家标准化部门审批，该标准规定了常见重型机床再制造通用技术要求。重庆机床（集团）有限责任公司制定了《滚齿机再制造》企业标准，并在当地标准化部门备案，该标准规定了滚齿机再制造设计、再制造、检验与验收的要求。其他机床再制造标准也陆续在起草、制定与审批中。

在基础研究方面，国内学术界做了大量工作，也取得了一定成果。徐滨士、刘世参等通过分析国外再制造工程的效益，总结出促进再制造产业发展的建议，指出再制造工程是循环经济模式下实现废旧机电产品资源化的有效手段。刘飞教授、曹华军教授等长期致力于机床再制造工程的研究，重点研究的领域包括绿色制造关键技术，机床再制造测试与评价支持系统，再制造节能提升等。曹敏曼、辛志杰在机床生命周期的基础上提出了废旧机床再制造的流程，提出了不同零部件再制造的手段，为废旧机床再制造提供了理论基础。李聪波等人基于物元模型实施方案表达方法，提出绿色制造实施方案设计流程，并以实例验证其可行性和有效性。穆瑞、张家泰在层次分析基础上，提出阶梯质量屋的灰色关联和模糊优化评选方法，解决了复杂、多层次、信息不完全的评价问题。

在产业化方面，机床制造企业由于品牌、技术、人才、物流等方面的优势，在机床再制造方面取得了较大成果。例如，重庆机床（集团）有限责任公司将机床再制造作为企业的重大战略之一，并逐步试点将量大面广的中小型普通车床、普通机械式滚齿机的小批量再制造打造为企业利润的新增长点，与重庆大学合作建成“重庆市工业装备再造工程产学研合作基地”，承担了一系列国家科技部的机床再制造关键技术与应用课题。又如“十一五”国家科技支撑计划“机床再制造关键技术与应用”“十二五”国家科技支撑计划重点课题“机床再制造成套技术及产业化”等课题，为我国机床再制造的深入开展提供了关键技术支撑。目前重庆机床厂主要开展滚齿机的再制造，已初具规模。近年来，已为陕西法士特集团公司、重庆秋田齿轮有限责任公司等企业完成了800多台废旧机床的再制造，新增工业总产值6000多万元，为企业节省新购同类机床费用近1.5亿元。

广州机床厂在成熟产品的工艺流程和检验标准的基础上，逐步形成再制造工艺流程规范与精度检验标准，已制定了《简式数控车床再制造检验规范》，正初步试行并在不断改进，进而起草企业标准。计划编制《简式数控车床再制造技术条件》和《简式数控车床再制造精度》两项企业标准。

湖南宇环同心数控机床有限公司主要对数控磨削机床展开再制造，并已完成多项机床再制造业务。沈阳机床集团率先开展机床以旧换新、机床回购业务，并对置换后机床开展绿色再制造。济南二机床也非常重视机床的再制造业务，旗下的机床维改公司规划出1000m^2场地专门从事机床再制造活动，并承诺机床各部门都无条件为机床再制造提供资源，同时也会持续加大对再制造业务的物力、人力和资金的投入。大连机床集团有从事机床维修的机床维修服务部或子公司。国内还有许多第三方机床维修与再制造公司，例如武汉华中自控、北京圣蓝拓、北京凯奇、重庆恒特、重庆宏钢等单位开展了各类机床的改造与再制造业务，并取得了较好的经济效益。此外，广州数控和华中数控等数控系统提供商主要为我国制造业企业进行设备的数控化升级与再制造，取得了可观的经济及社会效益。

机床再制造作为一种基于退役机床资源循环利用的机床制造新模式，在我国具有广阔的发展前景，对于实现我国量大面广的废旧资源的循环再利用以及退役机床制造加工能力的跨越式提升具有重要意义。机床再制造的发展趋势主要体现在以下四个方面。

① 专业化　一系列机床再制造关键技术将研制成功，并形成专门应用于机床再制造的成套技术和装备，形成一批专业从事机床再制造的企业，有利于保证再制造新机床的质量，推动机床再制造产业的发展。

② 综合化　机床再制造将不仅仅局限于功能恢复和数控化改造，还将满足绿色制造及信息化要求，再制造机床的环境友好改进技术、信息化综合提升技术、节能性提升技术等将成为机床再制造的关键技术，以实现废旧机床资源的循环利用及装备能力的跨越式提升。

③ 规范化　国外机床再制造企业对各类零部件的再制造工艺流程和质量标准进行了规范，再制造机床完全满足新机床的检验标准。随着机床再制造相关协会或联盟的成立、相关标准的实施以及机床再制造企业质量保证体系的建立，必将推动机床再制造朝着规范化、标准化方向发展。

④ 产业化　我国是世界上最大的机床消费市场，也是世界上机床保有量最大的国家，未来5～10年可能陆续面临大修提升甚至功能性报废或技术性淘汰。随着机床再制造关键技术的成熟以及相关标准规范的建立，机床再制造产业化将是机床再制造业发展的必然趋势。

第2章 机床再制造关键技术

（重庆大学 李聪波；武汉科技大学 江志刚；重庆工商大学 杜彦斌；
重庆大学 李玲玲；北京圣蓝拓数控技术有限公司 宋松）

2.1 机床再制造技术框架

机床属资源消耗型产品，重量大，80%以上为铸铁或钢材，再制造资源循环利用率高；特别是床身、立柱、横梁、底座等铸件，时效越长，内应力越小，适合于循环再制造，再制造后的机床性能稳定，可靠性好。其次，机床结构稳定，采用现代数控系统、自动化系统、轴承及液压元器件等进行直接替换，可实现机床系统的自动化程度、控制精度以及能效水平的综合提升，功能和性能可超越其原有新品，满足现代生产需要。可见，机床是一种极具回收再制造价值的典型机电产品，且不受任何政策限制，再制造潜力巨大。

机床再制造是将具有再制造价值的废旧机床作为再制造的毛坯，利用各种新技术、新工艺对其进行批量化修复、性能升级。所获得的再制造产品在技术性能和质量上可达到甚至超过原新品的水平，它是规模化和批量化的生产模式。

机床再制造是一种充分利用现有废旧机床资源的机床制造新模式，与传统的机床报废处理和旧机床大修有着本质的区别，是一个充分运用现代先进的制造工艺技术、信息技术、数控及自动化技术、绿色制造技术等高新技术，对废旧机床进行可再制造性评估、拆卸以及创新性再设计、再制造、再装配的过程，其目标是规模化地再制造出比原机床功能更强和性能指标更优的新机床。机床的再制造充分挖掘了废旧机床的可利用价值，是对废旧机床进行的高新技术的产业化修复和改造。

机床再制造过程区别于传统的机床制造过程。

① 机床再制造的毛坯是废旧机床或零部件。

② 机床再制造是一个包括回收拆卸、再设计、再制造、再装配等工艺的更加复杂的过程。

③ 机床再制造的工艺过程具有不确定性及多样性。

机床再制造属于典型的产品型再制造模式，其技术特征表现如下。

① 以废旧机床及零部件为主要原材料。

② 废旧机床要经过完全拆卸、可再制造性及剩余寿命评估等过程，要按严格工艺流程进行修复、再加工制造、再装配，达到新机床及零部件的技术要求。

③ 采用现代数控系统、自动化系统、信息技术以及轴承及液压元器件等对废旧机床进行技术升级和综合提升，整机可完全超越原产品技术水平。

④ 可向客户提供完整、透明的产品质量保障和售后服务。

综上所述，机床再制造与综合提升是一种基于废旧机床资源循环利用的机床制造模式，它运用现代先进的制造、信息、数控及自动化等技术对废旧机床进行可再制造性测试评估、拆卸以及创新性再设计、再加工、再装配，制造出功能和性能均得到恢复或提升且符合绿色制造要求的新机床。

机床再制造与综合提升不同于传统的机床维修或数控化改造，机床再制造强调再制造机床的“新产品”特征，实现“以旧造新”，可保证再制造机床功能更强、性能指标更优而且有完善的质量保障及售后服务，并赋予其全新的生命周期，可实现批量化生产；而机床维修或数控化改造仅仅是对原废旧产品的性能恢复或部分功能升级，仅仅是原生命周期的延续，仍为“以旧造旧”，且大多属单件式服务。再制造的“毛坯”是废旧机床或零部件，可节约大量的资源、能源消耗，成本仅为新机床制造的40%～60%。

机床再制造技术涉及内容非常广泛，涵盖了机床设计与制造技术、先进制造技术、绿色制造技术、维修及表面工程技术、管理科学与工程等多种学科的技术及研究成果。废旧机床再制造关键技术体系框架如图 2-1 所示。

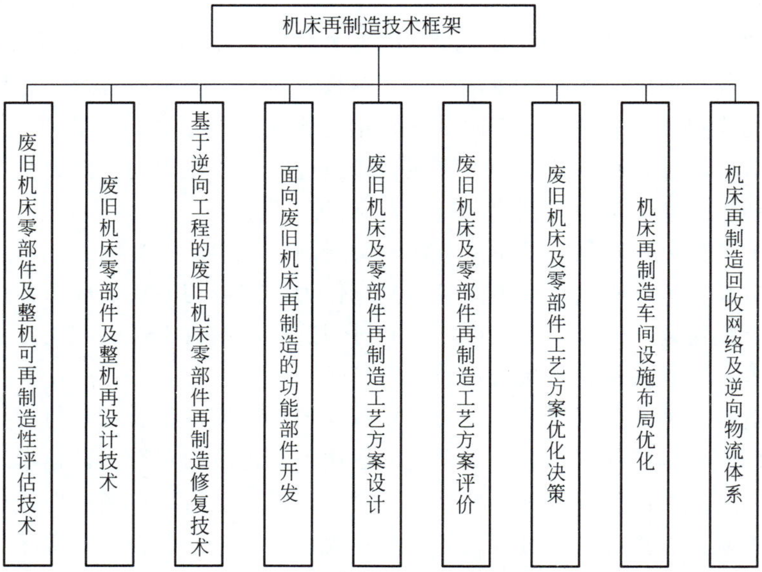

图 2-1 机床再制造关键技术体系框架

2.2 机床零部件及整机可再制造性评估技术

对退役机床可再制造性的评定需要采集大量的影响机床再制造的技术性、经济性、资源环境性等方面的信息，并采用定性与定量相结合的方法确定退役机床再制造的技术、经济、资源环境的评价指标，建立完善的退役机床可再制造性评价模型。

在对机床再制造过程模型进行分析的基础上，本书建立一种基于专家经验知识的退役机床可再制造性综合评价方法模型，如图 2-2 所示。

第一步，考虑到由于回收的退役机床的损坏程度、质量磨损严重，机床再制造过程较为困难而难以实施，我们对退役机床再制造的技术可行性进行分析，以确保该机床可以通过运用现代先进的制造、信息、数控及自动化等技术实现其功能恢复以及性能提升，如果该机床再制造的技术可行性较差，那么只能对其材料回收与资源化处理。

第二步，需要对具有较好技术可行性的退役机床的再制造成本进行核算与评定，因为再制造商最为关心的是提供机床再制造业务是否能为企业带来利润，因此需要判定该机床再制造是否可使得再制造商获利，如果不能够获利，那么再制造商将采取材料回收等方式对退役机床进行处理。

第三步，从材料节约、能源节省、环境排放减少等角度来分析机床再制造的资源环境效益，机床再制造的过程也要涉及资源的消耗以及环境污染的排放，实施机床再制造的目的是通过废旧资源的回收与再利用而实现节省资源（能源）、减少排放，如果机床再制造过程导致二次污染更为严重，那么再制造将不是对退役机床回收处理的最佳形式，应该将其进行材料回收与循环重用。

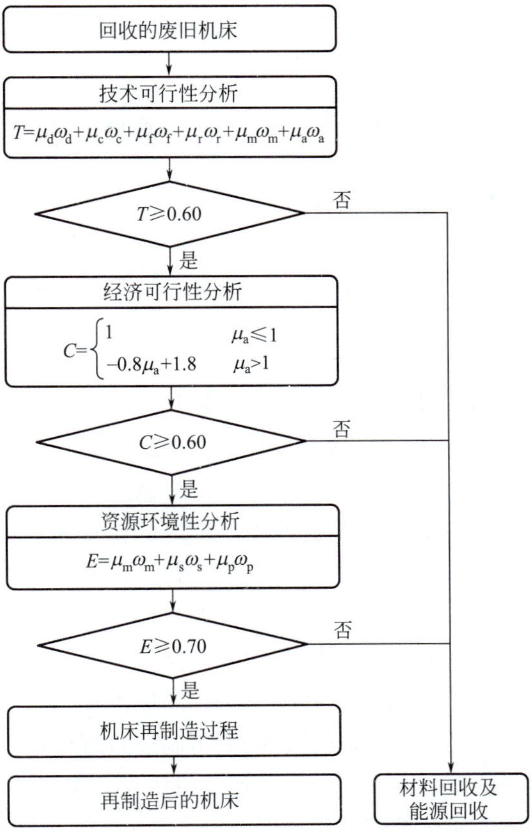

图 2-2　退役机床可再制造性评价方法

最后，具备较好可再制造性的退役机床进入拆卸、清洗、检测与分类、再加工、再装配等再制造工艺过程，通过精度恢复、功能恢复、性能提升等措施达到新机床产品的性能水平，而可再制造性较差的退役机床通过材料回收等方式进行资源化处理。

2.2.1　退役机床可再制造性评价指标体系及其量化

在对面向再制造过程的退役机床可再制造性评价流程进行分析的基础上，我们可知要分析退役机床的可再制造性必须从机床整机、部件、零部件等产品层次以及从机床回收、拆卸、清洗、检测与分类、再加工、性能升级、再装配以及再制造机床使用等生命周期过程进行综合考虑。要对退役机床的可再制造性进行评定，首先需要解决的问题是确定可再制造性评价指标体系。在对机床再制造行业调研分析获取数据、案例进行综合的基础上，可得出退役机床可再制造性评价主要从技术可行性、经济可行性、资源环境效益三个方面来考虑。退役机床可再制造性评价的指标体系如表 2-1 所示，准则层主要由技术可行性、经济可行性、资源环境效益三部分组成，各个准则又可细分为各个指标。

表 2-1　退役机床可再制造性评价指标体系

准则层	指标层	符号
技术可行性	拆卸简易性	μ_d
	清洗可行性	μ_c
	检测与分类可行性	μ_i

续表

准则层	指标层	符号
技术可行性	零部件再加工可行性	μ_r
	整机性能升级可行性	μ_u
	再装配简易性	μ_a
经济可行性	经济可行性	μ_e
资源环境效益	材料节省	μ_m
	能源节约	μ_s
	排放减少	μ_p

(1) 技术可行性指标及量化

相比于机床制造过程，由于退役机床具有的不确定性，机床再制造过程在技术、工艺、工具等方面更为复杂，这使得再制造机床的质量显得尤为重要，因为当前用户对再制造产品认识不够而质量是获得用户肯定的首要因素。同时，部分产品或零部件由于损坏程度较为严重、质量状况较差等可能不适合于再制造，而且再制造过程中也有可能出现问题。因此，机床再制造的技术可行性应首先被评定以确保再制造机床可较好地满足客户的需求。退役机床再制造的技术可行性应该从再制造工艺过程的各个阶段进行考虑，包括拆卸简易性、清洗可行性、检测与分类可行性、零部件再加工可行性、整机性能升级可行性、再装配简易性等。

① 拆卸简易性　拆卸是再制造过程的第一步，是退役机床及废旧零部件进入再制造工艺过程的基础与前提。由于退役机床在原来设计过程中并未考虑再制造，这使得退役机床很难拆卸为一个个的零部件，而且很多零部件在拆卸过程中可能损坏。机床再制造的拆卸不同于材料回收及再循环，应尽量减少拆卸过程中造成的零件损坏，提高拆卸效率。如在设计过程中减少拆卸深度，避免使用永固性的连接可提高拆卸效率，并降低拆卸成本。机床上存在各类螺栓、螺钉、卡销等连接，而这些连接具有不同的拆卸简易性。拆卸的简易性是一个定性的指标，一般由专家在再制造前从连接结构、连接方式、零部件数量等方面对其进行评定。为了简化以及定量化拆卸简易性，本小节主要从拆卸时间方面对其进行评定，如式(2-1) 所示。

$$\mu_d = \frac{\sum_{i=1}^{N} c_i t_i}{T_d} (i=1,2,\cdots,N) \tag{2-1}$$

式中　t_i——第 i 类连接零件的平均拆卸时间；

c_i——第 i 类连接零件的数量；

N——连接零件种类的数量；

T_d——拆卸时间的一个参考值或标准值。

② 清洗可行性　由于机床使用过程中的车间环境较为恶劣，并且机床加工过程中需要大量切削液、润滑油等，这使得退役机床及零部件表面往往覆盖大量的油、润滑油、废屑、铁锈、污渍、灰尘以及其他化学物质等。为了使回收的退役机床及零部件具有较好的可再加工性，在检测与分类之前，必须对拆卸的零部件进行清洗。清洗过程是再制造过程中容易产生二次污染的主要环节而且需要大量的劳力，而退役机床零部件易于清洗，可显著降低再制造成本，并提高再制造的环境友好性。

不同的零部件需要不同的清洗方法，而不同的清洗方法的难易程度不同。本书判定清洗可行性主要从零部件数量以及所采用清洗方法的难易程度来分析。基于工厂调研资料，我们可假设各种清洗方法的难易程度。例如：吹，0.20；刷、擦或烘焙，0.40；化学洗涤剂喷洗，0.70；超声波清洗，0.90。清洗可行性指标值可通过式(2-2) 计算。

$$\mu_c = 1 - \frac{\sum_{j=1}^{4} L_j \theta_j}{\sum_{j=1}^{4} L_j} (j = 1,2,3,4) \tag{2-2}$$

式中　L_j——采用第 j 类清洗办法的零部件的数量；

θ_j——第 j 类清洗办法的难易程度值。

③ 检测与分类可行性　为了保证再制造机床的质量，需要对所有拆卸下来的零部件进行检测，确保其没有损伤等。退役机床零部件的性能检测是保证退役机床再制造质量的非常重要和非常关键的环节，其目的是检测废旧零部件的报废程度。

检测是一个耗费工时但不增加附加值的过程，再制造时间往往被延后主要就是由于需要检测机床大量铸铁类基础件的裂纹、损伤、磨损等。基于零部件检测结果，可以将零部件分为三类：不需要再加工而直接重用、再加工后可重用以及不可重用类。

检测与分类可行性应该从检测时间、零部件的种类数以及决定采用哪种再加工工艺的废旧零部件损坏程度等方面进行分析。为了简化计算难度，这个指标值主要通过平均检测时间来评定，并由专家评判。评判结果 μ_i 可分为 $\{A, B, C, D\}$，分别对应的指标值为 $\{0.95, 0.80, 0.65, 0.40\}$。

④ 零部件再加工可行性　再加工是将废旧零部件恢复到新品水平的关键环节，是机床再制造工艺最为重要的过程。由于不同的用户使用工况不同，并且具有不同的使用习惯，回收的零部件的质量水平千差万别。因此，废旧零部件可能在再加工过程中出现问题而不能继续使用，只好由新购或新制零部件进行替换。

回收的退役机床的质量水平越差、损坏程度越厉害，废旧零部件再加工过程失败的概率越高。而不同的零部件采用不同的再加工工艺过程，每种再加工工艺具有不同的成本，也具有不同的成功比率。由于对机床修复与再加工可行性评定过程并未确定采用何种工艺，这里为了简便，假设采用的是最为通用的再制造工艺。而每种工艺的成功比率一般根据经验可确定。机床再制造的成本直接依赖于废旧零部件的再利用率，因此，如果某退役机床具有较好的零部件再加工可行性，那么将显著提高再制造的经济性。零部件再加工可行性指标可由式(2-3)计算。

$$\mu_r = \frac{\sum_{k=1}^{M} M_k \rho_k}{\sum_{k=1}^{M} M_k} (k = 1,2,\cdots,M) \tag{2-3}$$

式中　M_k——拆卸及清洗后第 k 类零部件的数量；

ρ_k——第 k 类零部件修复与再加工的成功率（根据经验可获取，为一概率分布函数的期望值）；

M——零部件种类的数量。

⑤ 整机性能升级可行性　随着客户对机床加工精度、自动化及信息化水平、能效水平等性能的要求越来越高，仅仅将退役机床恢复精度已不能满足客户需求，而需要通过各类高

新技术对再制造机床进行功能及性能提升。然而，由于退役机床在结构、功能、材料等方面的限制，新功能附加于旧机床受到各种约束而机床本体结构难以改变，这使得部分退役机床可能并不适合于升级改造。为了简化并定量化该指标，本书主要通过机床精度提升来评定退役机床性能提升的可行性。

衡量再制造机床精度的诸项指标值构成的向量用 $\boldsymbol{A}=\{a_1, a_2, \cdots, a_l, \cdots, a_m\}$，$l=1, 2, \cdots, m$ 表示，原有退役机床对应的出厂标准各精度指标值构成的向量用 $\boldsymbol{P}=\{p_1, p_2, \cdots, p_l, \cdots, p_m\}$ 表示。定义精度指标比较向量 $\boldsymbol{D}=\{d_1, d_2, \cdots, d_l, \cdots, d_m\}$，其中 $d_l=(a_l-p_l)/p_l$，精度等级评语构成评语集为{很好，好，一般，差，很差}，对应数值为{1，0.8，0.6，0.4，0.2}。定义精度评价指标矩阵 $\boldsymbol{R}=\{r_1, r_2, \cdots, r_l, \cdots, r_m\}$，其中的界限值主要通过工业实践与专家经验来确定：当 $d_l \leqslant 0$ 时，精度等级很好，$r_l=1$；当 $0<d_l \leqslant 0.05$ 时，精度等级好，$r_l=0.8$；当 $0.05<d_l \leqslant 0.10$ 时，精度等级一般，$r_l=0.6$；当 $0.10<d_l \leqslant 0.20$ 时，精度等级差，$r_l=0.4$；当 $d_l>0.20$ 时，精度等级很差，$r_l=0.2$。

对再制造机床的精度进行综合评价，根据式(2-4) 可得到精度评价指标值：

$$\mu_u=\boldsymbol{R}\cdot\boldsymbol{W}^T \tag{2-4}$$

式中　“·”——矩阵数量乘；

$\boldsymbol{W}=\{\omega_1, \omega_2, \cdots, \omega_l, \cdots, \omega_m\}$——各项指标的权重构成的矩阵；

ω_l——第 l 项指标 r_l 的权重系数，通过专家评判法或层次分析法等权重确定方法得到，$\sum_{l=1}^{m}\omega_l=1$。

⑥ 再装配简易性　类似于前面提到的拆卸简易性指标，花费在再装配上的时间应尽可能缩短。如果退役机床以前设计过程并未考虑装配，或者再制造机床并非面向再装配的设计方案，那么再制造机床将很难装配。易于再装配是将再制造零部件装配成再制造新机床而保证产品质量的关键因素，并直接影响再装配的时间以及成本。如果再设计的机床采用模块化设计，以及将零部件进行标准化设计，那么将显著提高再制造机床的再装配简易性。再装配简易性指标与连接结构、再装配精度、再装配联系的数量、标准件数量、再装配路径等因素密切相关。由于再制造工艺过程的高度不确定性，很难定量的评定再装配的简易性，而只能通过专家评定的方法来进行定性描述。我们将 μ_a 的评价结果分为{A，B，C，D}，分别对应的指标值为{0.95，0.80，0.65，0.40}。

基于以上对技术可行性各个指标的分析，可根据式(2-5) 得出技术可行性的评价值。

$$T=\mu_d\omega_d+\mu_c\omega_c+\mu_i\omega_i+\mu_r\omega_r+\mu_u\omega_u+\mu_a\omega_a \tag{2-5}$$

式中　ω_d，ω_c，ω_i，ω_r，ω_u，ω_a——μ_d，μ_c，μ_i，μ_r，μ_u，μ_a 的权重值，将主要通过层次分析法等权重确定方法来确定。

(2) 经济可行性指标及量化

对于再制造商而言，实施机床再制造的最主要目的是获取经济收益。机床附加值较高，再制造的经济效益较为显著。附加值包括机床在设计、生产、销售等过程中所消耗的技术、人力、资源、设备等损耗和广告营销费用等。从经济可行性方面分析退役机床是否适合于再制造，主要是根据现有工艺、技术水平充分利用其附加值而获取经济效益方面来分析。附加值越大，再制造成本越低，经济可行性越好，可再制造性越高。此外，机床再制造还具有显著的间接经济效益，可节约客户企业大量的设备资金投入和技术培训费用，可比购置同样性能级别的新机床节约成本 60%～80%，交货期缩短一半，而性能可达到或超过原有新机床水平。由于间接经济效益较难评定，而可再制造性评价主要考虑的是经济上是否具有可行性，因此本文主要从机床再制造成本方面来判定机床再制造的经济可行性，评价机床再制造的经济效益，为企业进行再制造提供决策支持。

机床再制造的成本 C_R 主要由退役机床回收成本 C_1、再制造过程费用 C_2、综合费用 C_3 三部分组成，可由式(2-6) 计算而得：

$$C_R = C_1 + C_2 + C_3 \tag{2-6}$$

① 退役机床回收成本 C_1　C_1 指机床再制造商从客户或者市场获得退役机床（再制造生产系统的毛坯输入）的回收成本。随着制造技术的快速发展，以及客户对机床加工效率、加工精度要求的越来越高，制造业大量的机床将不能满足加工要求而面临着技术性或功能性淘汰，进入二手机床市场。同时，机床再制造业务大多作为一种服务的方式而存在，由使用方与再制造商签订合同，对老旧机床进行升级再制造，以及存在一种以旧换新的方式，由使用方以旧机床加差价的方式置换新机床，而在这种合同制再制造以及以旧换新的再制造模式下并不存在机床的回收成本。为了统一计算机床再制造的成本，这里将 C_1 定义为退役机床的二手市场回收价值（如果不从二手市场回收，那么 C_1 指假设该机床在二手机床进行市场销售而确定的价值）。

② 再制造过程费用 C_2　机床再制造属于劳动密集型产业，拆卸、清洗、再加工等工艺过程较难实现批量化以及自动化，需要消耗大量技术工人的劳力；再制造过程需要消耗各类辅助物料及各类刀具、量具、夹具等工装材料；各类电气系统元件、润滑系统、冷却系统均需要更换，而且由于再制造过程中部分零部件不适合再制造而需要新购，这增加了部分新购或新制零部件费用。再制造过程费用 C_2 主要包括再制造工时费用 C_{21}（包括拆卸、清洗、检测与分类、再加工、再装配等工艺过程）、外购更换件成本 C_{22}（包括标准件以及电动机、数控系统及伺服系统、信息化终端及配套系统、排屑器、油雾分离器、自动上下料装置、机床工作灯、变频器、外制防护罩壳、编码器、纵横滚珠丝杠副、纵横丝杠轴承与螺母、电动刀架、润滑泵以及其他配套件等）、再制造过程中的料耗费用 C_{23} 等，见式(2-7)。

$$C_2 = C_{21} + C_{22} + C_{23} \tag{2-7}$$

③ 综合费用（经营费用）C_3　机床再制造企业要正常运营，需要支出各类综合费用。综合费用主要指要支持机床再制造业务的开展需要支出的各类费用，包括会计费用、广告费用、设备折旧费用、保险、利息、法律费用、租赁费用、修理费用、税费、通信费用、差旅及公共设施开支等。为更切合工厂实际以及简化计算过程，我们将综合费用 C_3 的组成简略为税费 C_{31}、工厂管理费 C_{32}、设计与销售项目费用 C_{33} 以及其他费用 C_{34} 等，见式(2-8)。

$$C_3 = C_{31} + C_{32} + C_{33} + C_{34} \tag{2-8}$$

(3) 资源环境效益指标及量化

相比于机床制造过程，从全生命周期的角度来考虑，机床再制造在材料节省、能源节约、污染减少等方面具有显著的环境友好、资源节约效益。

① 材料节省　再制造最为显著的特点是：重用大量的废旧零部件，使得这些废旧资源重新焕发生机并发挥价值。机床再制造实现的材料节省可根据式(2-9) 来综合计算再制造机床中回收重用的材料的质量而得。

$$M_r = \sum_{g=1}^{L} M_g^r \quad (g = 1, 2, \cdots, L) \tag{2-9}$$

式中　L——回收重用的废旧零部件数量；

M_g^r——第 g 类重用的零部件的质量；

M_r——机床再制造实现材料节省的总质量。

我们假设 ψ_m 为机床再制造的材料重用率，可通过式(2-10) 计算而得。

$$\psi_m = \frac{M_r}{M_t} \tag{2-10}$$

式中 M_t——再制造机床的总质量。

② 能源节约 很明显，机床再制造过程需要消耗的能源远远少于制造一台新机床所消耗的能源，因为机床再制造重用了大量的零部件，从而避免了原材料开采、材料制备以及制造加工过程所消耗的能源。然而，由于数据资料的缺乏，很难对能源节约进行定量化。因此，需要将生命周期清单分析法应用到能源节约的量化过程。进而，假设 ψ_e 为机床再制造的能源节约比率，可以通过式(2-11) 计算而得。

$$\psi_e = \frac{\sum_{g=1}^{L} M_g^r E_g - E_r}{E_m} \tag{2-11}$$

式中 E_g——回收重用的 g 类零部件中附加的能源；

E_r——再制造过程中的能源消耗；

E_m——再制造机床材料中所附加的能源的总量。

③ 污染排放减少 机床制造过程中伴随着大量的污染物排放，如铸造、锻压、焊接、热处理、机加工以及表面处理等过程，尤其是铸造零部件的制备过程。而机床再制造重用了大量的废旧零部件，避免这些零部件原材料开采、加工过程的污染物排放，具有显著的减排效果。尽管机床再制造过程中也会伴随部分污染物排放，但显而易见机床再制造比机床制造过程更具有环境友好性。然而，由于现有数据的缺乏，很难对附加在材料上面的污染物排放进行量化。因此，机床再制造的减排效益指标值在本文中通过专家评判的定性分析方法来确定。评价结果 ψ_p 可分为 $\{A, B, C, D\}$，分别对应指标值 $\{0.95, 0.80, 0.65, 0.40\}$。

综上分析，机床再制造的资源环境效益指标值可通过式(2-12) 计算而得。

$$E = \psi_m \omega_m + \psi_s \omega_s + \psi_p \omega_p \tag{2-12}$$

式中 ω_m，ω_s，ω_p——μ_m，μ_s，μ_p 的权重值，该权重值可通过 AHP 方法计算而得。

2.2.2 指标权重的确定方法

为了确定各个评价指标的评价值，各个指标的权重应该首先确定。当然，不可能获取一种完全的权重绝对值，只能确定一种相对权重值。层次分析法（Analytic Hierarchy Process，AHP）由学者 Saaty 提出的，并经常被称为 Saaty 法。AHP 法是一种解决多目标的复杂问题的定性与定量相结合的决策分析方法，用决策者的经验判断各衡量目标能否实现的标准之间的相对重要程度，并合理地给出每个决策方案的每个标准的权数，利用权数求出各方案的优劣次序，比较有效地应用于那些难以用定量方法解决的问题。该方法根据问题的性质和要达到的总目标，将问题分解为不同的组成因素，并按照因素间的相互关联影响以及隶属关系将因素按不同层次聚集组合，形成一个多层次的分析结构模型，从而最终使问题归结为最低层（供决策的方案、措施等）相对于最高层（总目标）的相对重要权值的确定或相对优劣次序的排定。

因为不同的客户对退役机床再制造有不同的要求，各个指标的权重具有主观性并且针对不同的客户权重值可能有所不同。结合AHP法的特点，将其应用于本文中退役机床可再制造性中指标层权重值的确定，专家平台由客户以及再制造机床设计人员等构成。由于用于确定指标权重的唯一信息或知识来源是专家的经验，权重值很大部分由这些专家的反映所决定，因此专家组的选择与确定显得尤为重要。

因为机床再制造大多采用一种定制化的方式，可再制造性评价指标不仅由再制造商还要由客户来确定。考虑到相关利益方对机床再制造的熟悉程度，由6名机床再制造设计人员以及4名再制造设备使用方（客户）构成专家平台，他们对机床再制造较为熟悉，一般具有5年以上的机床设计或者设备管理经验。专家平台中，6名机床再制造设计人员包括2名机械设计师、2名电气设计师以及2名工艺设计师；4名再制造机床使用方人员包括2名设备管理人员及2名设备操作人员。为了将由10名专家评定的各个指标值达成一致意见，需要一种均衡机制来完成：计算针对各个比较矩阵的各单元而形成的10个输入（两两比较的结果）的几何平均值，形成一个关于各个因素的新的平均比较矩阵。

通过AHP法来确定各个指标权重的步骤可在下面的例子中反映。如针对机床可再制造性评价的技术可行性准则，相关指标权重的确定如下。

第一步，针对技术可行性指标权重确定问题，建立层次分析模型，如图2-3所示。

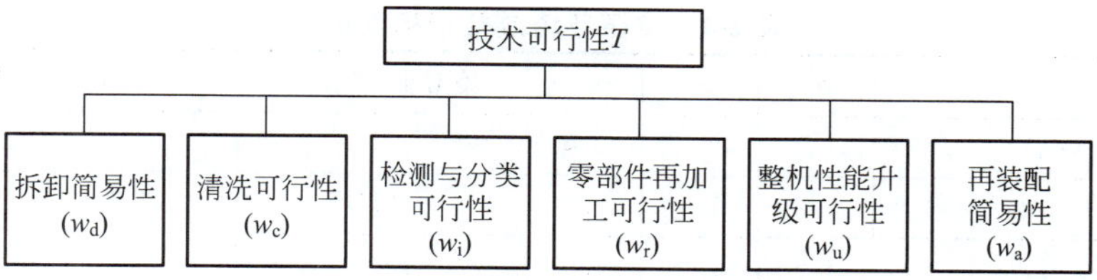

图2-3 技术可行性指标层次分析模型

第二步，建立优先级判断尺度，如表2-2所示。

表2-2 要素比较的判断尺度

重要度强度	定义	解释
1	同等重要	μ_i和μ_1同样重要
3	略微重要	对T而言，μ_i比μ_1略微重要一些
5	明显重要	对T而言，μ_i比μ_1明显重要
7	非常重要	对T而言，μ_i比μ_1重要得多
9	极为重要	对T而言，μ_i比μ_1极端重要
2，4，6，8用于表示介于上述两个相邻判断强度的值		

第三步，根据表2-2要素比较的判断尺度，由专家以对综合评价结果而言对各指标进行两两比较，建立判断矩阵，如表2-3所示。

表2-3 技术可行性评价的指标判断矩阵

u_{ij}	μ_d	μ_c	μ_i	μ_r	μ_u	μ_a
μ_d	1.0	5.0	5.0	1.0	1.0	3.0
μ_c	1/5	1.0	1.0	1/5	1/5	1/3
μ_i	1/5	1.0	1.0	1/5	1/5	1/3

续表

u_{ij}	μ_d	μ_c	μ_i	μ_r	μ_u	μ_a
μ_r	1.0	5.0	5.0	1.0	1.0	3.0
μ_u	1.0	5.0	5.0	1.0	1.0	3.0
μ_a	1/3	3.0	3.0	1/3	1/3	1.0

基于层次分析法，$\{\mu_d,\mu_c,\cdots,\mu_a\}$ 的相对重要度权重 $\{\omega_d,\omega_c,\cdots,\ \omega_a\}$ 可通过式(2-13)计算而得。

$$\omega_i=\overline{W_i}\Big/\sum_{i=1}^{6}\overline{W_i}(i=1,2,\cdots,6) \tag{2-13}$$

$$\overline{W}_i=\sqrt[6]{M_i}$$

$$M_i=\prod_{j=1}^{6}u_{ij}$$

第四步，各个指标的权重值通过 AHP 方法确定，结果如式(2-14) 所示。

$$W=\{\omega_e,\omega_d,\cdots,\omega_p\}=\{0.266,0.048,0.048,0.265,0.265,0.108\} \tag{2-14}$$

针对资源环境效益指标，材料节省、能源节约和排放减少效益 3 项指标的权重值可通过上面的 AHP 方法来确定，计算过程及最终结果如表 2-4 所示。

表 2-4 资源环境效益指标权重

指标	μ_d	μ_s	μ_p	绝对重要度/%	近似重要度(ω_i)/%
材料节省(μ_d)	1.0	2.0	3.0	54.0	50
能源节约(μ_s)	1/2	1.0	2.0	29.7	30
排放减少(μ_p)	1/3	1/2	1.0	16.3	20

2.2.3 机床可再制造性评价实例

目前，我国机床保有量 800 多万台，但是我国机床整体水平比较落后。据统计，目前役龄 10 年以上的机床占 60%以上，这些机床在未来 5～10 年都可能面临报废、闲置、技术性或功能性淘汰，从而形成相当规模的可循环利用的再制造潜在资源。据不完全统计，1979～1988 年，全国以大（重）型机床为主的引进技术改造项目就有 18446 项，约达 165.8 亿美元。这些大（重）型机床设备的价格极其昂贵，从 2001 年开始陆续面临报废。目前我国重型超重型机床的保有量为 20 多万台，这些重型机床的质量一般在 50t 以上，机床价值也比较高，单机价格普遍在 500 万元以上，甚至达到几千万元，对这些机床实施再制造具有非常突出的经济效益及社会效益。在当前我国制造业产业结构调整和优化升级的大背景下，制造企业存在的大量重型机床面临报废与淘汰，迫切需要通过再制造对其进行性能恢复与升级。

在某机床生产企业，一台龙门刨床 B2025 已经服役超过 25 年，面临报废与淘汰。然而，由于该机床价格较为昂贵，公司无力承担新购一台同种性能水平的新机床。因此，公司选择机床再制造以满足公司的加工需求。由于该退役龙门刨床的价值较高，再制造前必须认真合理的评价其可再制造性。该龙门刨床曾是公司主要设备，工作台尺寸 2500mm×8000mm，原采用继电器进行逻辑控制，工作台采用 JF-F-D 机组拖动，控制技术落后，耗能高，但是机械精度高；具备大型零件的“以刨代磨”的功能。该机床由于服役时间较长，而且加工任务较重、工作环境较差，现在故障率较高，影响正常生产。下面是对该机床可再制造性的详细分析过程。

(1) 技术可行性

第一步，对退役 B2025 龙门刨床再制造的技术可行性进行分析，以确保其可通过各种先进技术进行修复及性能提升。基于 2.2.1 节中提出的评价指标量化方法对技术可行性各个指标进行量化，可得到技术可行性评价结果，如表 2-5 所示。

表 2-5　技术可行性各个指标的评价结果

指标	评价值	指标	评价值
拆卸简易性(μ_d)	0.80	零部件再加工可行性(μ_r)	0.84
清洗可行性(μ_c)	0.74	整机性能升级可行性(μ_u)	0.92
检测与分类可行性(μ_i)	0.80	再装配简易性(μ_a)	0.80

退役 B2025 刨床再制造的技术可行性可通过式(2-15) 计算而得，评价结果如下。

$$T=\mu_d\omega_d+\mu_c\omega_c+\mu_i\omega_i+\mu_r\omega_r+\mu_u\omega_u+\mu_a\omega_a$$

$$T=0.80\times0.266+0.74\times0.048+0.80\times0.048+0.84\times0.265+0.92\times0.265+0.80\times0.108=0.840 \tag{2-15}$$

根据评价结果，显而易见，该机床实施再制造的技术可行性较好，退役机床可再制造性评价过程进入下一步。

(2) 经济可行性

第二步，对其实施再制造具有较好技术可行性的退役 B2025 龙门刨床进行经济可行性评价，计算再制造成本以确保机床再制造商有利可图。退役 B2025 刨床再制造的成本如表 2-6 所示。

表 2-6　退役 B2025 刨床再制造成本

成本类别	符号	计算过程	值
退役 B2025 刨床回收成本	C_1	$C_1=240000$	240000
退役 B2025 刨床再制造成本	C_2	$C_2=C_{21}+C_{22}+C_{23}=65000+275000+63000$	403000
综合费用	C_3	$C_3=C_{31}+C_{32}+C_{33}+C_{34}=25000+36000+12000+23000$	96000
总成本	C_R	$C=C_1+C_2+C_3$	739000

随后，我们假设 p 作为客户乐意付与再制造机床的价格，约为同种性能水平新机床价格（为 190 万元左右）的 50%，则 $p=95$ 万元。对再制造机床的成本分析可知，退役 B2025 刨床再制造的成本远远低于新购置机床。该机床再制造的经济可行性评价值计算如下。

$$\mu_e=\frac{C_R}{p}=\frac{739000}{950000}=0.778$$

退役 B2025 刨床再制造的经济可行性评价结果显示，该机床具有较好的经济可行性，再制造商可获取较大的利润，经济效益显著。

(3) 资源环境效益

第三步，从材料节省、能源节约、排放减少效益等方面，分析 B2025 刨床再制造的资源环境效益，如表 2-7 所示。

表 2-7 B2025 再制造的资源环境效益

资源环境效益	符号	计算过程	值
材料节省	μ_m	$\psi_m=\frac{M_r}{M_t}=71.4\%$ $\mu_m=1.25\psi_m=0.893$	0.893
能源节约	μ_s	$\psi_e=\frac{\sum_{g=1}^{L}M_g^r E_g-E_r}{E_m}=0.73$ $\mu_s=4\psi_e/3=0.973$	0.973
排放减少	μ_p	专家评判	0.95

随后，退役 B2025 再制造的资源环境效益评定值计算如下：

$$
\begin{aligned}
E &=\mu_m\omega_m+\mu_s\omega_s+\mu_p\omega_p \\
&=0.893\times0.50+0.973\times0.30+0.95\times0.20 \\
&=0.928
\end{aligned}
$$

从资源环境效益评定结果可知，退役 B2025 龙门刨床再制造具有较好的资源节约性、环境友好性，该机床适合于实施再制造，可实现废旧资源的极大化重用。

综上所述，退役 B2025 龙门刨床具有较好的可再制造度，该机床可通过再制造恢复到新机床性能水平，最终再制造机床的效果如图 2-4 所示。再制造 B2025 数控系统采用 SIEMENS 840D，取消机组，用交流数字伺服电机驱动工作台，同时增加 16M 直光栅用于工作台的闭环检测；将右侧刀架改成带铣功能的数控进给，同时增加光栅用于闭环控制，主轴也采用交流数字轴；另一刀架仍为普通进给，但主轴采用欧陆数字直流调速驱动。通过机床再制造，节约了大量新制机床过程中的资源消耗及环境污染，提高了机床的自动化程度和可靠性，再制造机床作为该公司大件生产不可替代的关键设备继续服役。

图 2-4 再制造后的 B2025 龙门刨床

2.3 面向再制造的废旧机床零部件及整机再设计技术

2.3.1 机床再设计过程的特点

机床再设计是机床再制造的开始，涉及再制造机床的功能分析、结构设计以及各个再制造工艺过程的方案设计（包括产品的拆卸工艺、再加工工艺、再装配工艺等），而且由于机床再制造过程存在的不确定性使得再设计与再加工过程必须具有协同性及反馈性，再制造工艺过程中的信息反馈很有可能导致再设计发生变化。再设计是机床再制造的关键过程，并且是机床再制造的核心关键技术之一，直接决定着机床的再制造工艺过程，并且对再制造机床的质量、成本、性能、功能有重要影响。因此，需要从设计原理上对机床再设计与优化过程进行分析，对于提高机床再制造的效率以及效益具有重要意义。退役机床再设计过程有如下特点。

（1）多目标性

机床本身是一个复杂的机器单元，再设计过程中需要考虑的因素众多，且不仅仅实现单一目标。退役机床再设计的过程是一个要综合考虑多个目标的优化过程，不仅要考虑再制造机床的工作精度、自动化程度、可靠性等性能指标，也要考虑机床再制造的成本以及再制造机床的绿色性能、能效指标等，并且要考虑机床再制造所实现的资源重用率。退役机床的再设计方案有多种，从不同目标来考虑将选用不同的方案。

（2）不确定性

退役机床服役多年，而服役过程中机床运行情况不可知，各个零部件材料内部变化不可知，这导致回收的退役机床质量等信息具有不确定性。而这种设计系统的实物信息输入的不确定性使得设计过程以及设计结果均具有不确定性，因为设计过程受到这种具有不确定性的原机床结构、材料、性能等方面的约束，而最终设计方案由于机床再制造工艺过程的不确定性反馈可导致其具有不确定性，这给设计者带来较大难度。

（3）继承性

再设计的继承性是指退役机床原有设计信息、损伤信息或其他信息在再设计过程中能被再利用的能力，对于提高退役机床再设计的效率、可维护性以及标准化起重要的作用。再设计过程的继承性主要指退役机床的几何形状信息、精度信息、材料信息以及概念设计信息等在再设计过程中的重用，其中概念设计信息主要包括退役机床原有的设计原理、设计的需求信息、功能信息、设计知识和设计经验等，这些信息对于机床的再设计具有较高的重用价值，但同时也形成一种设计约束。

（4）并行化

机床的再制造过程是一个具有高度不确定性的过程，针对同一类零部件，由于损伤情况的差异性，再制造工艺亦可能有所不同，而零部件再制造过程中也可能出现由于零部件损伤程度较大而无法实施再加工的情况。从再设计到再加工需要经历多个过程，而这个过程中可能出现信息交流的偏差与误解。针对这种问题，退役机床的再设计过程强调再设计、再制造过程的一体化与并行化，强调再设计信息到再制造信息的顺畅传递以及迅速反馈，再设计必须将机床零部件的可再制造度纳入设计过程中，再设计需要并行考虑退役机床的已有结构约束以及其再制造、再装配等过程。

（5）定制化

退役机床再制造过程不仅要满足与新品一样低成本地满足客户多样化、个性化的要求，也受到来自于再制造机床的设计和工艺本身的个性化、多样化需求的影响，因此机床再制造过程属于典型的定制化生产。机床再设计过程中强调用户参与再设计过程，以使得再制造机床能最大限度地满足用户的需求，取得用户的最大满意度。

（6）范畴扩展化

传统的设计过程主要侧重于机床的产品设计，而再设计方法将再制造机床设计的范畴向前扩展到再制造机床规划、再制造机床功能分析，直至用户需求分析，从设计的最源头上实施优化设计；向后扩展到机床再制造工艺规划，再制造工艺规划综合考虑设计需求、功能特性等，使得再制造机床产品规划、产品设计、工艺设计形成一个整体。再设计过程强调从市场调研、用户要求，到再制造产品规划、产品设计、工艺设计、再制造过程、质量控制、再制造成本核算、销售、包装运输、售后服务、维修保养以及再制造机床的报废处理、再次回收再利用等产品全生命周期的综合最优化。

2.3.2 基于公理化设计的退役机床定制化再设计过程模型

公理化设计理论（Axiomatic Design Theory，ADT）是麻省理工学院 Nam Pyo Suh 教授于 20 世纪 70 年代中期提出的一种设计-决策方法，“公理化设计”（Axiomatic Design）一词在 Nam Pyo Suh 于 1990 年出版的专著《The Principles of Design》一书中正式提出。

公理化设计是一种以域和设计公理为基础的设计，主要目的是建立一个科学基础，为设计者提供一种基于逻辑和理性的思维方法和工具，为设计者进行设计和改进设计提供理论依据，指导设计者在设计过程中做出正确的决策，使设计者更能发挥其创造力。公理化设计理论在产品设计领域已产生重要的影响。

(1) 域

域（Domain）是公理化设计中最基本和最重要的概念，贯穿于整个设计过程。公理化设计将整个设计过程划分为 4 个不同的设计活动，即 4 个域，分别是用户域（Customer Domain）、功能域（Functional Domain）、结构域（Physical Domain）和过程域（Process Domain）。域中的元素分别对应为用户需求（Customer Attributes）、功能要求（Function Requirements）、设计参数（Design Parameters）和过程变量（Process Variables）。产品设计过程就是相邻两个设计域之间相互映射的过程，如图 2-5 所示。

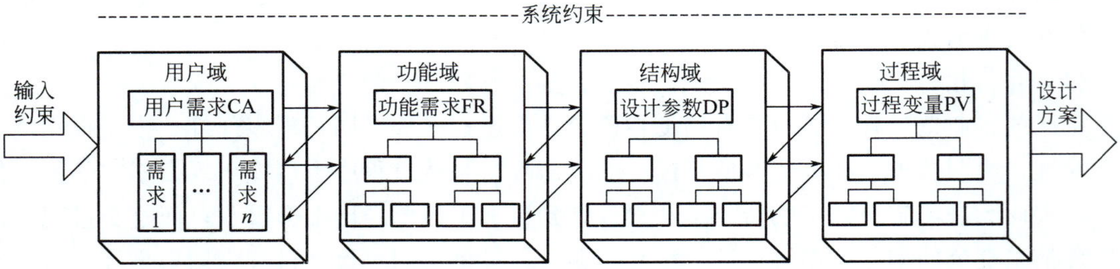

图 2-5 公理化设计域模型

相邻两个域是紧密联系在一起的，两者的设计元素有一定的映射关系。相邻两个设计域间的关系是：左边的设计域表示“我们要完成的或想要完成的工作（What）”，而右边的设计域表示“我们选择什么方法来实现左边域的要求（How）”。

① 用户域　产品的设计和开发是以满足市场需求为目的的。用户域表示用户寻求的利益 CAs（Customer Attributes）或用户对产品的需求 CNs（Customers Needs）。用户需求是指市场和客户对产品的要求，它包括消费者对产品的性能、用途等方面的要求，内部客户（指产品制造、销售、售后服务等部门）对产品的生产效率、生产成本和产品质量等要求，同时还包括提高产品竞争力、产品创新等方面的要求。用户域是产品设计的源泉。设计人员分析用户需求，提出产品的基本功能要求。

② 功能域　功能域是满足用户需求的一系列的产品功能要求和约束的集合。功能是对

技术系统或产品所能完成任务的抽象描述，反映产品所具有的用途和特性。功能要求是对设计目标的描述，是设计方案所要实现的功能集合。功能域中同时包含设计约束的制约。设计约束是指设计者确定的设计方案中限定的条件，由外部客户和内部因素所决定，它与功能要求不是一个概念。但是，在设计过程中某些设计约束在功能分解时会转化为低级的功能要求。

从系统的观点出发，公理化设计将系统的功能分为总功能和分功能。对系统整体的要求就是系统的总功能，系统总功能反映了系统输入与输出的能量、物料和信息的差别和关系。一个复杂系统可以分解为一系列简单系统（子系统），复杂系统的总功能可以分解为若干个复杂程度较低的分功能，一直分解到能直接找到解法的功能元为止。

③ 结构域　结构域是实现功能要求的物理结构的集合。结构域描述了产品的整个结构设计过程。产品设计从抽象阶段的总体设计逐步细化到具体的详细设计。设计参数是指能够实现功能要求的产品的结构参数。公理化设计中，确定设计参数和功能分解应同时进行，确定设计参数的过程就是功能求解的过程。设计参数的选择受到设计约束的限制。只有充分考虑设计约束的影响，才能确定比较合理的设计参数，以最大限度地满足用户的需求。

④ 过程域　过程域描述产品的工艺过程和加工制造方法。工艺过程变量是指实现设计参数的产品的加工制造方法，包括加工工艺、装配工艺的过程规划。

(2) 公理化设计中的设计公理

在公理化设计的映射过程中，做出决策所必需的两条基本公理如下。

公理 1：独立公理。保持功能需求（FR）独立。

公理 2：信息公理。在满足独立公理的条件下，使设计中的信息含量为最小。

公理 1 表明功能要求与设计参数之间的关系。当有两个以上的功能要求时，设计方案不仅应满足每一个功能要求，而且还要不影响其他功能要求，这就要求选择设计参数时，既要满足功能要求，又要保持功能要求的相互独立。公理 2 表明在所有满足独立性公理的设计中，信息含量最少的设计是最好的设计，它是用来对设计方案进行评价和比较的原则。根据公理 2 的要求，在设计中应尽量简化设计工作，减少设计中各种因素的影响，以减少设计中产生功能耦合的可能性。可以看出，独立性公理可用来减少有效解的数量，信息公理用来从有效设计解中找出最好的设计方案来。

2.3.3　基于公理化设计的退役机床定制化再设计过程框架

在对退役机床产品原有几何信息、损伤特征等进行分析建模的基础上，根据用户要求、库存信息以及市场需求等信息，以最优化重用原有退役机床资源为目标，对退役机床产品进行概念再设计、再制造工艺设计的创新性过程，称为再制造机床可重用再设计，简称再设计。充分运用现代设计理论，特别是公理化设计理论（AD），从公理及原理性的视角探索退役机床产品再设计的基础理论和一般方法。基于此，可建立如图 2-6 所示的基于 AD 的退役机床产品定制化再设计过程框架图。

(1) 从用户域向功能域映射

经过用户需求分析获取再制造客户的用户需求 CA 后，需要将用户需求 CA 映射为再制造机床的功能要求 FR，此过程也为再设计的功能分析过程。功能是机床产品或技术系统特定工作能力抽象化的描述。它与机床产品的用途、能力、性能等概念不尽相同。机床产品的

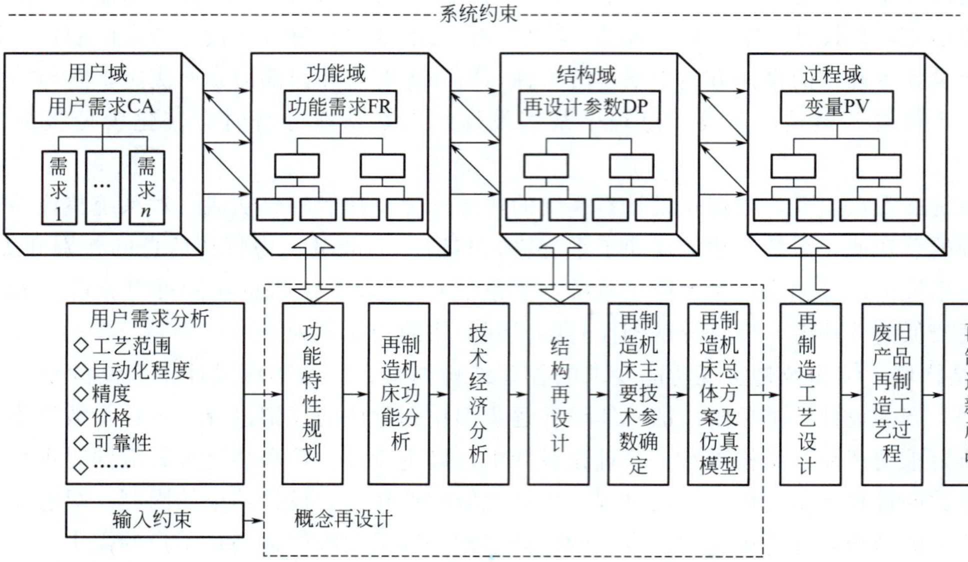

图 2-6 基于 AD 的退役机床产品定制化再设计过程框架

功能要求不仅包括机床的内在质量功能，还包括外在的美学功能，如“造型美观”“操作方便”等，这些都反映了功能要求的程度。功能要求的确定是一个具有综合性和创新性的过程，需要综合考虑各方面（技术、经济、环境、可靠性等）因素。

（2）从功能域向结构域映射

从再制造机床的某个功能要求出发，通过功能求解以及方案组合与评价等设计思路，构思出退役机床再设计方案的过程，也称为再制造机床功能设计。功能设计过程一方面由功能域向结构域映射，另一方面是功能域中的功能分解，即“之”字形映射与分解，其中最重要的环节就是功能分解，它是通过分解来获得对再设计机床产品的清晰认识。功能分解就是将总功能进一步分解为子功能，分解的结果是使得抽象的总功能用简单的子功能组合来完成。功能设计也是为了更好地寻求设计问题求解路径。经过这样反复的设计过程，将机床产品的总功能 FR_0 逐步分解成各个子功能 FRs，形成再制造机床的功能结构树。功能域中每一个子功能（FRs）对应于结构域中相应的子结构（设计参数 DP）。建立功能与结构映射关系库，并提供根据功能-结构映射关系选择部件的检索机制，当需要实现某个功能时，可根据功能与结构的映射关系检索结构库，求解出对应的结构。

（3）从结构域向工艺域映射

根据机床产品及零部件的结构特征参数确定机床再制造工艺方案，由工艺规划矩阵得到再制造机床的工艺设计参数。退役机床的再制造工艺过程不同于传统的机床制造工艺过程，由于零部件损伤信息的不可知性导致再制造工艺设计过程具有较大的不确定性。

（4）制订生产计划

根据零件图和再制造工艺要求确定生产要求，根据再制造企业的生产条件和设备等制造资源制订生产计划和生产作业计划。本书对此部分没有涉及。

2.3.4 面向定制化的再制造机床概念再设计

概念再设计不同于概念设计，是一种基于原退役机床产品及零部件残缺信息的，并以满足客户需求以及最大化重用原有资源为目标的，由客户需求分析、功能分析到生成概念新机床产品的一系列有序的、可组织的设计活动，它表现为一个由粗到精、由模糊到清晰、由具体到抽象的不断进化的过程。再制造机床的概念再设计过程直接决定着再制造机床的功能、性能等重要因素，决定性地影响产品创新后续过程中的再制造机床产品详细设计、产品生产开发等步骤以及再制造企业经营战略目标的实现。因此，为提高再制造机床的用户满意度，提高概念再设计方案实施的成功率，必须在工艺设计之前形成较优的概念再设计方案。概念再设计过程主要包括再制造机床功能特性规划、结构再设计两个阶段。

（1）基于 QFD 的再制造机床功能特性规划

功能特性规划的过程是从用户域向功能域的映射过程。再制造机床设计是以满足用户需求为目的的。

用户需求是指市场和用户对再制造机床的要求，它包括消费者对再制造机床的性能、用途等方面的要求，以及内部客户（指产品制造、销售、售后服务等部门）对再制造机床的成本、质量等方面的要求，同时还包括提高再制造机床的竞争力、产品创新等方面的要求。

功能是对再制造机床所能完成任务的抽象描述，是满足用户需求的一系列的再制造机床功能要求和约束的集合，反映了再制造机床所具有的用途和特性。重用退役机床产品的功能可以更为有效地重用其附加值，是可重用再设计的较高层次。功能特性规划的过程包括对退役机床原有功能和通过再制造希望实现的功能的分析。经过用户需求分析获取用户需求 CA 后，需要将用户需求 CA 映射为产品的功能要求 FR。功能域中同时包含设计约束的制约，其中包括原退役机床结构、材料、性能等方面的约束，在设计过程中，某些设计约束应在功能分解时转化为低级的功能要求。

由于回收机床的损坏情况、批量大小等各有不同，因此机床再制造业务主要属于面向订单的小批量、多品种形式。企业开展机床展再制造，需首先对再制造机床客户的需求进行分析，基于此制定合理可行的机床再制造方案。机床再制造的客户需求主要包括工艺范围、自动化程度、精度、可靠性、效率、寿命、操作方便、环保、价格等。经过用户需求分析获取用户需求后，需要将用户需求映射为产品的功能要求，此过程也为产品的功能分析过程。质量功能配置 QFD（Quality Function Deployment）就是一种将用户需求转化为产品功能特性要求的方法。质量屋（House of Quality，HoQ）是 QFD 的核心，通过质量屋中的关系矩阵可将用户需求有效地转换为产品的功能特性要求。

① QFD 方法基本原理　质量功能配置 QFD 是一种由用户驱动的产品开发方法，即采用系统化、规范化的方法调查和分析顾客需求，并将其转换成为产品特征、零部件特征、工艺特征、质量与生产计划等技术需求信息，使所设计和制造的产品能真正地满足顾客需求。QFD 代表了从被动的、反应式的传统产品开发模式（即“设计—试验—调整”）到一种主动的、预防式的现代产品开发模式的转变，有助于设计和工艺相结合，是系统工程思想在产品设计和开发过程中的具体应用。它不仅将注意力集中在问题的解决上，而且集中在规划和问题的预防上。

质量功能配置由多种信息收集、传递技术、决策生产过程和多次工程实践组成。从全面、分析的角度出发，通过多种信息的收集获得客户需求，并采用矩阵图解的方法将对客户需求的实现过程分解到产品开发的各个过程和各个职能部门中去，通过协调部门的工作以保证最终产品的质量，使得设计和制造的产品能真正地满足用户需求。

质量功能配置在产品开发过程中增加了同客户之间的交流，使设计者清楚地认识到客户真正的需求是什么，怎样将这些需求转化成产品质量和工程实际，怎样产生可负担得起的开发目标，怎样将这些问题与公司的策略、环境方面的要求进行协调等。质量功能配置虽然不考虑产品开发的全部细节，但它考虑的是那些满足客户至关重要的一些问题，帮助设计者找出那些必须做的事情。因此，虽说质量功能配置本身不能减少设计时间和工程费用，但运用它可以减少再设计的次数和工程修改的费用及时间，从而降低了最终工程成本，提高了经济效益。

QFD的分解模型主要包括：日本水野滋和赤尾洋二提出的由质量展开（Quality Deployment）和功能展开（Function Deployment）两部分组成的QFD模式；由L. P. Sullivan提出，后经J. R. Hauser和Don Clausing加以改进的美国供应商协会（American Supplier Institute，ASI）的四阶段模式，简称ASI模式；劳伦斯成长机会联盟/质量与生产力中心（Growth Opportunity Alliance Lawrence/Quality Productivity Center-GOAL/QPC）的创立者King Bob提出的QFD模式。

鉴于ASI模式抓住了QFD的实质并且有助于人们理解上游的决策是如何影响下游的活动和资源配置，在以下QFD实施的基本过程中，以ASI模式为例进行说明。ASI分解模型将QFD分解为4个阶段：产品规划、零部件配置、工艺规划和生产规划。每个分解阶段都产生一个质量屋，上一层的输出就是下一层的输入，形成瀑布式的分解过程，而且这4个阶段又是一个相关的并行过程，如图2-7所示。

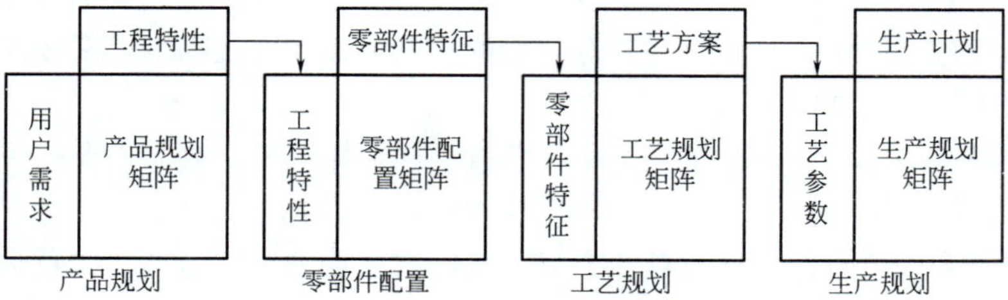

图2-7 QFD的ASI分解模型

QFD的配置过程总体上分解为以下几个阶段。

a. 产品规划。该质量屋是从顾客需求向关键产品特征的配置过程，即产品规划决策过程，因此，这个质量屋的配置质量是最为重要的。通过产品规划矩阵（即质量屋），将用户需求转换为工程特性要求（产品总体特征），并分别从顾客的角度和技术的角度对市场上同类产品进行评估，在分析质量屋的各部分信息的基础上，确定各个产品总体特征的技术性能指标。

b. 零部件配置。利用产品规划矩阵中确定的工程特性，经过基本原理展开、比较和选择，从多个设计方案中选择一个最佳方案，并通过零件配置矩阵将其转换为关键的零部件特征。

c. 工艺规划。将前一阶段质量屋输出权重大的零部件特性，通过工艺规划矩阵进一步展开，确定为保证实现关键的产品特征和零件特征所必须保证的关键工艺参数。

d. 生产规划。通过生产规划矩阵，将关键的零件特征和工艺参数转换为具体的质量控制方法，即成为生产计划中具体的、可操作的生产要求。

② 基于QFD的再制造机床功能分析　在功能分析过程中，通过QFD控制整个再设计过程，设计人员可以通过QFD的质量屋将用户需求及需求的重要度映射为机床产品功能及功能的重要度，此时，质量屋的输入部分为用户的需求及其重要度，质量屋的产品工程特性部分用各个功能项代替，关系矩阵可以是知识库中存储的内容也可以由设计人员输入，经过

矩阵计算得出各个功能的重要度，设计人员可以根据重要度（或功能与需求的连接权重）进行以后的设计。机床再制造功能分析质量屋的结构如图 2-8 所示。

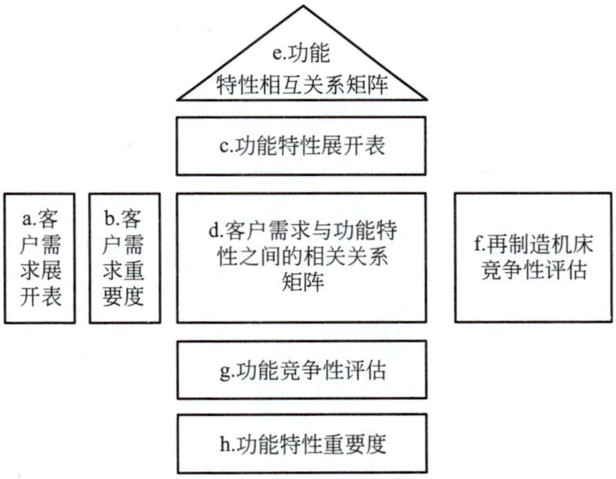

图 2-8 机床再制造功能分析质量屋的结构

质量屋的构成包括以下几方面。

a. 机床再制造客户需求展开表。主要包括工艺范围、自动化程度、精度、可靠性、效率、寿命、操作方便性、环保、价格等，用式(2-16) 表示。

$$CA^T=\{CA_1,CA_2,\cdots,CA_i,\cdots,CA_m\} \tag{2-16}$$

b. 客户需求重要度。采用层次分析法或其他方法进行确定，表示为式(2-17)。

$$\omega^T=\{\omega_1,\omega_2,\cdots,\omega_i,\cdots,\omega_m\} \tag{2-17}$$

c. 功能特性展开表。再制造机床的功能主要包括主轴变速方式、数控、润滑方式、刀架结构、卡紧装置、防护等，用 $FR=\{FR_1,FR_2,\cdots,FR_j,\cdots,FR_n\}$ 表示。根据公理化设计独立性公理，FR 建立的时候，每一个 FR 就独立于任何一个其他的 FR。

d. 客户需求与功能特性之间的相关关系矩阵。表示为 $\boldsymbol{A}$，如式(2-18) 所示。

$$\boldsymbol{A}=\begin{bmatrix} a_{11} & a_{12} & \cdots & a_{1n} \\ a_{21} & a_{22} & \cdots & a_{2n} \\ \vdots & \vdots & \vdots & \vdots \\ a_{m1} & a_{m2} & \cdots & a_{mn} \end{bmatrix} \tag{2-18}$$

式中 a_{ij}——CA_i 与 FR_j 的相关程度，强相关=3，弱相关=1，不相关=0。

e. 功能特性相互关系矩阵。根据公理化设计理论中独立性公理，功能要求应相互独立，故此关系矩阵为对角阵，即 $p_{jj}=1$，$p_{jk}=0$ $(k\neq j)$。

f. 再制造机床竞争性评估。对再制造机床与原有退役机床以及同等性能水平新机床进行质量对比评估，反映该机床的优势与弱点以及需要改进的地方。在这里，用数字 1～5 表示客户对某种产品的某项客户需求的满意度，其中 5 表示客户对某产品的某项客户需求非常满意，1 表示客户对某产品的某项客户需求非常不满意。

g. 功能竞争性评估。从功能的角度对再制造机床的市场竞争力进行评估，与原有退役机床及同等性能水平新机床的相关评估进行对比，分析不足之处及可改进之处。

h. 功能特性的重要度。功能特性的重要度 V，由 ω 与 $\boldsymbol{A}$ 确定，见式(2-19)。

$$V=\omega^T\boldsymbol{A}=\{v_1,v_2,\cdots,v_n\} \tag{2-19}$$

③ 技术经济分析　在功能特性规划的基础上，对再制造机床再设计思路进行技术经济分析，综合比较、决策、论证、优选，确定是对退役机床进行仿型再设计还是采用变型再设计。所谓仿型再设计，是指对退役机床原有设计功能直接重用在同一或相似产品上，执行原设计功能的再设计过程，强调的是功能的继承性重用，可通过高新技术修复等方法恢复至原产品模型，如通过大修、翻新等方式可以恢复退役机床的性能水平，而并未增加新功能。所谓变型再设计，是指对退役机床原有设计功能进行一定的继承并创新性的产生新功能的再设计过程，这个过程要受到原退役机床结构、性能等信息的约束，强调功能的派生性重用或变

异性重用，如退役机床的数控化改造属于较为低级的变型再设计，仅仅在原有结构上增加了新的数控功能，而机床再制造可实现机床整机的功能、性能升级，增加各种功能，且性能指标可达到或超过原新机床。表 2-8 所示为仿型再设计与变型再设计的区别。

表 2-8 仿型再设计与变形再设计的区别

序号	区别	仿型再设计	变型再设计
1	功能重用	继承性	派生性或变异性
2	设计技术要求	要求较低	技术要求较高
3	设计成本	成本低	成本相对较高
4	设计周期	较短	较长
5	产品性能	仅恢复原有功能	可增加新功能，可更好地满足技术进步带来的新要求
6	应用案例	大修、翻新等	数控化改造、机床再制造与升级等

（2）再制造机床结构再设计

结构再设计是功能物理化的过程，是从功能域到结构域映射的过程。区别于传统的结构设计过程，结构再设计是一种约束性设计过程，其设计要素和创新空间要受到作为毛坯的退役机床产品或零部件的约束。退役机床产品的结构再设计过程主要包括约束分析、功能分解以及主要设计参数的确定，最终形成退役机床产品再设计方案或再制造机床产品模型。

① 约束分析　再设计与设计过程最大的不同之一就是约束性更强。再设计就是在由各种约束组成的边界条件内，寻求最优的能满足客户需求以及功能、性能要求的机床再设计方案的过程。设计者在进行结构再设计时，不能像设计新机床那样随意选材和确定设计参数，应充分考虑原退役机床产品或零部件对于再设计存在的约束，这种约束包括经济方面的约束、社会方面的约束和技术方面的约束，而本文主要侧重于技术方面的约束分析。

再设计过程中需要分析约束对机床产品的结构构成何种限制，如尺寸限制、工艺限制、功能限制等。如在设计再制造机床的液压系统时，液压系统的布局与结构不可能完全与新机床相同。新机床液压系统结构设计中追求“小而精”的设计思想，同一性能情况下追求产品的轻型化并简化产品的结构，以减轻产品的重量等并便于装配，而再制造机床机械结构是原有的老结构，某些部分并不适合新的液压系统结构，因此需要再设计过程综合考虑已有机床结构约束、液压系统性能约束等对液压系统结构进行改进再设计。

② 功能分解　再制造机床结构、功能比较复杂，需要通过功能分解，将总功能进行分解，化繁为简。功能分解就是将功能特性规划阶段所确定的再制造机床的总功能进一步分解为子功能，使得抽象的总功能用简单的子功能组合来组成。一个功能的分解结果可能有很多种，功能分解的过程就是为了寻求退役机床再设计问题的最优求解路径。经过这样反复的设计分析，将再制造机床的总功能逐步分解成各个子功能 FRs，用一种树状的功能结构表示，就形成再制造机床的功能树。功能树起于总功能，按分功能、二级分功能……逐级分解，末端为功能元。功能元是可以直接求解的机床最小组成单元。而每一个子功能（FRs）对应某一子结构（设计参数 DP），要根据功能分解的结果来确定各子结构。根据功能与结构的映射关系，从再制造机床的功能结构树层层对应映射，求解出对应的结构，逐步形成再制造机床的结构树。图 2-9 所示为功能分解及功能域到结构域的映射过程。

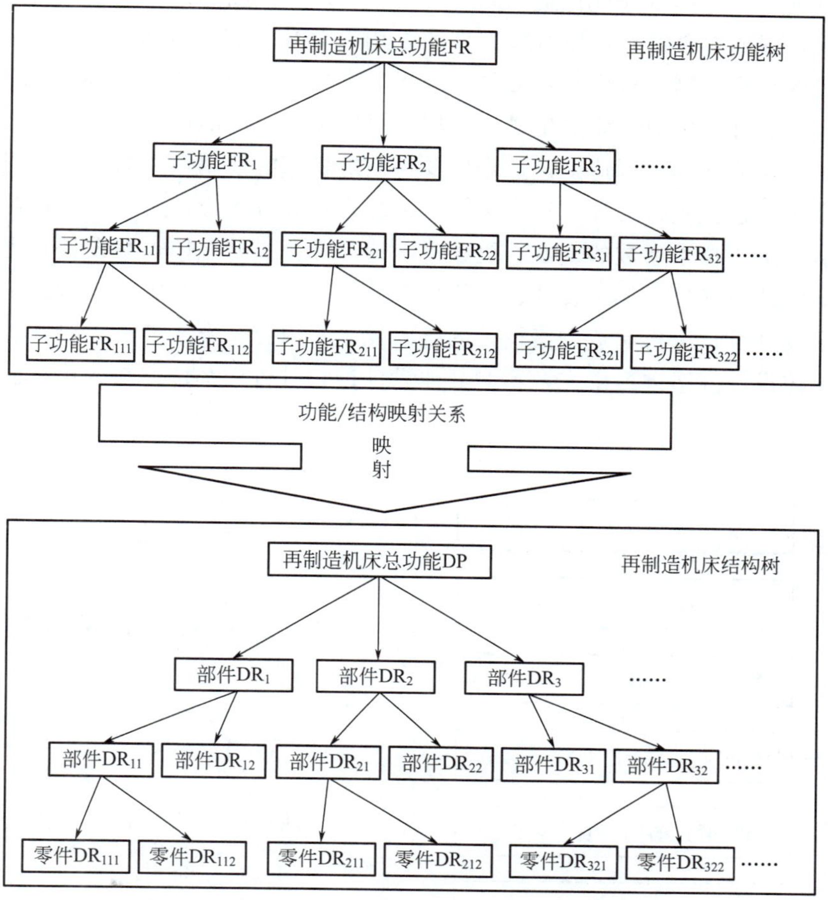

图 2-9 再制造机床功能域到结构域的映射

在功能分解和由功能域向结构域映射的过程中，由于功能分解以及实现某种功能结构的多样性，因此会出现多种不同的再设计方案，这就要根据设计公理（功能要求独立性公理和信息量最小公理）进行综合评价，选出最好的再设计方案。

③ 主要设计参数的确定 在客户需求分析以及约束分析、功能分解的基础上，对再制造机床产品的主要设计参数进行确定。

设计参数主要包括：主要规格尺寸、主轴转速、进给系统参数（包括进给速度范围、快移速度、运动分辨率、定位精度和螺距范围等主要技术参数）、刀具系统参数（包括刀架工位数、工具孔直径、刀杆尺寸、换刀时间、重复定位精度等各项内容）、电气系统参数（包括主电动机、伺服电动机规格型号和功率等）、冷却系统参数（包括冷却箱容量、冷却泵输出量等）、外形尺寸（长×宽×高）以及质量等。

由于再制造机床的类型及型号各有不同，技术指标参数亦有所不同。如针对车床再制造，需要确定最大加工直径、主轴转速、进给速度范围、主电动机功率、外形尺寸（长×宽×高）等再制造车床的设计参数。

2.3.5 机床再制造与综合提升再设计流程

不同于传统的机床维修或数控化改造方案设计过程以及新机床的设计过程，机床再制造与综合提升方案设计过程以最优化重用原有废旧资源以及低成本的实现机床加工能力的跨越式提升为目标，强调对废旧机床原有零部件的重用，并受到客户要求以及原有零部件结构、材料、功能等的约束限制。机床再制造与综合提升方案的设计是面向机床制造/再制造生命周期过程的，要充分考虑原机床的生产、使用、报废情况，废旧机床的拆卸、清洗、检测与分类、再加工、再装配等再制造工艺过程以及再制造机床的使用等生命周期过程，要对机床再制造的各个工艺过程进行设计。机床再制造与综合提升方案设计过程主要包括客户需求分析、功能分析、主要技术参数的确定、机床再制造与综合提升总体方案设计、机床再制造与综合提升方案的评价优选、详细设计、整机仿真及评测等过程。其中，机床再制造与综合提升的总体方案设计是机床再制造方案设计的核心及主要内容，本小节将主要针对机床再制造与综合提升总体设计方案进行研究，不对其他设计过程进行详细论述与分析。机床再制造与综合提升方案设计流程如图 2-10 所示。

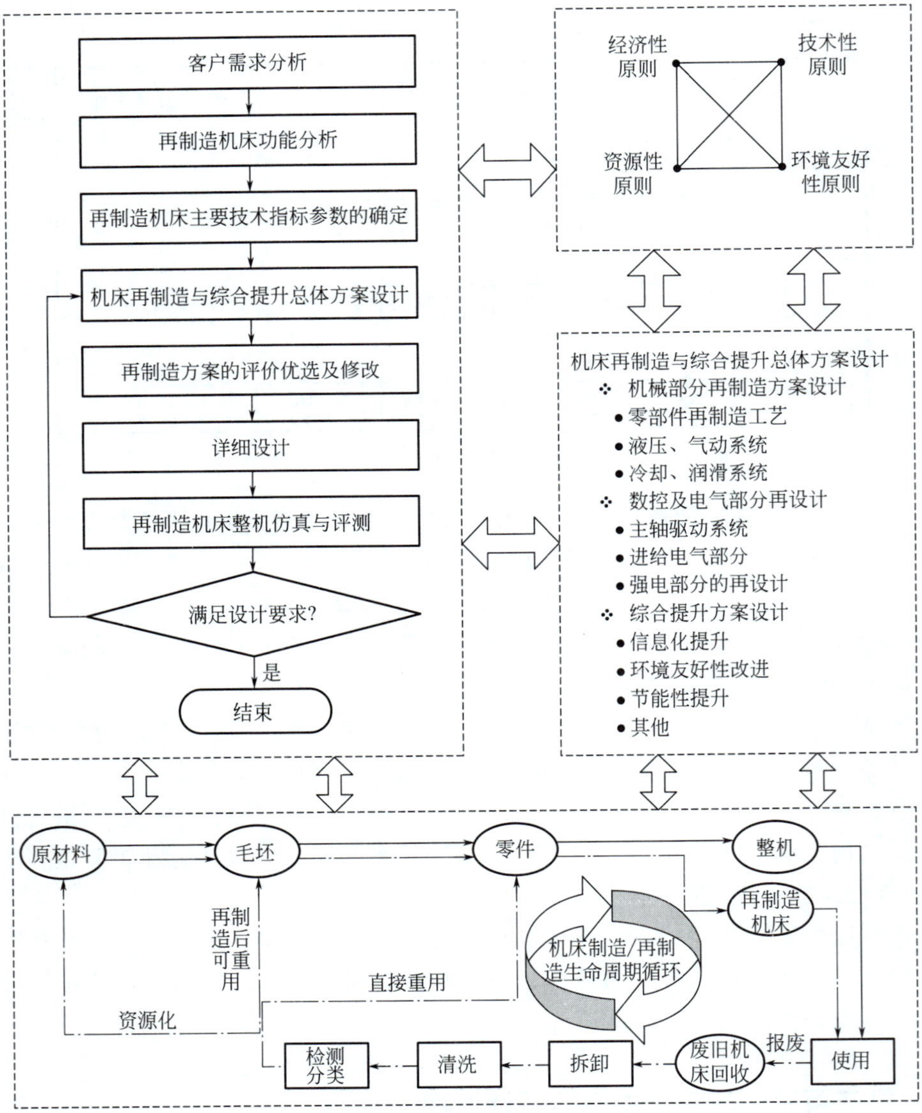

图 2-10 机床再制造与综合提升方案设计流程

（1）客户需求分析

机床再制造商的业务模式主要包括：①机床零部件经过再制造后直接用于新机床的生产；②从市场上回收废旧机床，经过再设计、再加工、再装配以及性能的综合提升后形成再制造机床后再销售；③为机械加工企业提供车间废旧机床装备的批量再制造与提升。前两种模式的客户需求由机床再制造商根据市场及技术水平来确定，第三种模式主要由客户企业提出需求。机床再制造的客户需求主要包括工艺范围、自动化程度、精度、可靠性、效率、寿命、操作方便、环保、价格等。

（2）再制造机床功能分析

客户需求分析后，需要将用户需求转换（映射）为产品的功能要求，此过程成为再制造机床的功能分析过程。功能分析过程主要对再制造机床的主轴变速方式、数控系统、润滑方式、刀架结构、卡紧装置、防护等功能进行确定与分析。功能分析是一个具有综合性和创新性的过程，需要综合考虑各方面（技术、经济、环境、可靠性等）因素才能确定。功能分析可以采用公理化设计（Axiomatic Design，AD）与质量功能配置（Quality Function Deployment，QFD）集成模型，由QFD控制整个设计过程，通过QFD的质量屋将用户需求及需求的重要度映射为产品功能及功能的重要度。

（3）再制造机床主要技术指标参数的确定

在客户需求与功能分析的基础上，对再制造机床的主要技术参数进行确定，主要包括以下参数：主要规格尺寸、主轴转速、进给系统参数（包括进给速度范围、快移速度、运动分辨率、定位精度和螺距范围等主要技术参数）、刀具系统参数（包括刀架工位数、工具孔直径、刀杆尺寸、换刀时间、重复定位精度各项内容）、电气系统参数（包括主电动机、伺服电动机规格型号和功率等）、冷却系统参数（包括冷却箱容量、冷却泵输出量等）、外形尺寸（长×宽×高）以及质量等。由于再制造机床的类型及型号各有不同，技术指标参数亦有所不同。

（4）机床再制造与综合提升总体方案设计

机床再制造与综合提升总体方案设计主要包括机械零部件的修复与再制造工艺设计，数控及电气系统的升级改造设计，以及信息化提升、节能性提升、环境友好性改进等功能性提升方案设计等。

（5）机床再制造与综合提升方案的评价优选及修改

在综合分析影响机床再制造与综合提升方案的技术性、经济性、资源性、环境性因素的基础上，对机床再制造与综合提升方案的综合评估指标体系进行全面的描述，对机床再制造与综合提升总体方案进行综合评价及选择。

（6）详细设计

详细设计包括零件图设计、再制造机床装配图设计、各种分析计算及优化、编制技术文档等。

（7）再制造机床整机仿真与评测

通过采用Adams等仿真软件对设计好的再制造机床进行运动和动力学仿真，动态表现再制造机床的性能，以更加直观地发现设计存在的问题，更直观有效地进行评测。

2.4 基于逆向工程的废旧机床零部件再制造修复技术

当前废旧零部件的再制造过程存在人工参与多、经验依赖性强、修复效率低、可靠性差、修复过程不可逆等问题。为此将逆向工程技术应用到再制造领域，利用先进的扫描设备，获取废旧零部件表面高质量的点云数据，并以此为基础指导零部件再制造修复，提高废旧零部件再制造的效率及数字化程度。

2.4.1 逆向工程辅助的废旧零部件再制造流程

逆向工程辅助的废旧零部件再制造流程如图 2-11 所示，废旧零部件经过清洗及表面处理后，利用三维扫描设备采集其表面点云数据，点云数据经过平滑、精简等预处理，生成废旧零部件损伤三角网格模型（以下称为损伤模型），损伤模型能够直观地反映废旧零部件表面损伤的分布情况。将得到的损伤模型与废旧零部件的原始模型进行配准（原始模型为废旧零部件损伤前的模型，通常为设计模型），若原始模型已丢失，则需要根据点云数据中的残余信息，重构零部件的原始模型。

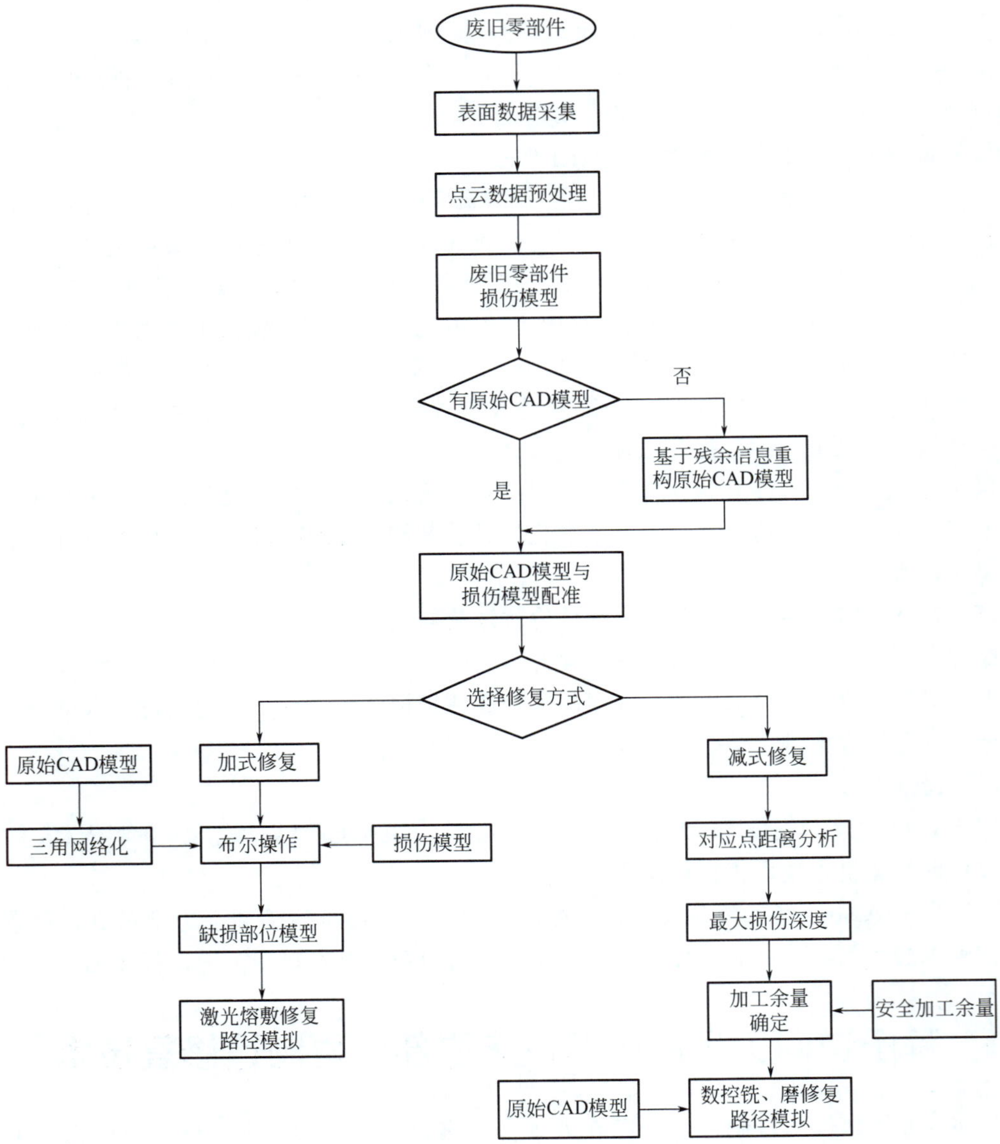

图 2-11 逆向工程辅助的废旧零部件再制造流程

废旧零部件的修复方式，按照修复过程是在原零部件基体上添加还是去除材料，分为加式修复与减式修复。模拟加式修复时，将配准后的原始模型与损伤模型进行布尔操作，得到缺损部位模型，根据缺损部位模型即可对激光熔敷等先进表面修复工艺的修复路径进行规划与模拟；模拟减式修复时，根据配准后两模型对应点间的距离以及安全加工余量即可确定减式修复加工余量，模拟机械加工修复过程。下面就废旧零部件再制造流程中的关键步骤做具体说明。

(1) 废旧零部件表面数据的采集

废旧零部件实物表面数据采集是逆向工程修复的第一步，也是关键的步骤之一，采集到的表面数据的质量对后续的修复工作有很大影响，如重构模型的精度、零部件磨损量的测量、损伤部位模型的提取等，都会直接用到采集到的表面数据。

① 表面准备　废旧零部件经过一段时间服役后，零部件表面会产生磨损、变形、锈蚀等问题，在数据采集前，除了进行常规的清洗、去毛刺之外，还需要对缺陷部位进一步处理，称之为表面准备。

表面准备的目的：第一，由于光学扫描方法对测量表面的粗糙度有一定的要求，表面准备可以改善待测表面的粗糙度，提高数据采集的精度；第二，废旧零部件在选用热喷涂或堆焊等方法修复时，通常需在零件待修复部位凹切，得到梯形或 V 形槽，以此增强涂层与基体材料的结合强度，如图 2-12 所示。

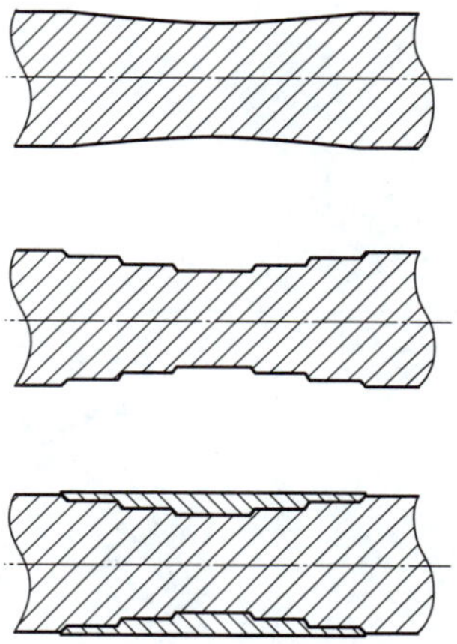

图 2-12　废旧零部件的表面准备

② 数据采集方法的选择　废旧零部件种类繁多，这就要求数据采集设备能够适应不同尺寸形状零部件的数据采集需求，除此之外，对于大型零部件，如机床床身、大型的齿轮、叶片、模具等，则要求数据采集设备具备机动、高效的现场采集能力，缩短修复时间，减少停产损失。

获取物体表面点云数据的方法很多，根据测量探头是否与待测表面接触，可以分为接触式测量和非接触式测量两大类。接触式测量常用设备为三坐标测量机（CMM），非接触式测量常用设备包括光学扫描仪、声波扫描仪、工业层析扫描机（ICT）等，如图 2-13 所示。接触式测量方法采集到的数据的精度比非接触式高，但接触式测量的效率低，在实际应用中，只选择采集最有价值的特征区域，而非接触式测量（如光学扫描仪）可以在极短的时间内获取物体表面完整的全方位的点云信息。随着计算机图像处理技术的发展，通过光学扫描方法采集到的数据已经能够满足多数的精度要求，故光学扫描方法是一种全方位、高精度、高效率的表面数据采集方法。

综合考虑废旧零部件表面数据采集的要求，以及不同数据采集设备的优缺点，本书采用 ATOS 光学三维扫描仪对废旧零部件进行表面数据采集，如图 2-14 所示，ATOS 光学三维扫描仪是德国 GOM 公司研发出的目前最为先进的三维测量系统，具有测量范围广、机动性强、采集速度快、精度高等特点。ATOS 扫描头由左右两个高分辨率的工业 CCD 相机和光栅投影单元组成，采用结构光测量的方式，利用光栅投影单元将一组具有相位信息的光栅条纹投影到测量工件的表面，左右两个 CCD 相机进行同步测量，利用立体相机测量原理，可在极短的时间内获得物体表面高密度的三维数据。

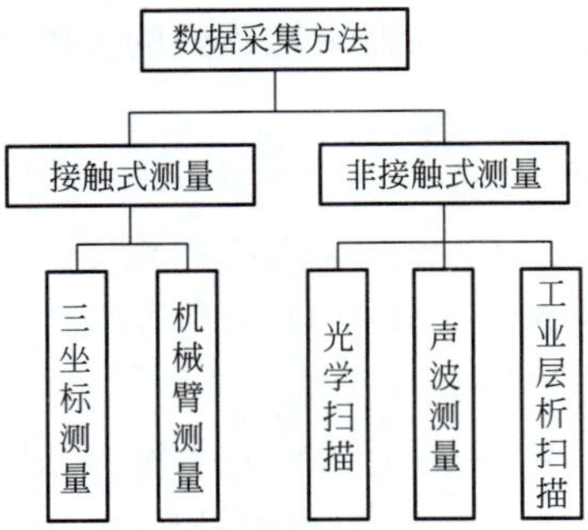

图 2-13　数据采集方法的分类

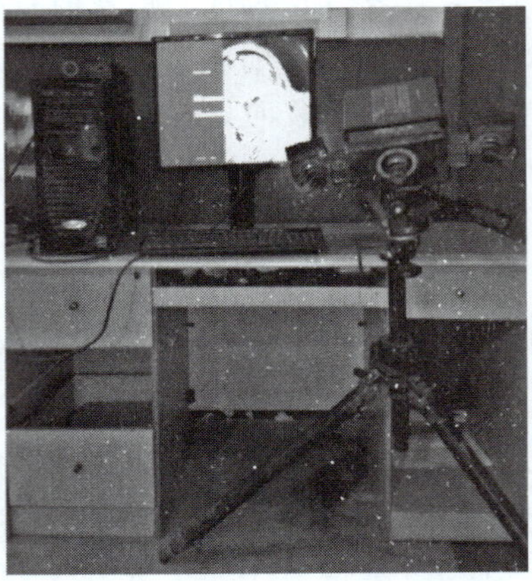
图 2-14　ATOS 光学三维扫描仪

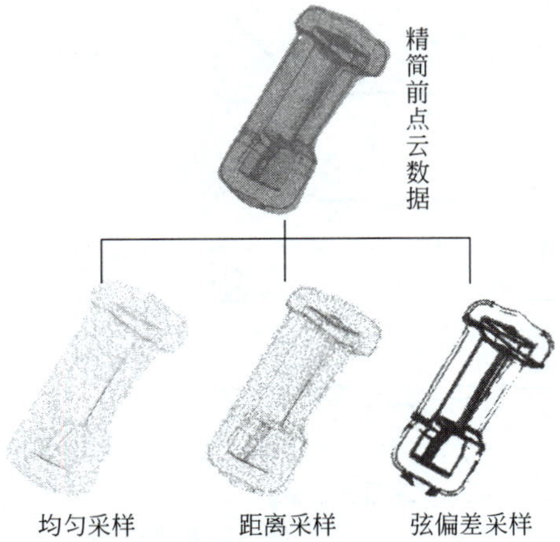

图 2-15　各数据精简方法效果

(2) 点云数据预处理

三维扫描仪采集到的点云数据量很大，数据中包含很多噪点、异常点，这类数据会影响后续逆向建模的精度，此外，由于同一部位多次采集而产生的冗余数据点，也会影响数据处理的速度。故在使用点云数据前，需要对采集到数据进行预处理。点云数据的预处理主要包括数据平滑、数据精简、边界或特征线的提取、点云数据分块等，这里主要介绍数据精简的方法，图 2-15 为各数据精简方法的精简效果。

① 均匀采样　该方法根据数据的存储顺序，设置采样频率 n，每隔 $n-1$ 个点采样一个点，其他点均被忽略。该法无需搜索数据点的邻域数据，采样速度很快，但其稳定性受测量点存储方式的影响，稳定性不高。

② 距离采样　该方法是以某一起始点作半径为 r 的球，删除球内除起点的其他点，球的半径值越大，删减的数据越多。

③ 弦偏差采样　该方法通过控制极限弦偏离值 S 和最大弦长跨度 L 两个采样控制参数，实现数据简化，其采样过程是：在最大弦长 L 内，所有弦偏离值小于设定值 S 的数据点都被忽略，即只有达到最大弦长 L 的点或弦偏离不小于 S 的数据点才会被采样到。与均匀采样、距离采样相比，弦偏离法可根据点云法矢的变化来简化数据，即法矢变化剧烈的地方采样多，法矢变化平坦的地方采样点少。该采样方法能够在精简数据的同时，最多的保留点云特征。

(3) 废旧零部件原始模型的获取

废旧零部件的原始模型是评估废旧零部件失效程度的重要依据，如损伤位置的确定、损伤深度的测量、损伤区域模型的提取等，都是通过原始模型与损伤模型（扫描数据模型）的对比结果得到。同时，废旧零部件的原始模型也是零部件最终修复效果的重要参考，如待修复表面的精加工、修复后模型的误差检测等。

图 2-16 总结了废旧零部件的原始模型的获取途径，废旧零部件的原始模型可以从已有的技术资料获得，如保存完好的工程图纸或三维模型等技术资料，但在实际工程应用中，可能会遇到废旧零部件各类技术资料丢失的情况，此时则需要借助逆向工程技术，充分利用现有的残余信息来反求推导出废旧零部件失效前的形状。通常的做法是：通过表面数字化采集设备获取废旧零部件的表面点云数据，反求出废旧零部件失效前的原始模型。当然，如果有与废旧零部件一模一样的复制品或样件，也可以选择直接扫描复制品或样件来获取原始模型。

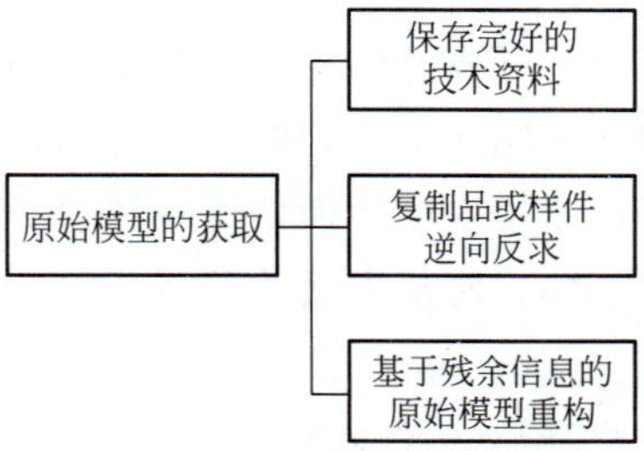

图 2-16　原始模型的获取途径

与传统的零部件反求建模不同，废旧零部件经过一段时间的服役后，零部件本身会存在局部断裂、磨损或变形等缺陷，采集到的废旧零部件的点云模型会在缺陷区域呈现出点云曲率突变、凹陷等，这类点云不能反映出废旧零部件失效前的原始形状。此外，由于数据采集条件的限制，如扫描角度、光线的影响，标识点的遮挡等，采集到的点云模型上会形成孔洞，这些缺陷都会对废旧零部件的原始模型重构精度产生影响，通常需要逆向建模经验丰富的人才能得到较为满意的反求效果。

（4）原始模型与损伤模型的配准

废旧零部件原始模型与损伤模型的精确配准是缺损区域模型提取的关键，与传统模型的配准相比，废旧零部件原始模型与损伤模型精确配准的难点也在于如何排除损伤区域点云对配准精度的影响。

原始模型与损伤模型配准的目的是将两个模型统一到同一坐标系下，使两模型达到“最佳匹配”的状态。通过对比分析配准后的两模型，可以得到废旧零部件损伤区域的分布情况；通过测量配准后两模型对应点间的距离，即得到废旧零部件的损伤深度；配准后的两模型进行布尔操作即得到废旧零部件缺失部分的模型，两模型的配准精度直接影响提取到的缺损区域模型的精度，进而影响后续数字化修复的参数选择，故原始模型与损伤模型的配准是废旧零部件修复的关键步骤。

两模型间的配准通常需要经过预配准和精配准两个步骤，预配准只是将两个模型大体调整到重合的位置，目的是为精确配准提供良好初值，提高整个配准过程的效率，预配准的方法主要有主成分分析法、力矩主轴法、三点对齐法等。

主成分分析法利用两点云模型具有相近的点分布特征进行配准，通过计算数据模型的质心及其惯量矩阵的特征向量，并利用质心对齐和主轴对齐，得到平移向量和旋转矩阵，从而完成配准。

力矩主轴法通过计算模型的质心以及主轴，通过空间平移、旋转变换实现两模型的匹配。通过结论可以知道，模型的旋转矩阵等于惯量矩阵的标准化特征向量矩阵，从而就可以实现对旋转角度的求解，求出旋转角度后就能得到空间平移向量。

三点对齐法操作简单，应用广泛，首先分别在两模型数据中按照大致位置选取三个对应点，假设分别为 $\{a_1,a_2,a_3\}$ 和 $\{b_1,b_2,b_3\}$，然后将每个对应点对准，经过 a_1 变换到 b_1，向量$\overline{\boldsymbol{a}_2\boldsymbol{a}_1}$变换到$\overline{\boldsymbol{b}_2\boldsymbol{b}_1}$，$a_1a_2a_3$ 三点确定的平面变换到 $b_1b_2b_3$ 确定的平面，就实现了两模型的初始匹配。

精确配准是在预配准的基础上进一步校正两模型的位置，使两者之间的差异最小。精确配准算法中以 Besl 和 McKay 提出的迭代最近点（Iterative Clostest Point，ICP）算法最为成熟，该算法的实质是基于最小二乘法的最优匹配方法，算法重复“寻找对应点—对应点之间最优刚体变换”的迭代过程，直到满足设定的收敛准则。与传统模型的配准相比，废旧零部件原始模型与损伤模型精确配准的难点在于如何排除损伤区域点云对配准精度的影响。

(5) 修复方式的选择

废旧零部件的修复方式，按照修复过程是在原零部件基体上添加还是去除材料，分为加式修复与减式修复。

加式修复常用方法有堆焊、热喷涂、激光涂覆等，这类方法是通过热烧结的方式将修复材料附着到待修复零部件的损伤部位，堆焊或涂覆后的表面很粗糙，仍需要进一步的车、铣或磨削精加工，以达到修复效果，虽然这一过程中有去除材料的工艺，但仍属于加式修复范畴。

减式修复常用的方法包括车、铣、磨等机械加工方式，以废旧零部件为毛坯按照原始模型（或缩放）重新进行二次加工，直至表面损伤完全去除。减式修复操作简单，且不会有加式修复基体材料与修复材料结合强度不足的问题，但零件尺寸会变小，只适用于特定的零部件，如模具型腔发生较浅的磨损时，可以采取铣削加工，采用模具表面整体“下落”的方式进行修复，表 2-9 为两种修复方式的对比。

表 2-9 修复方式的对比

修复方式	实施复杂程度	成本	环境影响	适用范围
加式修复	较复杂	较高	较大	较广
减式修复	容易	低	小	特定零部件

在选择修复方式时，需要根据废旧零部件的损伤模型与原始模型的配准结果，评估出废旧零部件的损伤情况。一般来说，当废旧零部件发生局部、较深损伤时，选择加式修复对局部损伤区域进行堆焊或熔覆；当废旧零部件在整体尺寸或特定尺寸上进行缩放还能满足使用要求时，可以选择较为简单的减式修复方法，如轴类零件外圆表面损伤后，在保证能够继续使用的情况下，可以将原有外圆表面车削掉一层，得到新的可用的表面。

(6) 加式修复过程

加式修复是指在废旧零部件基体上添加材料的修复方式，常见加式修复工艺有激光熔敷、热喷涂、堆焊等。激光熔敷工艺因其适用的材料体系广泛、熔覆层与基体结合强度高、基体热变形小及工艺过程易于实现自动化等特点，已越来越多地应用于再制造修复中。

在对加式修复过程进行模拟时，关键是要获取废旧零部件缺损部位模型，即废旧零部件与新件相比所缺失的部分。缺损部位模型可以由配准后的损伤模型与原始模型，经布尔运算得到。在对损伤模型与原始模型实施布尔运算时，两个模型可以都是点云模型（或三角网格化显示的点云模型）；两个都是实体（或曲面）模型；其中一个是点云模型，另一个是实体模型。由于损伤模型的实体模型由扫描点云数据重构得到，而重构过程会引入二次误差，最终会影响缺损部位模型的提取精度。故本书采用点云模型与点云模型间的布尔操作来提取缺损部位模型。

根据缺损部位模型可计算出熔敷材料用量，并生成激光熔敷数控路径，实现最少熔敷用量以及最少二次加工量。

(7) 减式修复过程

减式修复是指在原零部件基体上去除材料的修复方式，即通过车、铣、磨等机械加工方式对零部件损伤表面进行再加工，直至将表面损伤完全去除。减式修复的关键是确定减式修复的加工余量，即需要在废旧零部件损伤表面去除多少材料，才能得到新的表面。根据减式修复的加工余量及原始CAD模型，可以生成数控加工路径，用于模拟减式修复过程，根据模拟结果，指导废旧零部件的实际修复，实现减式修复的最少加工量。

减式修复加工余量由最大损伤深度和最大安全加工余量确定，具体步骤如下。

① 最大损伤深度的确定　零部件损伤模型与原始CAD模型配准后，两模型对应点间的距离为该点的损伤深度值，对应点间距离的最大值即为最大损伤深度 H，如图2-17所示，其中虚线代表零部件的原始轮廓，圆圈点表示原始轮廓上的点，实线表示零件损伤后的轮廓，十字叉表示损伤轮廓上的点。

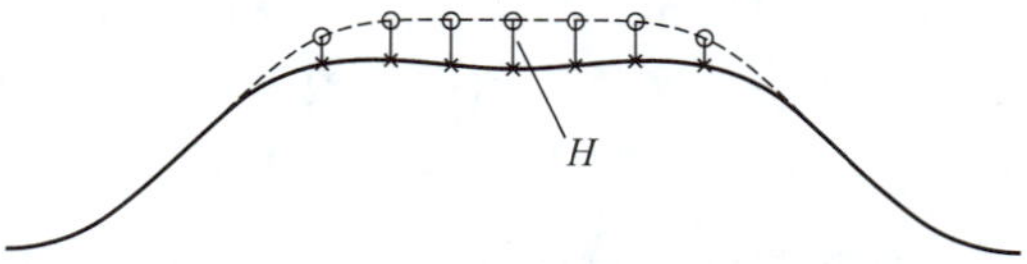

图2-17　废旧零部件最大损伤深度

② 减式修复加工余量的确定　减式修复的加工余量应不小于最大损伤深度才能将零部件表面损伤完全去除，与此同时，由于减式修复后的零部件主体尺寸发生了变化，零部件强度随之降低，故减式修复时，需要确定最大安全加工余量。首先通过对零部件的安全校核，得出零部件的强度极限尺寸 D_{lim}，再根据零部件原始尺寸 D_{org}，得出减式修复的最大安全加工余量 $Z_{\max}$，如公式(2-20)所示。根据废旧零部件最大损伤深度值 H 及最大安全加工余量 $Z_{\max}$，可以确定减式修复加工余量 Z 的可选范围，如式(2-21)所示。

$$Z_{\max}=D_{\text{org}}-D_{\text{lim}} \tag{2-20}$$

$$H\leqslant Z\leqslant Z_{\max}=D_{\text{org}}-D_{\text{lim}} \tag{2-21}$$

2.4.2 逆向工程辅助的废旧零部件再制造关键技术体系

逆向工程辅助的废旧零部件再制造方法中运用了逆向工程的相关技术，如表面数据采集技术、数据预处理技术、模型逆向重构技术、模型配准技术等，除此之外，还涉及其他各种先进制造技术、信息技术、数控及自动化技术等，这些技术的应用为实现再制造过程的数字化、信息化、自动化提供坚实的技术基础。在将这些已有的高新技术应用到废旧零部件的再制造时，需要具体分析废旧零部件的再制造的实际情况，选择合适的技术方法对废旧零部件实施再制造。在分析现有研究的基础上，本书总结了逆向工程辅助的废旧零部件再制造关键技术体系，该技术体系中包括废旧零部件原始模型重构、废旧零部件原始模型与损伤模型的精确配准、废旧零部件再制造修复方式的选择、废旧零部件再制造修复路径的模拟等关键技术，如图2-18所示。

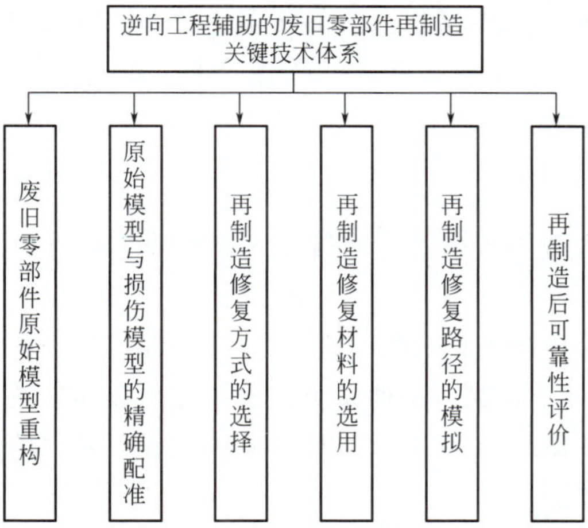

图2-18　逆向工程辅助的废旧零部件再制造关键技术体系

(1) 废旧零部件原始模型重构

废旧零部件原始模型是零部件再制造修复的重要参考，再制造修复过程中的损伤深度测量、损伤分布情况、缺损区域模型的提取等都需要用到废旧零部件的原始模型。现有研究均假设废旧零部件修复过程中原始模型存在，或按照传统逆向反求方法重构得到原始模型，但实际工程应用中，废旧零部件原始模型通常已丢失，而按照传统逆向反求方法重构原始模型，不仅耗时费工，而且由于缺陷区域点云的存在，重构误差大。

废旧零部件原始模型的重构得到的模型有两种格式：一种是实体（曲面）模型；另一种是点云（三角网格）模型。针对这两种格式的模型，原始模型重构的方法也有所区别。在逆向重构零部件的实体（曲面）模型时，常用的重构方法为“点—线—面—体”，通过在扫描得到的点云模型数据上截取特征点云（选取没有损伤区域的点云进行截取），根据特征点云构造特征轮廓线，特征轮廓线经过拉伸、扫掠、蒙皮及裁剪等操作得到零部件的曲面模型，对曲面模型加厚或实体化即得到实体 CAD 模型。若重构零部件的点云（三角网格）模型，首先通过分析扫描得到的点云数据，如通过点云曲率的分析，划分损伤区域点云与完好区域的点云，然后对损伤区域的点云进行调整或将损伤区域的点云删除得到新的孔洞并填补孔洞，使其与其邻域的完好区域连续，最终得到重构后的零部件点云（三角网格）模型。

这两种格式的废旧零部件原始模型有各自的优势，实体（曲面）模型能与绝大多数的主流设计三维软件兼容，方便后续模型的修改再设计；点云（三角网格）模型相比实体模型的重构步骤简单，减少了建模过程中的误差叠加。本书中废旧零部件原始模型的重构精度直接影响到零部件的修复精度，故本书选择重构废旧零部件的点云（三角网格模型），并提出了一种基于残余信息的废旧零部件原始模型重构方法，通过寻找现有模型中的相似信息，来推导修补缺损区域的原始形貌。

与传统逆向建模不同，在重构废旧零部件的原始 CAD 模型时，由于采集到的点云数据中包含零部件的损伤区域，这部分点云数据与其他完好区域的点云不连续，不能反映零部件的原始表面形貌，故在逆向重构时，应避免使用损伤区域的点云数据。

为此，通过计算点云数据中各点的高斯曲率，并设定适当阈值，提取出点云数据中曲率突变的点，根据这些点构造一条近似的损伤区域边界线，检查逆向建模中重构的特征轮廓线是否经过损伤区域，确保建模精度。其主要步骤如下。

① 估算点云曲率　采用抛物面拟合法来估算点云网格顶点处的曲率。对点云数据中的某一数据点 p_i，取该点的 k-邻域组成局部点云，对该局部点云内所有的点 (x_j, y_j, z_j)，代入二阶曲面表达式，并做最小二乘拟合，即求解：

$$\min\sum_{j}(a_0+a_1x_j+a_2y_j+a_3x_jy_j+a_4x_j^2+a_5y_j^2-z_j)^2 \quad j\in(0,k) \tag{2-22}$$

求得曲面方程系数后，将曲面方程改写为参数方程形式。然后代入高斯曲率的计算公式，即可求出各点处的高斯曲率。

② 划分损伤区域边界　根据上步中计算得到的各点高斯曲率值 K_i，通过设定适当的阈值 K_e，即当 $K_i>K_e$ 时，则判断该点为曲率突变点，最后由曲率突变点拟合出损伤区域边界线，将点云数据划分为损伤区域与完好区域，如图 2-19 所示，并将损伤区域边界内的点云数据存入集合 $\boldsymbol{N}$ 中。

③ 重构原始 CAD 模型　废旧零部件原始 CAD 模型的重构，通过“点—线—面—体”的建模思路来实现，首先在点云模型上生成一组截面轮廓线，由于截面有可能经过点云数据中的

损伤区域，从而影响轮廓线的精度。通过检验各截面轮廓线上是否有集合 **N** 内的点，找出并删除经过点云损伤区域的截面轮廓线，最终得到点云完好区域的特征轮廓线。特征轮廓线经过拉伸、扫掠、蒙皮及裁剪等操作得到零部件的曲面模型，最后对曲面模型加厚或实体化即得到实体 CAD 模型，如图 2-20 所示。

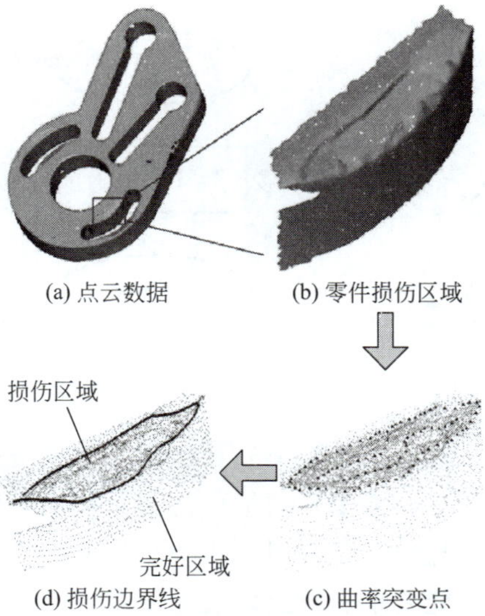

图 2-19　损伤边界区域的划分

(2) 废旧零部件原始模型与损伤模型的精确配准

废旧零部件原始模型与损伤模型的精确配准是缺损区域模型提取的关键，缺损区域模型是指废旧零部件失效前后相比所差异的部分。该模型可以用于分析废旧零部件的损伤程度、确定堆焊或涂覆材料用量、缺损区域模型的求取，故原始模型与损伤模型的配准精度直接影响提取到的缺损区域模型的精度，进而影响后续数字化修复的参数选择。

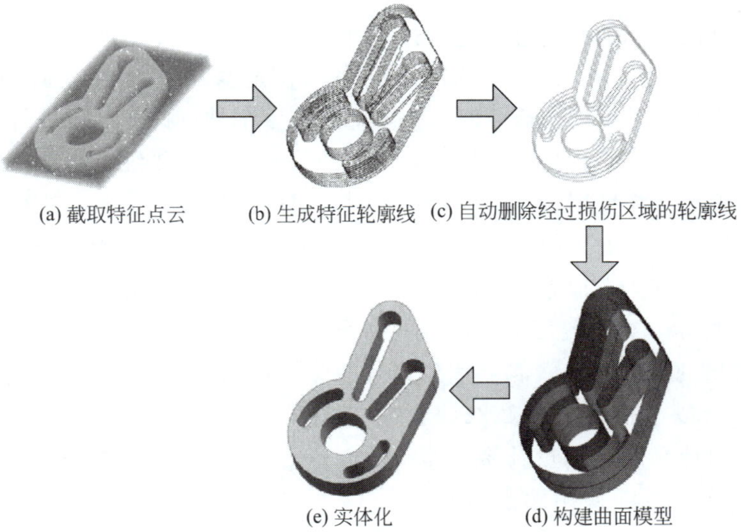

图 2-20　重构原始 CAD 模型

在提取废旧零部件缺损模型时，现有研究在两模型的精确配准方面多采用传统的最佳拟合方式，很少有研究探讨缺陷区域点云对配准结果的影响。然而，实例应用表明，损伤区域的点云会对两模型的配准结果产生影响，已有的解决方案通常是靠增加人机交互操作，选取完好区域的点云进行配准，避免损伤区域点云对配准结果的影响，但通过增加人机交互的解决方案配准耗时长，且选取的点云不准确，仍会对配准结果产生影响。针对这一问题，本书提出了一种改进 ICP 算法的损伤零部件精确配准方法，通过增加曲率与距离约束，筛选配准对应点的方式，对传统 ICP 配准算法进行改进，为损伤零部件的配准问题提供了一种技术方案，有助于废旧零部件的损伤量的提取，可为后续废旧零部件的修复提供基础。

(3) 废旧零部件修复方式的选择

废旧零部件的修复方式，按照修复过程是在原零部件基体上添加还是去除材料，分为加

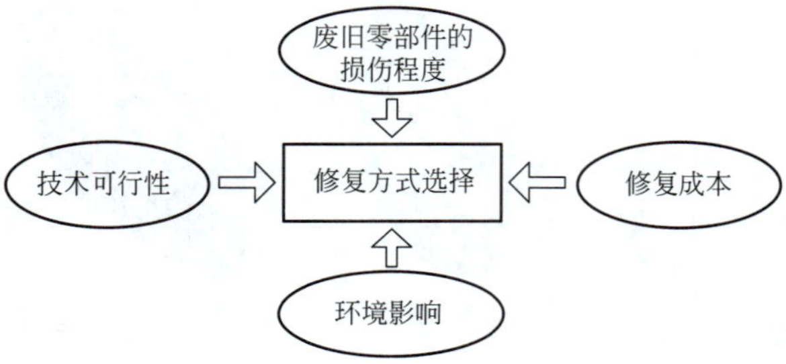

图 2-21　修复方式的选择

式修复与减式修复。现有修复方式的选择，主要是在评估废旧零部件损伤程度的基础上，根据经验来选择修复方式，仍缺少一个综合的修复方式评价体系。废旧零部件的修复方式的选择还需考虑技术可行性、修复成本、环境影响等方面的因素，如图 2-21 所示。

(4) 再制造修复材料的选用

再制造修复材料的选用是针对采用加式修复的修复方式而言，加式修复是采用热烧结的方式将修复材料附着到废旧零部件的损伤部位，修复材料通常选用与废旧零部件的基体材料不同的复合材料，修复材料种类很多，在选择修复材料时，需要根据废旧零部件的修复技术要求，如修复后的零部件表面具备力学的性能要求、防腐耐磨等要求，除此之外，还需考虑修复材料成本，修复材料的环保性以及修复材料与废旧零部件基体材料的结合强度等因素。

(5) 废旧零部件再制造修复路径的模拟

逆向工程辅助的废旧零部件再制造的优点在于：该方法能够实现再制造修复过程的反复模拟。废旧零部件的再制造修复过程通常包括加式修复（涂覆、堆焊）和减式修复（车削、铣削、磨削等机械加工），在模拟某废旧零部件的再制造修复过程中，会同时使用到这两种修复方式，如在采用涂敷或堆焊修复时，先要对废旧零部件待修复区域进行预处理，涂敷后的区域表面粗糙，需要进行精加工才能得到最终的修复产品，传统再制造修复，在安排两种修复工艺的修复参数（涂覆用量、磨削用量）时，仍是凭经验来选取，这很容易造成修复材料的浪费，同时增加了精加工的加工余量。对废旧零部件的再制造修复路径进行多次模拟，选择其中最佳的修复方案来指导实际修复，不仅能保证实际修复的成功率，而且能节约修复成本。如图 2-22 所示，待修复废旧零部件的损伤深度为 H，图 2-22(b) 使用的涂敷材料用量过多，S_1 为超出的部分，虽然能够达到修复效果，但浪费了涂覆材料，同时增加了精加工的加工量，也造成了浪费；图 2-22(c) 通过逆向工程辅助计算涂敷用量及修复路径规划，最大限度上节约使用涂敷材料，相比图 2-22(b) 超出部分 S_1，S_2 超出的部分要少，同样能达到修复废旧零部件的效果。

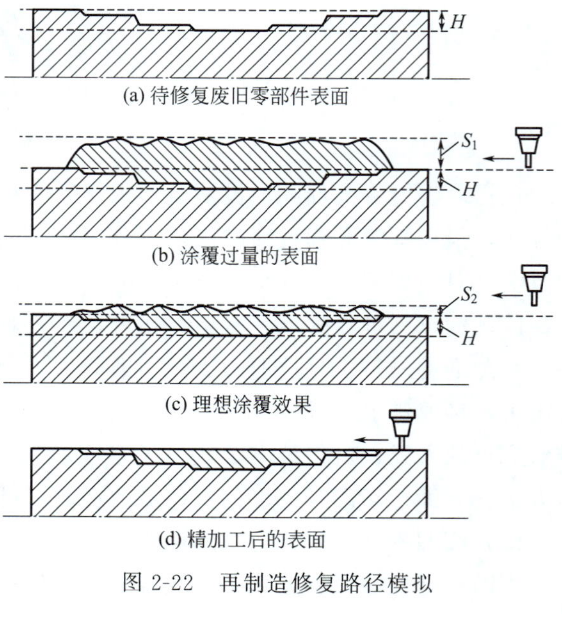

图 2-22　再制造修复路径模拟

(6) 废旧零部件再制造后可靠性评价

废旧零部件再制造后的质量及可靠性是人们关心的重要问题，在分析评价再制造后零部件的质量与可靠性时，除了零部件的外观形状、尺寸外，还需检测零部件内部是否存在气孔、夹杂、裂纹等缺陷，检查材料硬度、金相组织特性等特性，是否达到再次服役的要求。此外，针对加式修复再制造的零部件，由于涂敷、堆焊等修复工艺是非均匀加热、冷却的过程，因此修复材料与废旧零部件基体材料的结合强度、残余应力以及再次服役的寿命等，都是评价再制造后废旧零部件的质量及可靠性的重要指标。

2.5 面向机床再制造的功能部件

2.5.1 车床再制造专用数控滑台

CT-L 系列数控滑台机构是针对回转直径为 320/400 等多种规格的卧式车床设计的一种新型的用于车床再制造的机构，该机构只需借助原机床导轨作为基础，稍作修刮，安装上 CT-L 系列数控滑台机构，再配上数控系统及交流伺服驱动器（包括电机）等便可方便地完成机床的再制造工作，用此机构改造机床，现场施工周期短，适合大规模现场改造机床。CT-L 系列数控滑台机构可批量生产，精度高且精度稳定性好，特别适合法兰盘、短轴类零件加工，也可用于其他用途的数控十字滑台制作数控专用设备。通过再制造，使其成为一台高效、多功能的数控机床。无需改变原机床的功能部件，再制造后的机床可以加工内外圆柱面、圆锥面、圆弧面、球面、螺纹、锥螺纹、端面以及端面螺纹等形状复杂的回转体零件的半精加工及精加工（也可用于粗加工），可大大提高生产效率，并可一人多机操作。

该机构按斜床身全功能数控车床设计，采用矩形导轨高频淬火加贴塑导轨副，以及精密滚珠丝杠副，精心装配。具有高刚性、精密、稳定可靠、导轨防护好、排屑方便等特点。

如图 2-23 所示，卧式旧车床保留床身 1、床头箱 2 和主轴 3，拆去原来手控的丝杠、滑板等进给机构。由刀架 4、滑鞍 5、纵向滑座 6、横向滑板 7、横向精密滚珠丝杠 8、纵向精密滚珠丝杠 9、进给电机 10 等组成的数控进给机构成为一体，由支架 11 通过螺栓 12 固定在车床床

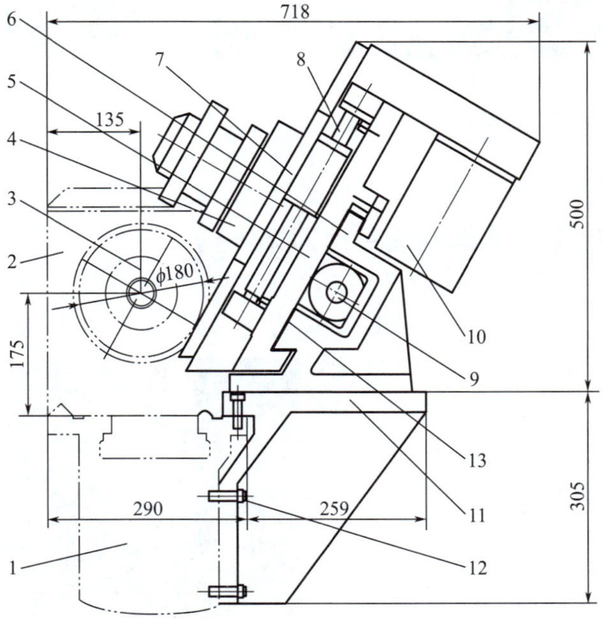

图 2-23　车床再制造进给机构示意图

1—车床床身；2—床头箱；3—主轴；4—刀架；5—滑鞍；6—纵向滑座；7—横向滑板；8—横向精密滚珠丝杠；9—纵向精密滚珠丝杠；10—进给电机；11—支架；12—螺栓；13—耐磨软带

身1上。由于受车床主轴中心高度限制，滑鞍5、横向滑板7可设计成倾斜于水平面安装。为了使支架11受力更好，支架11设计成曲尺形，与车床床身1的水平导轨面和后侧垂直面间都有螺栓12连接。横向滑板7与滑鞍5及滑鞍5与纵向滑座6之间均采用淬火导轨，导轨接触面上贴有耐磨软带13，保证进给机构具有良好的精度、寿命，也达到了机床再制造的实际效果。数控滑台见图2-24。

(a) (b)

图2-24 数控滑台

2.5.2 车床、铣床再制造专用数控系统

针对车床、铣床再制造研制了GSK 980系列车床数控系统（图2-25）和GSK 983铣床数控系统（图2-26），由于产品性能较好、可靠性高、性价比高，深受再制造用户的欢迎，在机床再制造领域得到了广泛的采用。

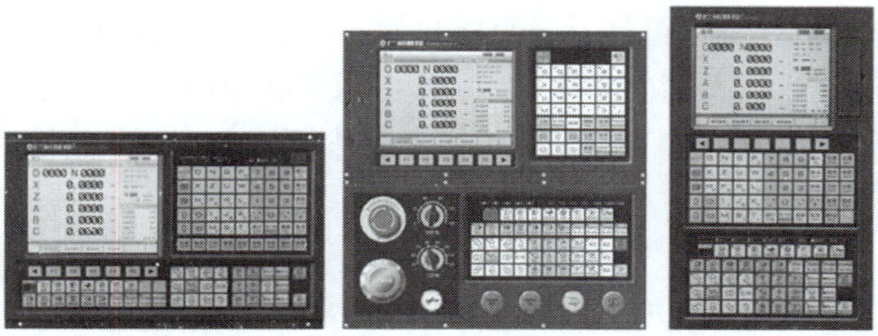

(a) 980TDc (b) 980TDc-H (c) 980TDc-H

图2-25 GSK 980系列车床数控系统

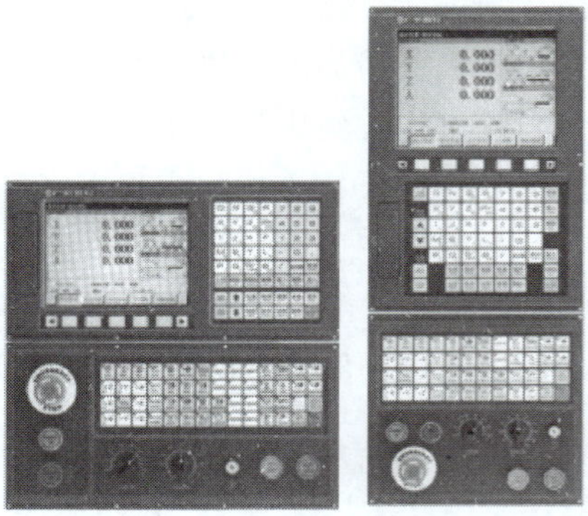

(a) GSK 983Ma-H (b) GSK 983Ma-V

图2-26 GSK 983铣床数控系统

2.5.3 车床、铣床等机床再制造专用刀架结构

针对车铣复合机床再制造开发了DL-80动力头（图2-27），可实现车铣加工中心功能，一次装夹工件进行车削、铣削、钻孔、攻牙等多工序加工，大大降低上下料换机台加工的时间，减少人为公差出现的机会。DL-80动力头的主要指标：最大钻孔直径12mm，最大夹刀直径13mm，最大攻牙直径10mm，最大电机功率0.75kW，最高转速3000r/min，重复定位精度±0.02mm，加工轴中心距60mm。

图2-27 DL-80动力头

2.5.4　磨床再制造专用部件

(1) 磨床再制造磨头电主轴

磨床精度丧失和功能性能下降的主要问题在于磨床磨头，因此对再制造的设备部分采用自行开发的具有知识产权的动静压轴承高速电主轴的磨头专用件来进行全面的升级，提高机床的性能。

磨头电主轴采用拥有专利的静动压轴承电机外置式砂轮电主轴：电机的转子与主轴直连，外间隙表面节流阶梯楔形油腔式静动压主轴轴承（只要启动静压系统，主轴即可缓慢自转），高刚度、高强度氮化钢主轴，变频调速电机（保证砂轮恒线速度磨削），功率 15kW，磨削线速度在 80～100m/s，采用变频器实现无级变速。此电主轴大量地应用在 CBN 砂轮磨削的磨床上，见图 2-28。

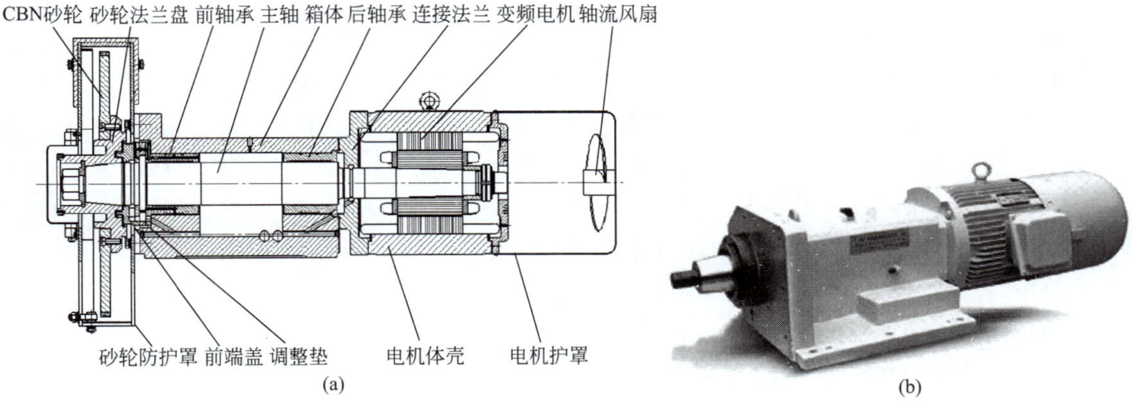

图 2-28　磨头电主轴结构图和实物图

(2) 柔性随形恒压力抛光装置

针对磨床再制造的磨料磨损补偿问题，设计发明了一种柔性随形恒压力抛光装置。该装置包括机架、工件夹紧回转系统和抛光轮系统；所述工件夹紧回转系统设在机架的中部，所述抛光轮系统为两组设在机架上的水平导轨上，分别位于工件夹紧回转系的两侧，且分别与恒压力驱动系统连接沿所述导轨运动的系统。本发明是一种具有柔性自适应随形恒定压力及磨料磨损自动补偿性能的抛光设备，通过数控系统控制，可实现工件转速预设、抛光轮转速预设、预设的抛光压力保持恒定、磨料磨损自动补偿等功能，并能实现对各种外形工件的周边进行抛光加工，具有结构合理、自动随形、自动补偿、压力恒定、维护方便、加工精度高、作业效率高等优点，可广泛应用在工件周边表面抛光研磨中。

具体实施方式见图 2-29。柔性随形恒压力抛光装置包括机架 9、工件夹紧回转系统和抛光轮系统；工件夹紧回转系统设在机架 9 的中部，抛光轮系统为两组分别设在机架 9 上的水平导轨 2、8 上，并位于工件夹紧回转系的两侧，两组抛光轮系统分别与恒压力驱动系统 10、11 连接沿各自的水平导轨 2、8 运动；工件夹紧回转系统包括夹紧机构 7 和与夹紧机构 7 连接的离合器 12，离合器 12 与离合器驱动气缸 6（或液压缸）连接并与伺服电机 4 通过齿轮啮合；抛光轮系统由抛光轮 1、联轴器 13、减速机 14 与电机 3（5）依次连接组成；恒压力驱动系统由气压或液压部件及其控制系统组成，由控制系统保证气缸或液压缸的压力稳定，从而确保抛光轮系统恒定的抛光压力；装置中的电气设备由数控电气系统控制。

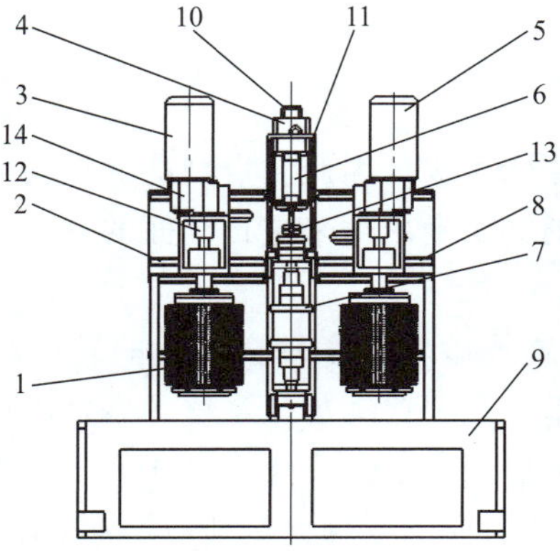

(a) 结构

(b) 实物

图 2-29 柔性随形恒压力抛光装置结构

本发明抛光装置由数控系统控制，通过工件夹紧回转系统，工件由夹紧机构 7 自动装夹后，由伺服电机 4 驱动按预设的转速做精确回转运动，双抛光轮 1 高速旋转并通过恒压力驱动系统以数控系统预设的恒定的压力紧靠工件，并随着工件旋转时半径的变化在导轨 2、8 上水平移动，从而实现自适应随形恒压力抛光作业。该组织具有磨料磨损自动补偿功能，工件一次装夹后，由双抛光轮同时、恒力、均匀，不间断完成作业，自动快速完成直边、圆弧边、波浪边等各种多边形和异形边工件全部周边的抛光工序，操作极为简单，加工精度高，作业效率高。

（3）高效周边连续抛光机

将原有的废旧抛光机通过再制造改造为高效周边连续抛光机。高效周边连续抛光机（图 2-30）与柔性随形恒压力抛光装置（图 2-29）结构类似，包括机架、可视机箱、工件夹紧回转系统和抛光轮系统。工件夹紧回转系统设在机架的中部；抛光轮系统为两组，由抛光轮、联轴器、减速机与电机组成，两组抛光轮系统分别设在机架的水平导轨上，并位于工件夹紧回转系统的两侧；水平导轨通过升降板安装在机架的垂直导轨上，升降板通过升降丝杆螺母可实现上下运动；各抛光轮系统分别与恒压力驱动系统连接沿各自的水平导轨运动，恒压力驱动系统由气压或液压部件及其控制系统组成；工件夹紧回转系统包括夹紧机构和与夹紧机构连接的离合器，离合器与离合器驱动气缸（或液压缸）连接并与伺服电机配合；装置中的电气设备由数控电气系统控制，可视机箱将整个抛光机罩住，可密封自动循环抛光液和起安全防护作用。

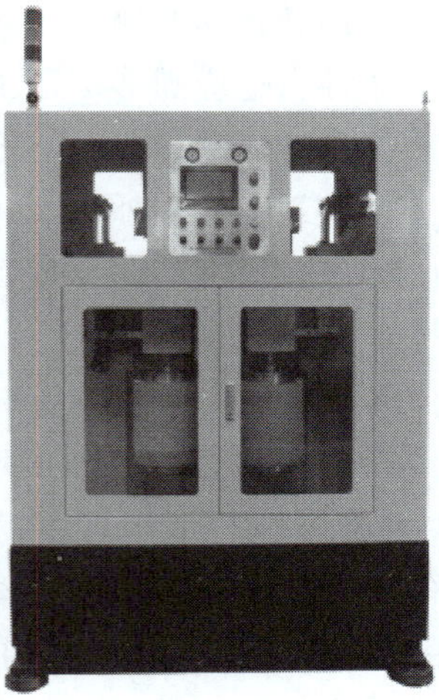

图 2-30 高效周边连续抛光机结构

抛光作业时，通过工件夹紧回转系统，将工件在夹紧机构自动夹紧后，由数控系统控制，伺服电机驱动夹紧机构按预设的转速回转运动。两组抛光轮系统中的抛光轮高速旋转，并在恒压力驱动系统作用下以恒定压力对工件进行周边抛光作业，当工件为多边形或异形时，抛光轮系统在水平导轨上移动以实现自适应随形恒压力抛光作业。

2.5.5 磨床再制造专用系统

H181 活塞环成形磨床的原型机是用液压控制砂轮的进给和金刚轮的进给来实现活塞环的磨削和砂轮修整，砂轮转速是通过调整皮带轮大小来改变，调整磨削参数非常麻烦。现在砂轮进给和金刚轮进给改为伺服控制，人机界面采用触摸屏，提高了控制精度，操作更人性化，减轻了工人的劳动强度。开发了 H181 活塞环成形磨床数控改造控制软件，功能说明如下。

(1) 参数设置与修改

本软件的人机界面是三菱触摸屏，机床的磨削参数在触摸屏上进行设置与修改，如砂轮的初始参数设置、磨削参数设置、修整参数设置，图 2-31 是砂轮参数设置的触摸屏画面。

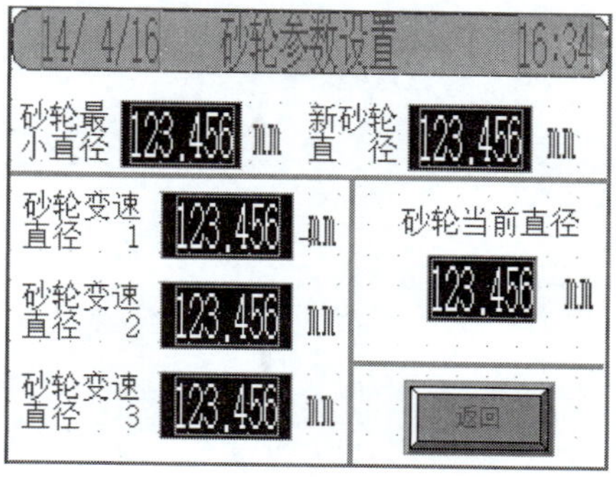

图 2-31 触摸屏界面

为了防止无关人员随意修改参数，修改参数界面需输入密码才能进入。每个参数还设置了输入允许范围，超出范围会提示并要求重输。

参数设置与修改编程的控制流程如图 2-32 所示。

(2) 磨削过程控制

该机床的磨削过程分为防护门关、头架冷却水启动、砂轮快速接近工件、粗磨、精磨、光磨、砂轮快退、防护门开等几个过程，每个过程的运动参数在触摸屏中设定。磨削过程由 PLC 控制按程序完成，操作者只要装卸工件和按自动循环按钮。磨削过程软件的控制流程如图 2-33 所示。

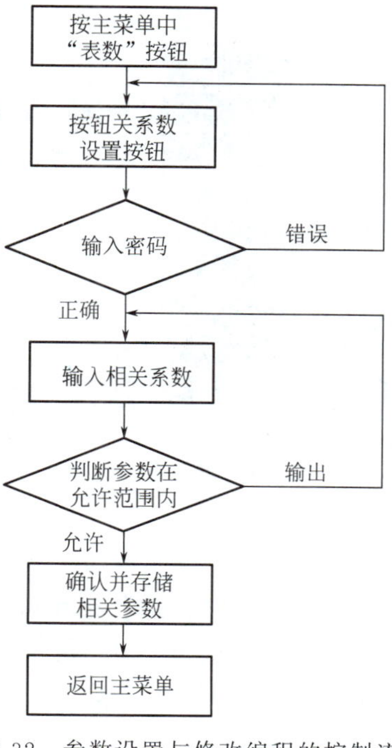

图 2-32 参数设置与修改编程的控制流程

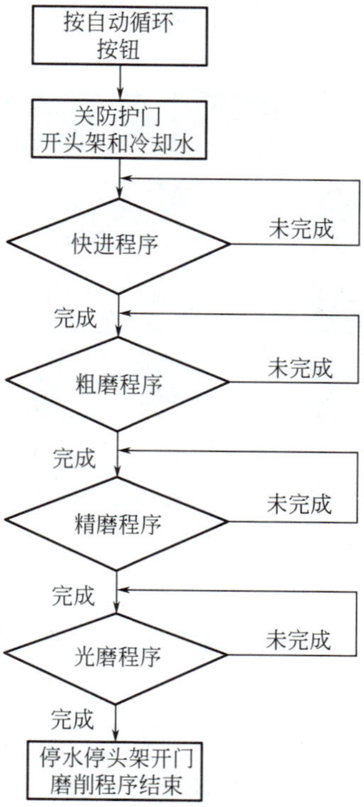

图 2-33 磨削过程软件的控制流程

(3) 修整过程控制

磨削程序结束后，接着要修整一次砂轮。修整过程软件的控制流程如图 2-34 所示。

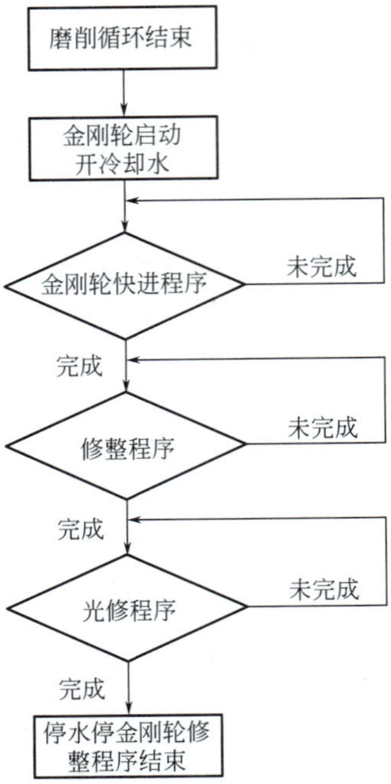

图 2-34 修整过程软件的控制流程

(4) 软件操作说明

① 开机：合上总电源开关，机床得电，触摸屏显示初始界面，见图 2-35。

② 设置参数：按“参数”触摸键，进入参数显示界面，见图 2-36。

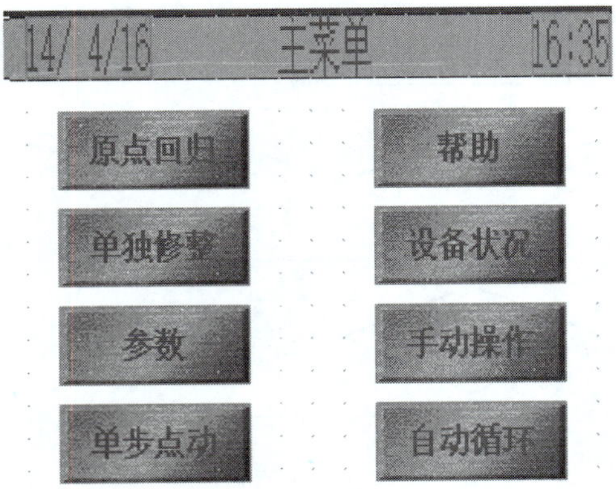

图 2-35 初始界面

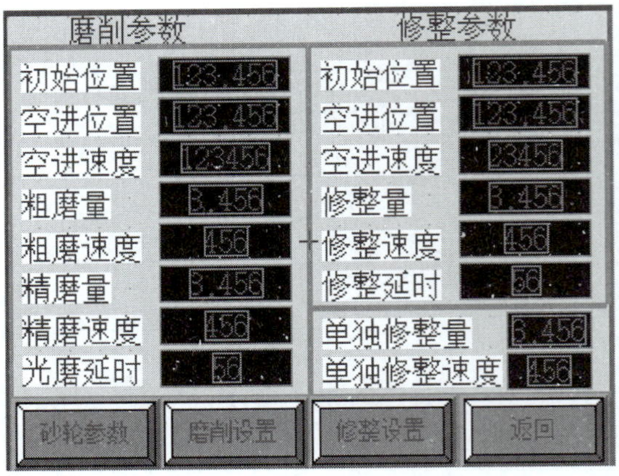

图 2-36 参数显示界面

按要设置的参数按钮，弹出输密码界面，输入正确密码，则进入相应的参数输入界面。如按“砂轮参数”按钮，则会显示砂轮参数输入界面。按“磨削设置”按钮或“修整设置”按钮，则会弹出相应界面，如图 2-37 所示。

③ 自动磨削与自动修整：在主菜单中按“自动循环”按钮，进入自动循环界面，见图 2-38。

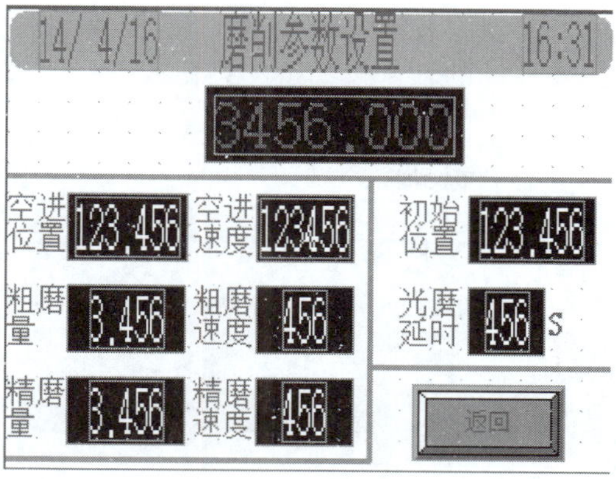

图 2-37 磨削参数界面设置

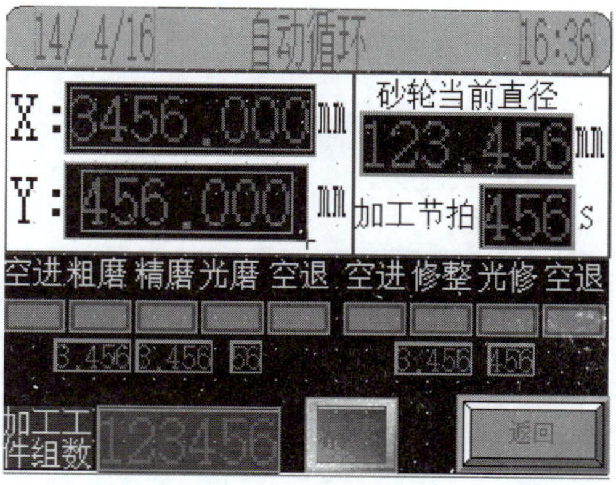

图 2-38 自动循环界面

装好工件，在操作面板上启动砂轮，按操作面板上的“自动循环”按钮，循环开始。先进行自动磨削，进行到每一阶段都有相应的光标显示。磨削完成便开始自动修整砂轮，修整完毕，砂轮回到初始位置，头架停止，冷却水停止，防护门开，自动循环结束。

④ 原点回归：因为伺服电机选择的是绝对编码器电机，因此只在出厂调试或更换了伺服电机时进行该操作。在主菜单中按“原点回归”按钮，弹出输密码界面，输入正确密码，则进入原点回归界面，如图 2-39 所示。

再选择相应的轴，如选 X 轴。在此画面中进行 X 轴的原点回归，同样可进行 Y 轴的原点回归，见图 2-40。

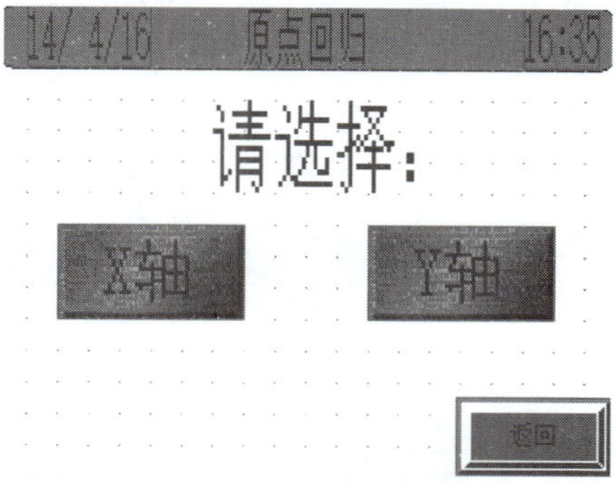

图 2-39 原点回归界面

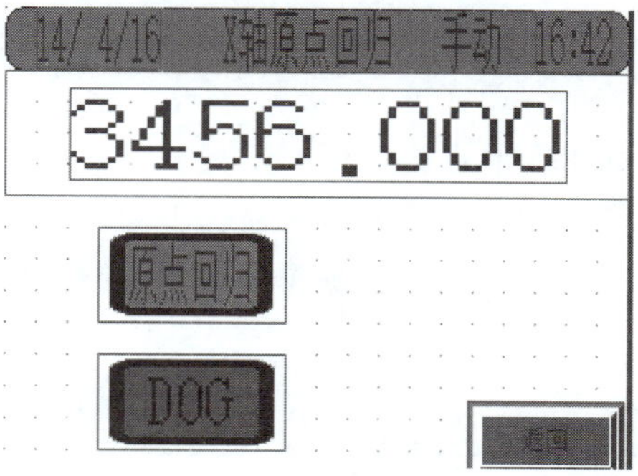

图 2-40 X 轴原点回归界面

⑤ 单独修整：更换新砂轮后，先要修整砂轮，该修整在单独修整界面中进行，在主菜单中按“单独修整”按钮进入单独修整界面。修整的参数需按图 2-41 设置。按“确认”按钮开始单独修整。

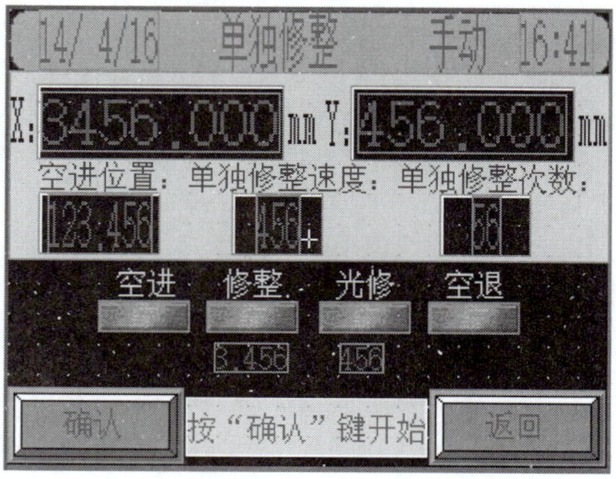

图 2-41 单独修整界面

⑥ 单步点动：对刀时需要微量调整 X 轴和 Y 轴的位置，需在“单步点动”界面中进行。在主菜单中按“单步点动”按钮进入单步点动界面。该界面可监控机床各部分的状态，如液压电机启动了，液压电机方块会变

成绿色，见图 2-42。

选择适时的步长如 1μm 或 10μm、100μm，选择要移动的轴，按“进”按钮或“退”按钮就可定量移动该轴。

设备状况：在主菜单中按“设备状况”按钮进入设备状况界面，见图 2-43。

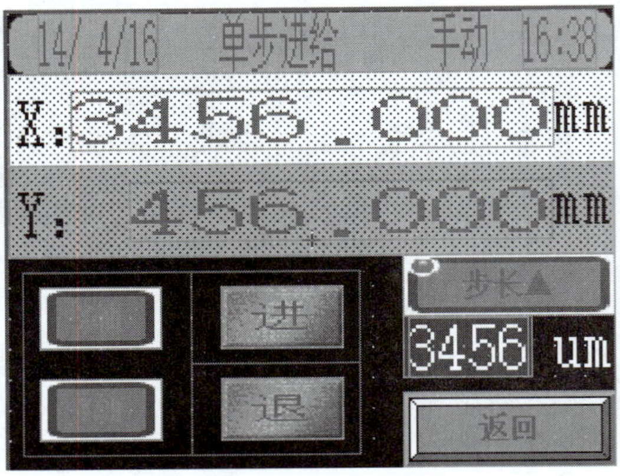

图 2-42 单步点动界面

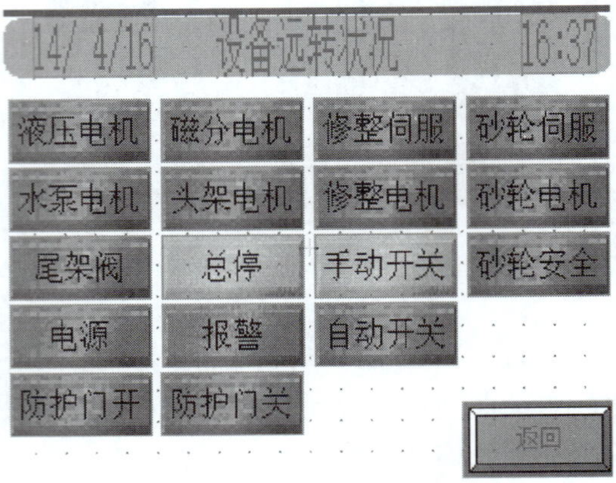

图 2-43 设备运转状况界面

2.5.6 废旧机床拆解用移动龙门架起重设备

针对废旧机床的拆解强度大的特点，研制了移动龙门架起重设备，用于机床零部件的安装吊运，对拆卸和安装的零部件进行吊运，能安全、有效、方便地吊运工件，提高工作效率，减小劳动强度。

其工作原理为：横梁 1 安装于立柱 2 上、由横杆 4 和支撑杆 3 分别支撑立柱 2，用于承受重力，移动轮 5 安装在横杆下面，用于龙门架的移动，起重吊钩安装在横梁 1 上，可在横梁上来回移动，通过操作按钮 7 控制吊钩的上下运动，见图 2-44。

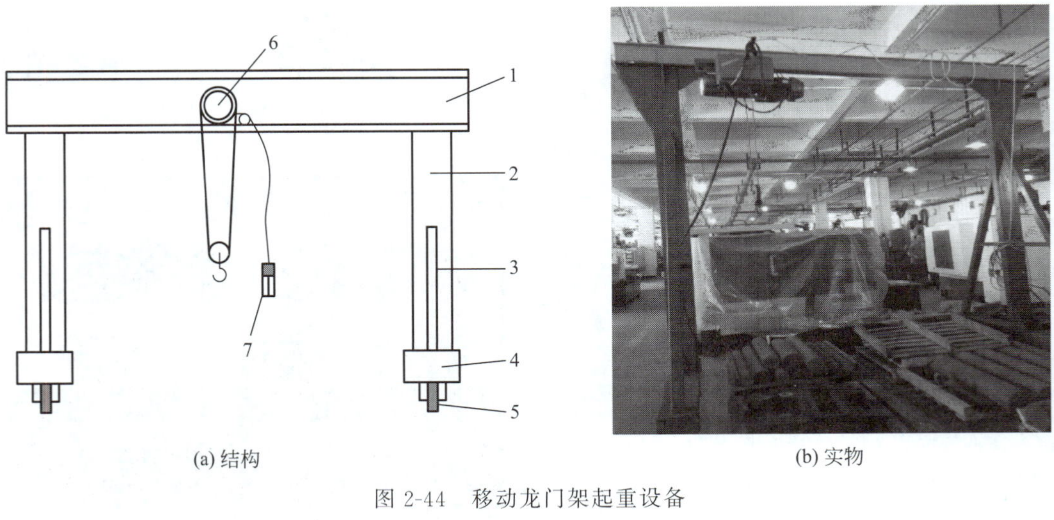

(a) 结构　　(b) 实物

图 2-44 移动龙门架起重设备

1—横梁；2—立柱；3—支撑杆；4—横杆；5—移动轮；6—吊钩；7—操作按钮

2.5.7 再制造专用移动清洗设备

为了提高清洗效率并有利于废旧清洗液的回收利用，设计了废旧机床零部件移动清洗设备，其工作原理及其设计简图如下。

清洗机由数控系统控制、工作台车、清洗舱、导轨底座、喷头、传动部分、液压站、气动八个部分组成，见图 2-45。

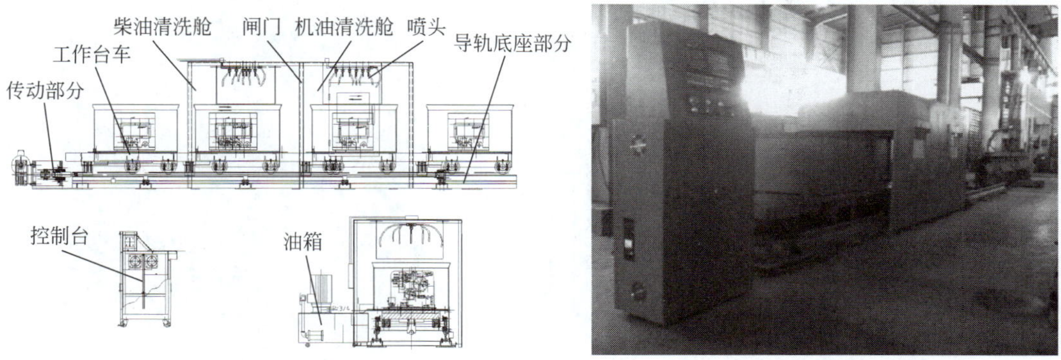

(a) (b)

图 2-45 自动清洗机设计简图和实物

清洗机中间的闸门把清洗舱分成独立的两个空间：一个是柴油清洗舱；另一个是机油清洗舱。需清洗的零部件通过工作台车顺序进入两舱，并完成清洗工作。当零件输送到柴油舱的时候，闸门关闭，柴油液压站工作，高压柴油通过布置在舱内壁四周的喷嘴对零部件进行喷洗，同时工作台车做往复短距离移动，零件上黏附的铁屑等杂物随着高压柴油被冲落到铁屑筛，并被过滤掉。通过计时器，关闭柴油液压站，启动气阀，高压气体通过原有的液压管，向零件喷气，把黏附在零件上的柴油吹干；开启中间闸门，工作台车带把零件送至机油舱，关闭闸门，机油液压站工作，清洗过程与柴油舱一样，最后由高压喷气把零件吹干，把零件输送到舱外，清洗完毕。柴油箱与机油箱都内置一个过滤装置，清洗后通过舱内的流出口流回油箱循环利用，降低清洗成本。

2.5.8 零部件再制造修复设备

(1) 一种床身导轨磨床

针对废旧车床再制造过程中导轨的修复，设计改造了一种床身导轨磨床。该磨床梁上安装有可沿横梁水平方向移动的平面磨头和山形磨头，左、右两立柱上安装有可相对立柱上下及左右滑动的十字滑台，十字滑台上安装有电机及由电机驱动的下磨头。床身固定安装于工作台后，调节平面磨头和山形磨头位置与上轨道面接触，可对上导轨面的平导轨面和三角道轨面进行磨削，通过调节十字滑台，可调节下磨头的位置，实现对床身两侧下导轨面的兜底磨削。其通过一次装夹固定即可实现对床身的上导轨面和下导轨面的精磨加工，操作简单、方便、精度高。

该床身导轨精磨磨床结构如图 2-46 所示，包括磨床床身 9，左、右两根立柱 1 和立柱上方的横梁 2，磨床床身 9 上方、横梁的下方设置可载固定安装在其上的床身 3、前后方向移动的工作台 4，横梁上安装有可沿横梁水平方向移动的用于磨削床身导轨上导轨面的平导轨面和三角导轨面的平面磨头 5 和山形磨头 6，在左、右两立柱 1 上均安装有可相对立柱上下及左右滑动的十字滑台 7，十字滑台上安装有电机及由电机驱动的下磨头 8。

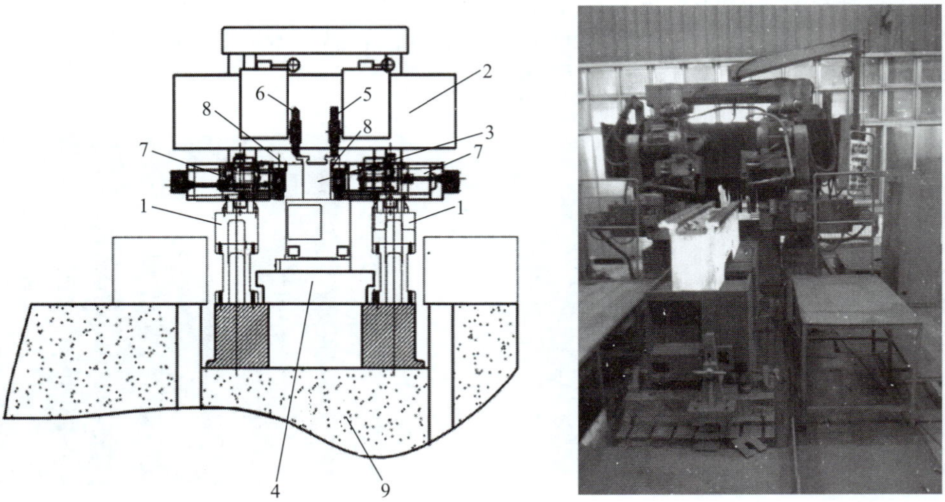

(a)　　(b)

图 2-46　床身导轨磨床

所述电机可直接驱动下磨头，也可以通过传动机构（如皮带轮传动机构、齿轮传动机构）驱动下磨头。所述十字滑台包括可上下移动的安装于立柱上的竖滑板，以及可左右水平移动的安装于竖滑板上的横滑板，电机安装在横滑板的内侧，其轴上安装有下磨头。所述下磨头可为碗形磨头，其更好地保证加工的下导轨面的垂直度。

（2）一种组合龙门铣床

我们针对废旧车床再制造过程中床鞍修复和再加工，设计改造了一种组合龙门铣床。该铣床包括立柱和上方的横梁，其立柱前端安装有组合铣刀，组合铣刀上依次固定安装有左侧面铣刀、左侧工艺凸台面铣刀、右侧工艺凸台面铣刀和右侧面铣刀；横梁的前侧安装有两个可横向移动的燕尾立铣头，横梁的后侧安装有可横向移动的端面立铣头，两立柱的后端还安装有副梁，位于横梁的后方，副梁上安装有可横向移动的锯片铣头。所述的床鞍龙门铣床，一台机器实现了床鞍所有面的加工，床鞍加工过程中，仅需一次装夹定位，加工快捷方便，大幅地降低了劳动强度，提高了效率，同时也更好地保证了加工精度。另外，其一台机床实现所有面的加工，也减少了对加工场地及加工设备的需求，降低了场地成本、设备成本以及人力成本。

具体实施方式见图 2-47。一种组合龙门铣床，包括床身 1，床身上设置可载工件纵向移动的工作台 2，在床身两侧设置有立柱 3，立柱的上方安装有横梁 4，两立柱 3 的前侧面安装有组合铣刀 5，组合铣刀的铣刀轴 9 水平设置、两端分别安装在两侧的立柱上可转动，在铣刀轴上依次固定安装有左侧面铣刀 10、左侧工艺凸台面铣刀 11、右侧工艺凸台面铣刀 12 和右侧面铣刀 13；横梁 4 的前侧安装有两个可横向移动的燕尾立铣头 6，横梁的后侧安装有可横向移动的端面立铣头 7，两立柱的后端还安装有副梁 8，位于横梁的后方，副梁上安装有两个倾斜的可横向移动的锯片铣头 9。

为了减少横梁前侧安装的燕尾铣头的切削余量，减少切削的刀具磨损，保证燕尾铣头精铣燕尾平面及斜面的精度，在组合铣刀中可增加左侧燕尾铣刀、右侧燕尾铣刀，左侧燕尾铣刀和右侧燕尾铣刀同样安装在铣刀轴 9 上，介于左侧工艺凸台面铣刀 11 和右侧工艺凸台面铣刀 12 之间，与待加工的床鞍的燕尾槽相对应。通过在组合铣刀上加装左、右侧燕尾铣刀，可在横梁前侧的燕尾铣头对燕尾面进行精铣加工前，先对两侧的燕尾槽进行半精铣加工，从而减少精铣加工时的加工余量，减少刀具的磨损，提高加工的精度。

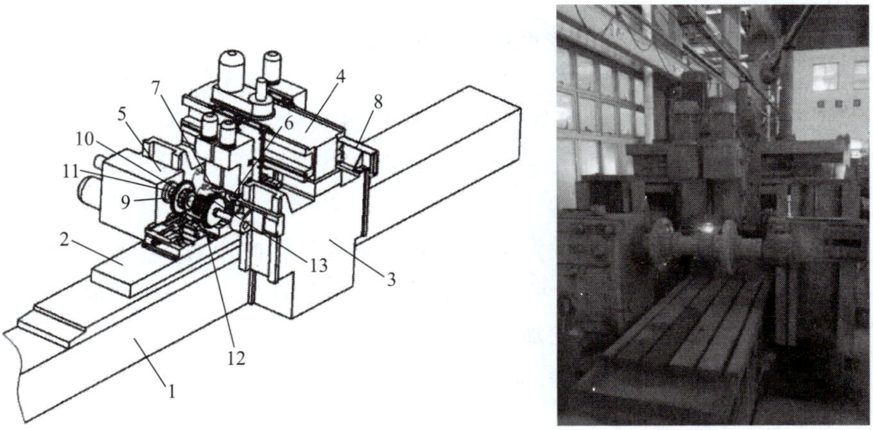

(a)　　(b)

图 2-47　组合龙门铣床

2.6 机床再制造数控化功能提升

目前我国数控机床生产企业，大部分停留在直接采购数控系统安装、调试，而对系统二次开发和系统功能提升使用量少之又少，导致了通用类数控机床同质化严重。以 850 系列立式加工中心为例，无论是采用 FANUC 0i MD/MF 系列，还是采用西门子 828D 或三菱 M70 等国内外数控系统，大都直接采购系统铣床版的基本功能及部分选项，使用系统固有的功能软件、操作方式、接口通信协议等，机床制造商仅需要通过接口电路设计、编辑 PLC 程序，完成加工中心的机械、电气集成工作。A 制造商可以这样做机床，B 制造商也可以按照这种模式生产机床，这些来自不同企业生产的数控机床，从外形、功能部件选用、系统界面等均大同小异，只是厂家品牌不尽相同，最终导致产品同质化现象严重，价格竞争激烈，产品质量处于中低端水平。这种情况类似于日本 20 世纪 80 年代、中国台湾地区和韩国 20 世纪 90 年代生产模式。

另外，作为刀具加工、齿轮加工，以及凸轮轴、曲轴高精度加工，通用系统无法提供直接可用的代码指令，系统的简单集成应用就行不通了，必须在原有系统基础上，提升系统功能，方可实现机床的功能。

2.6.1 国外数控系统功能提升应用案例

现在以机床强国德国和日本为例，知名的机床生产厂商，并不是简单地将系统安装在自己的机床上，而是通过二次开发，将符合自己机床工艺特点的软件嵌入到西门子或 FANUC

系统中。如欧美的机床制造商瑞士斯图特（Studer）生产的各类磨床、美国吉丁斯路易斯（Giddings Louis）生产的卧式加工中心，美国辛辛那提（Cincinnati）生产的立/卧式加工中心，特别是瓦尔特（Walter）公司生产的刀具磨床、美国格里森（Gleaso）齿轮磨床等。又如日本机床制造商，包括MAZAK、大畏、东芝、牧野、AMADA（天田）等知名机床生产企业，绝不是简单地采购系统直接使用。

下面简单介绍德国JUNKER（勇克）公司和日本MAZAK（山崎马扎克）的数控系统功能提升应用的案例。

(1) 德国JUNKER（勇克）凸轮磨床HMI功能

德国勇克公司是生产凸轮磨床、曲轴磨床的知名企业，勇克采用的是FANUC OPEN CNC或西门子840D，在这两款数控系统的HMI中镶嵌的是勇克公司自己编辑的凸轮或曲轴工艺软件，其根本原因是西门子、FANUC这类通用数控系统自身没有凸曲轴磨削软件，无法高效、高精度加工出合格的产品。

由于“凸轮的升程曲线”是由散点来描述的，而这些点拟合的NC程序可以称为“理想轨迹”，又由于凸轮磨削时，X轴前后高速往返，C轴匀速旋转，在X轴返程加减速控制上，通常的加减速控制满足不了凸轮加工。而勇克公司自己开发出了一套适用于凸轮加工的软件包，嵌入到FANUC或西门子系统中，通过“工程师参数”控制系统进给速度、加减速常数，以及程序轨迹修整等数据。图2-48～图2-56是勇克嵌在FANUC 31i（OPEN CNC）中的凸轮程序包。

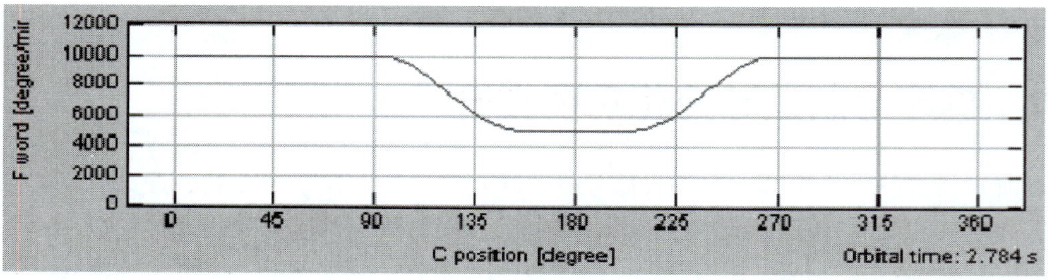

图2-48 C轴角度/进给速度曲线自动生成

纵坐标—F进给速度，(°)/min；横坐标—C轴位置，(°)；Orbital time—采样时间

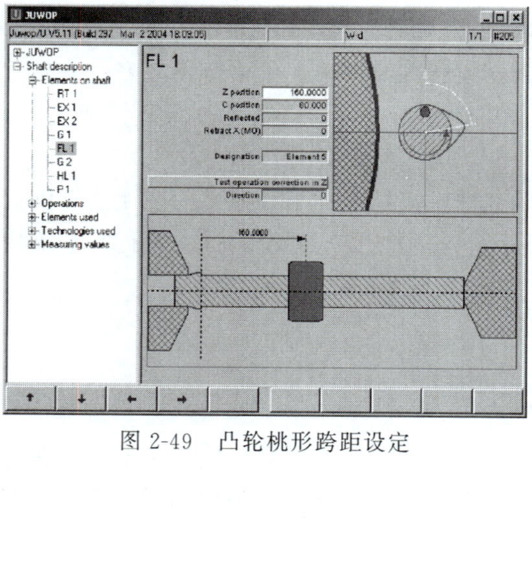

图2-49 凸轮桃形跨距设定

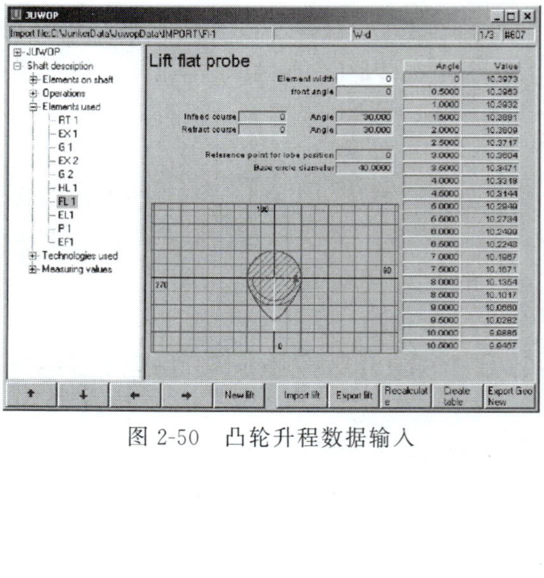

图2-50 凸轮升程数据输入

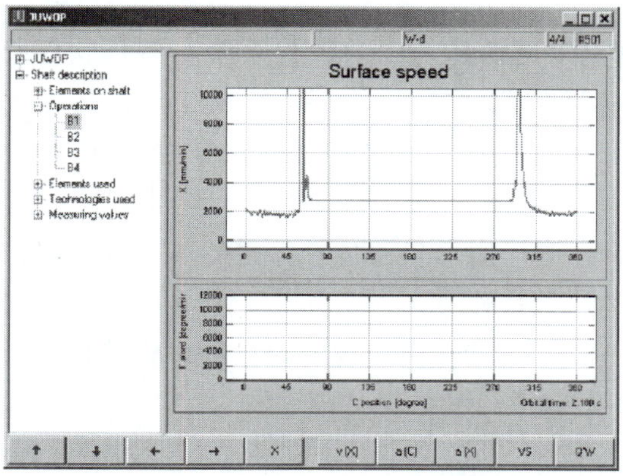

图 2-51　表面速度曲线

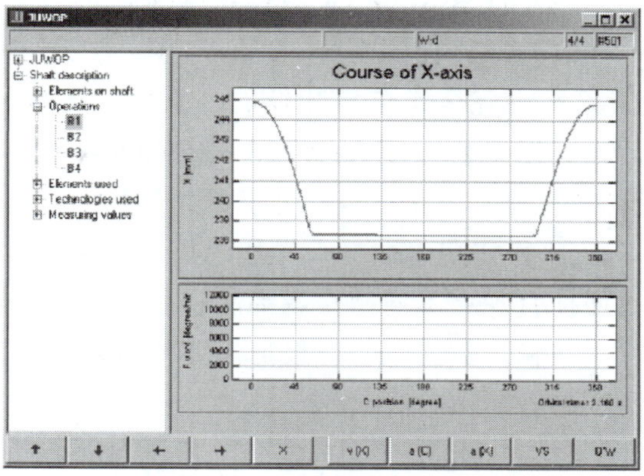

图 2-52　X 轴轨迹速度曲线

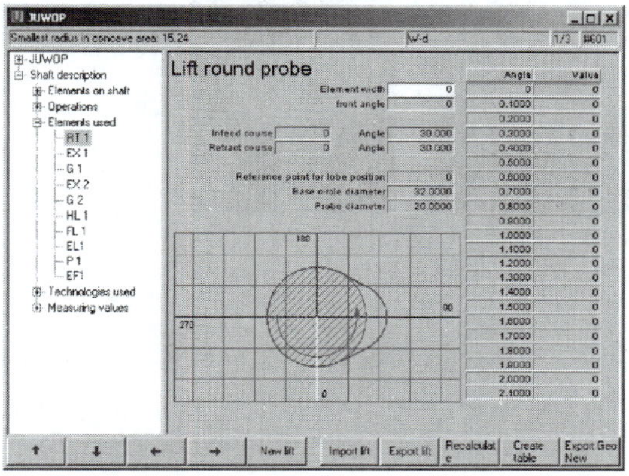

图 2-53　升程补偿表（理论值与动态值）

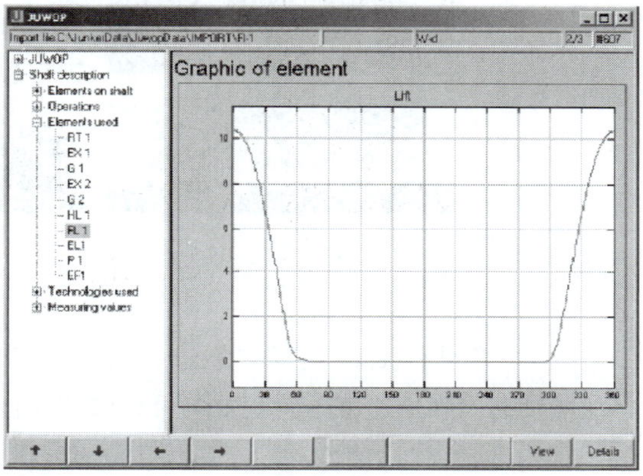

图 2-54　补偿后的参数曲线

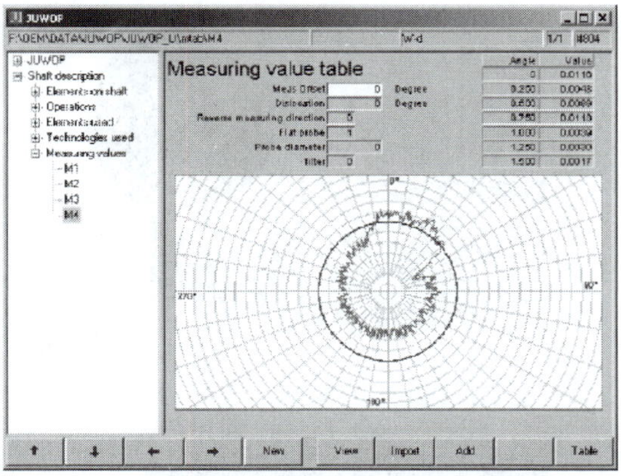

图 2-55　主轴颈动态测试

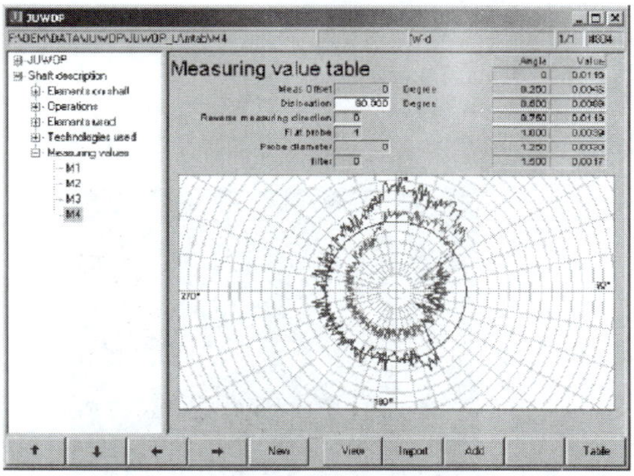

图 2-56　主轴颈动态补偿

JUNKER 充分利用了 FANUC 系统中的“学习功能（Learning Control）”，凸轮开始磨削时，先小磨削量的走一遍轮廓程序，JUNKER 软件结合 FANUC 学习功能，并通过位置编码器或光栅尺立即读出机床带负载后的实际轨迹曲线，结合“工程师参数”补偿“理论升程曲线（图 2-49、图 2-50）”和实际升程曲线（图 2-53～图 2-56）之间的误差。

(2) 日本 MAZAK 数控系统提升

MAZAK 控制系统 MAZATROL 的硬件实际上采用的是三菱的数控系统，但是软件及 HMI 单元完全是自己开发的。采用三菱数控系统的 MAZAK 机床，融入 MAZAK 技术之后，其系统名为 MAZATROL SMOOTHX/G，下面说明 SMOOTHX 和 SMOOTHG 部分 HMI 功能（机床厂自己开发的）及特点。

① 操作变得顺畅　操作面板采用 19″的触摸屏，图形用户界面具有优越的可视性，操作更便捷直观。不同操作者都能感受到舒适、便捷的触屏操作。

在输入数据时，可根据需要弹出显示菜单和键盘，支持快速直观的触摸屏编程操作，见图 2-57。

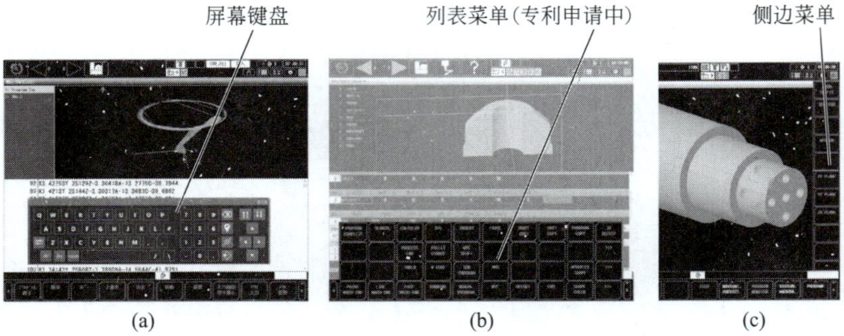

图 2-57　MAZAK MAZATROL SMOOTH 个性化界面

② 加工过程变得顺畅　把进程分为加工、编程、刀具数据、设置、维护保养 5 个部分，分别设置了 HOME 界面。这样可以使进行状况一目了然，还可以预防设定错误和作业遗忘，具有更直观的可操作性，见图 2-58。

③ 编程变得顺畅（QUICK EIA 和 QUICK MAZATROL）　在画面上触摸刀具路径时，可瞬时移动到相应的 EIA 程序部分，能够进行程序确认，见图 2-59。

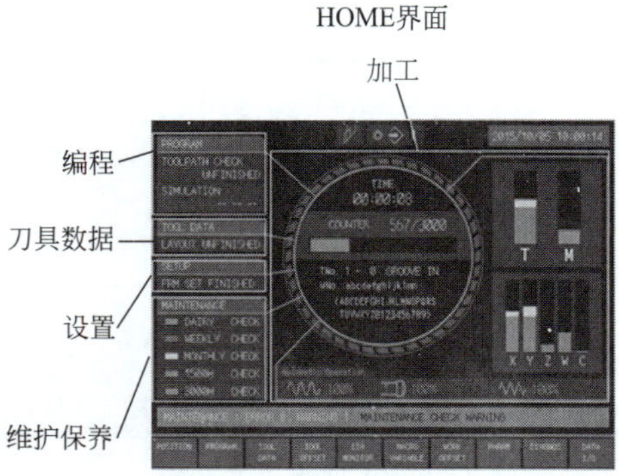

图 2-58　MAZATROL HOME 界面

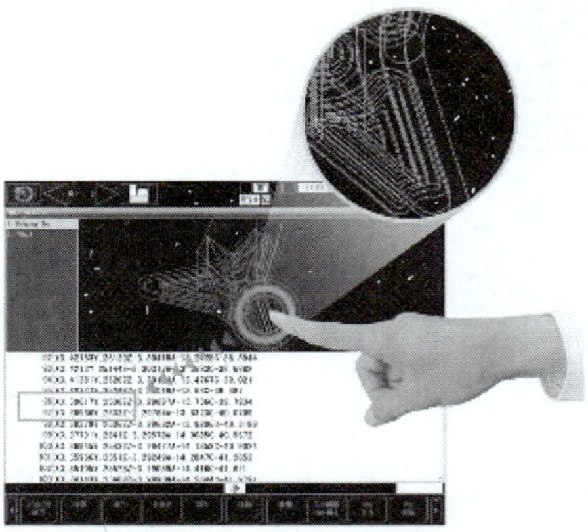

图 2-59　QUICK EIA 程序界面

在编程的同时能够确认加工形状和工序，能防止错误的发生，缩短了作业时间。另外，可从 3D CAD 数据中直接获取产品的形状数据，使编程变得简单，见图 2-60。

④ 应用、画面的切换变得顺畅　准备了能够启动和管理相关应用的 APPs Manager 界面，从而能够顺畅地访问加工需要的各种详细信息，见图 2-61、图 2-62。

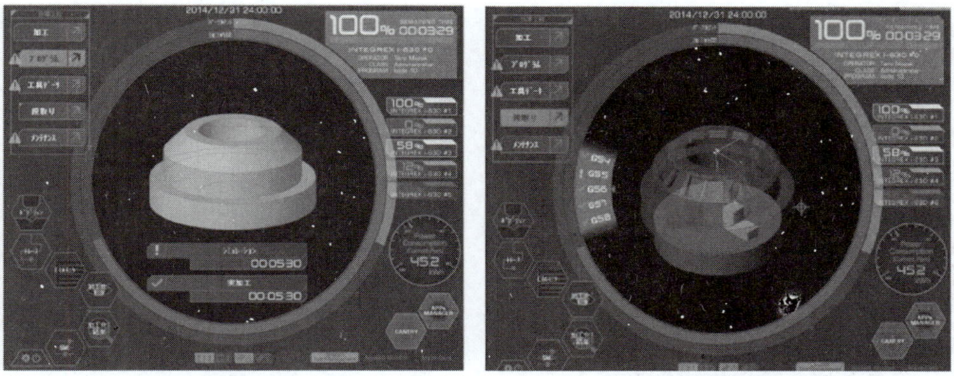

(a) 3D零件程序　　(b) 程序设置

图 2-60　3D 零件程序和程序设置

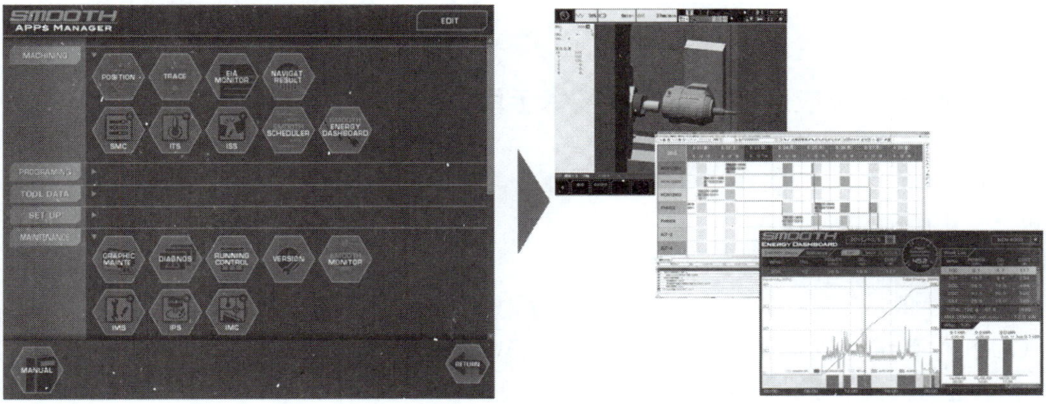

图 2-61　MAZATROL 刀具干涉及维护界面

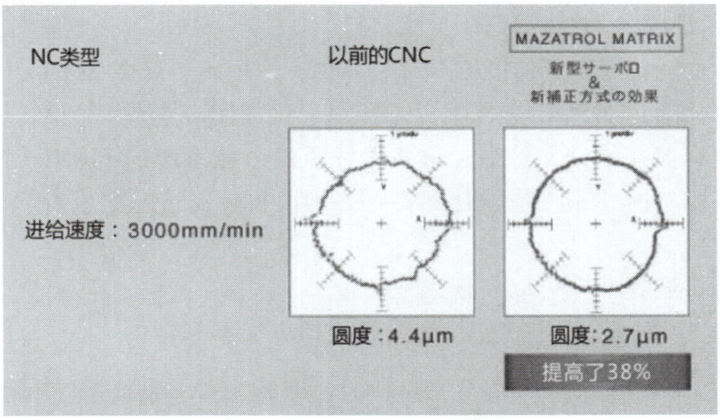

图 2-62　MAZATROL MATRIX 伺服优化界面

几乎所有的欧美、日本企业在机床集成系统的时候，即便采用 FANUC 或西门子数控系统，也习惯嵌入自主知识产权的软件。

相对比较，FANUC 0i-TD 在中国销售 10 万余台用于国产机床，但能做到如图 2-63、图 2-64 所示，像 STUDER 公司那样适宜机床操作的中文界面，的确很少见。

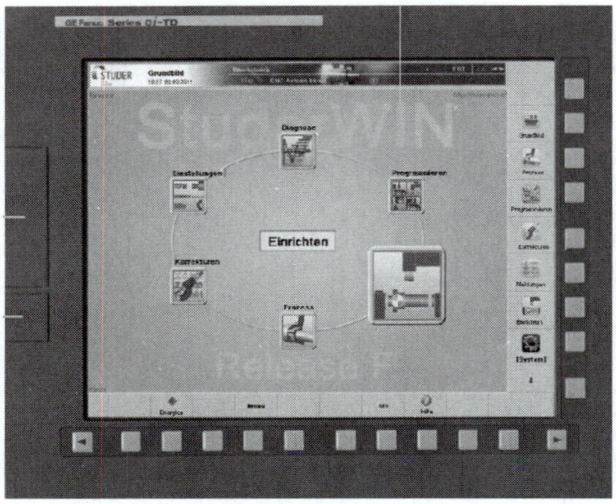

图 2-63　瑞士 STUDER 公司在 FANUC 0i-TD 上开发的专用界面（一）

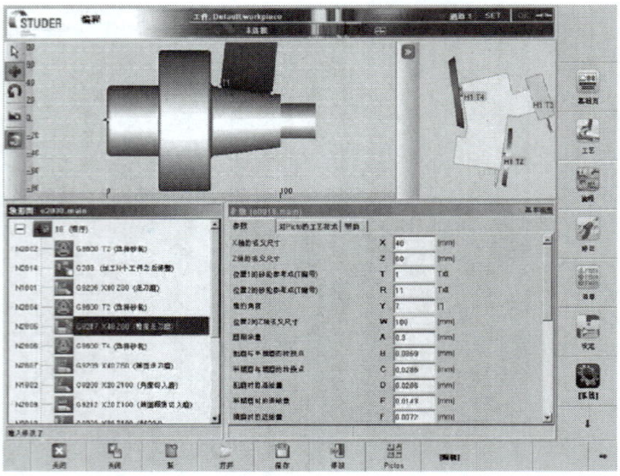

图 2-64　瑞士 STUDER 公司在 FANUC 0i-TD 上开发的专用界面（二）

2.6.2　数控系统应用功能提升的技术手段

由于篇幅有限，在此，我们仅讨论西门子和 FANUC 两个国际主流系统功能提升应用问题。

(1) 西门子 840D 及 840D-SL 系统

西门子 840D 及西门子 840D-SL 属于开放式高端数控系统，所谓开放式，表现为：西门子 PCU 操作系统为微软 Windows NT、XP、Win7 等，兼容性强；标准界面的可扩展性；用户界面的易开发和易植入性；第三方软件的可兼容性。总之，“开放”体现的是制造商的长期战略。

西门子提供二次开发的手段从简到繁有以下几种。

① 西门子技术手段之一——HMI 扩展接口。

操作员扩展界面功能是基于 MMC 或 PCU 的一种系统自带的编程文件编译器，它是一种文本结构的语言，通过 ASCII 文件配置来实现，比如记事本或者 HMI 编辑器。新编写扩展出来的操作界面存储在设计文件中，这些文件经过数控系统的 HMI 软件自动编译并显示在屏幕上结果，在供货时并不提供设计文件，必须由机床制造厂家或者用户来实现这种界面的扩展和二次开发。

使用“操作员扩展界面”可以实现以下功能。

a. 显示对话框，并提供操作软键、变量和表格、文本和帮助文本、图形和帮助界面。

b. 通过操作软键或者选择 PLC 实现调用对话框。

c. 动态重组对话框，包括修改或删除操作软键、定义并设计变量栏、显示文本或图形、更换文本或图形、删除文本或图形。

d. 用户通过不同的动作启动不同的响应。

e. 实现对话框间的数据交换。

f. 读写 NC 变量、PLC 变量、用户变量并运算。

g. 执行子程序、文件功能、PI 服务以及外部功能。

h. 根据用户组设计不同的保护等级。

在 HMI 操作界面中，多个相连的对话框构成了一个操作树，如果能从一个对话框切换入另一个对话框，则表示这两个对话框间存在联系。通过对话框内重新定义的水平或者垂直软键可以返回上级对话框或者进入任意一个对话框。在每个登入软键下都可以生成一个操作树，如图 2-65 所示。

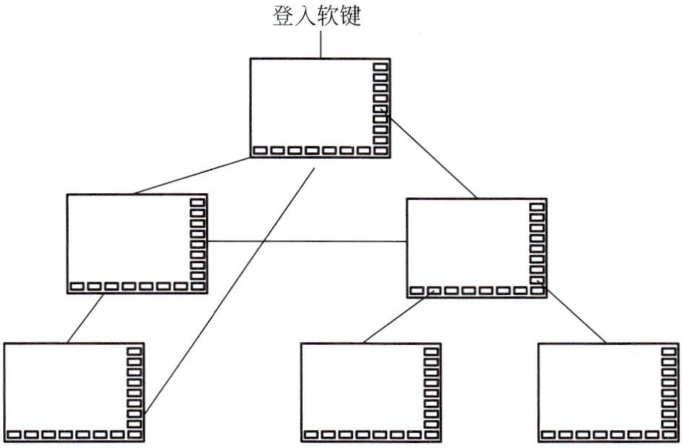

图 2-65　窗体操作树原理

在一个规定的设计文件中定义作为操作过程出发点的一个或者多个登入软键。操作软键的定义决定执行下一步动作的自定义对话框或者其他软键栏，按下登入软键则载入所属的对话框，同时属于对话框的相应软键被激活。

下面介绍“操作员扩展界面”编程与二次开发，见图 2-66、图 2-67。

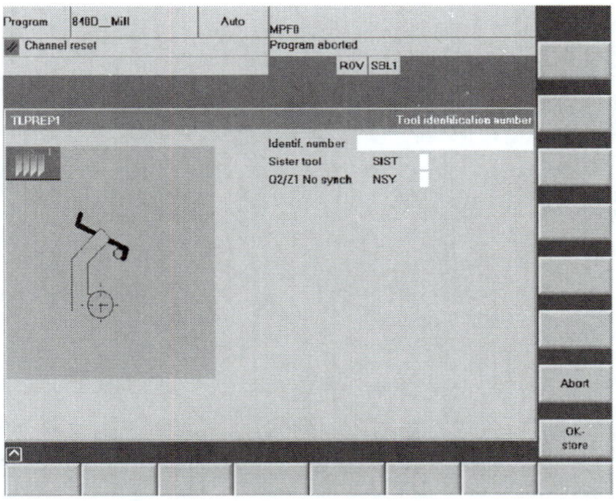

图 2-66　扩展界面（一）

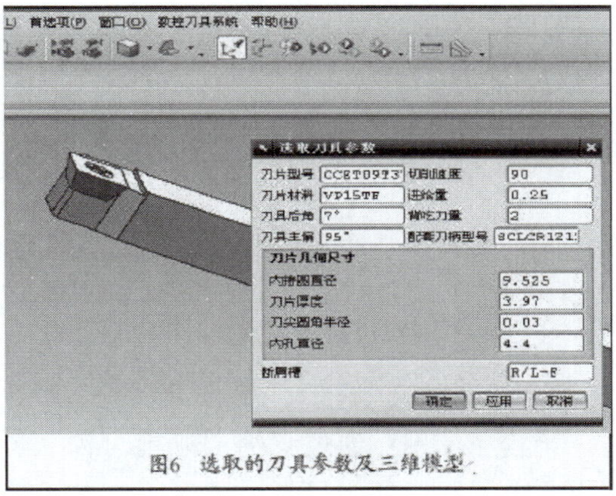

图 2-67　扩展界面（二）

这种程序编辑可通过简单的指令定义操作软键，在记事本中编写如下文本。

```
//S(软键栏 1);软键栏开始标记
HS1= ("新建",ac6,se2);定义软键 HS1,分配标签"OK",保护等级 6 和状态"不可操作"

HS3= ("\\图 1.bmp");分配图形给软键
HS5= ("Exit")
VS2= ("子屏幕窗口")
VS3= ($ 85011,ac7,se2)
```

```
VS7= ("取消",ac1,se3);定义软键 VS7,分配标签"取消",保护等级 1 和状态"高亮"

VS8= ("OK",ac6,se1)          ;定义软键 VS8,分配标签"OK",保护等级 6 和状态"可见"

PRESS(HS1);方法开始标记
HS1.st= "计算";分配标签文本给软键
…
END_PRESS;方法结束标记
PRESS(RECALL);方法开始标记
LM("屏幕窗口 21");载入对话框
END_PRESS;方法结束标记
//END;软键栏结束标记
```

在程序运行中，通过方法（如 PRESS）中可以读取和更改软键属性中的 Text、Access level 以及 Status，其中 SK.st＝“文本”、SK.ac＝存取等级、SK.se＝状态。

可以将子程序用块标记//B，并通过调用块执行子程序，每个块标记可以定义多个子程序，应用例程序如下。

```
//B(PROG1);块开始
SUB(UP1);子程序开始
…
REG[0]= 5;寄存器 0 赋值 5
…
END_SUB;子程序结束
SUB(UP2);子程序开始
IF VAR1.val= = "Otto"
VAR1.val= "Hans"
RETURN
ENDIF
VAR1.val= "Otto"
END_SUB;子程序结束
//END;块结束
```

子程序调用：通过 CALL 功能可以从方法的任意一个位置调用一个装载的子程序，允许由一个子程序调用另一个子程序。应用例程序如下。

```
//M(屏幕窗口 1)
VAR1= …
VAR2= …
LOAD
…
LB("PROG1");装载块
…
END_LOAD
CHANGE()
…
```

```
CALL("UP1");调用并编辑子程序
…
END_CHANGE
…
//END
```

② 西门子技术手段之二——Easy Screen。

Easy Screen 是西门子 840D-SL 系统中一种菜单式编程工具，实现菜单式 HMI 界面，对于许多专用机床，OEM 制造商无需专用开发工具，通过特定的指令格式，即可完成 HMI 界面的开发。

Easy Screen 适用于以下几个方面：

• 西门子 840D-SL 及西门子 828D；

• 可通过 ASCII 文件配置 Easy Screen 功能，这些文件中包含用户接口的描述；

• 标准情况下，可配置多达 5 个窗口。通过一个获得许可证的选件，可配置更多窗口。使用图形程序为窗口创建图片。828D 控制系统与 Paint Shop Pro® 和 Paint® 程序相兼容。

Easy Screen 可提供以下功能。

a. 显示对话框并提供以下组件：

• 软键；

• 变量（表格，该功能将在之后的执行级中可用）；

• 文本及帮助文本；

• 图形显示及帮助显示。

b. 通过以下方式调出对话框：

• （输入）软键；

• PLC 选择。

c. 进行对话框的动态重组：

• 修改或删除软键；

• 定义并设计变量字段；

• 显示、更换并删除（语言-相关的/无关的）所显示文本；

• 显示、更换并删除所显示文本（语言相关的/单独的）。

d. 触发动作：

• 显示对话框；

• 输入值（变量）；

• 按软键；

• 关闭对话框。

e. 对话框之间交换数据。

f. 变量：

• 读（NC、PLC、用户变量）；

• 写（NC、PLC、用户变量）；

• 链接数学运算符、比较运算符和逻辑运算符。

g. 执行功能：

• 子程序；

- 文件功能；
- PI 服务。

Easy Screen 界面如图 2-68 所示。

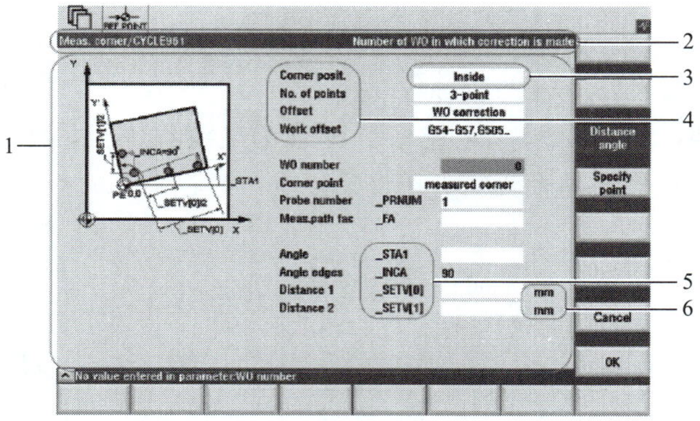

图 2-68 Easy Screen 界面

1—对话框主区域；2—标题栏，包含窗口名（左）和详细的变量描述（右）；3—变量输入/输出区域；4—变量名，简短描述；5—图形相关的文本；6—单位文本

③ 西门子技术手段之三——WinCC flexible。

WinCC flexible 实际上是一个组态软件，组态用户界面用以操作和监视机床及辅助设备，系统在操作员和 WinCC flexible（位于 HMI 设备端）之间以及和 PLC 之间均设置了一个接口，可实现下列任务，见图 2-69、图 2-70。

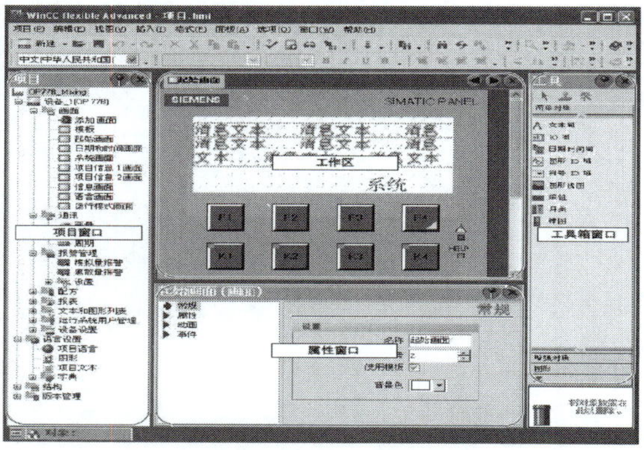

图 2-69 建立项目

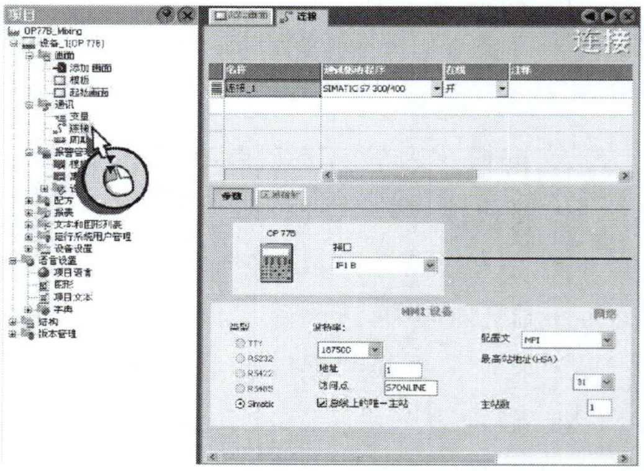

图 2-70 建立 HMI 与 PLC 之间的连接

- 过程可视化。
- 操作员对过程的控制。
- 显示报警。
- 工艺过程和设备的参数管理。
- 归档过程值和报警记录等。

其主要特点如下。

- 简单的图像化创建用户接口（无需高级语言编程知识）。
- 显示的创建（计算机）和目标（PCU50）系统分离。
- 覆盖 A&D 标准工具。

• SINUMERIK HMI Advanced（带硬盘的 PCU）。

• SIMATIC HMI 和 SIMOTION。

④ 西门子技术手段之四——HMI PROGRAM PACKAGE 软件包。

HMI PROGRAM PACKAGE 是西门子公司为机床设计制造公司开发的一款 OEM 软件包，该软件包是上述西门子 OEM 开发工具中几乎功能最强的软件包，可以满足机床制造商根据自己机床的特点编写功能强大、图文并茂、操作简便的 HMI（Human Machine Interface，人机界面），见图 2-71～图 2-73。

其主要特点如下。

• 创建用户定制的高级语言的应用。

• 通过编程最大限度地实现应用。

• 在 HMI Advanced 中无缝嵌入（用于带硬盘的 PCU）。

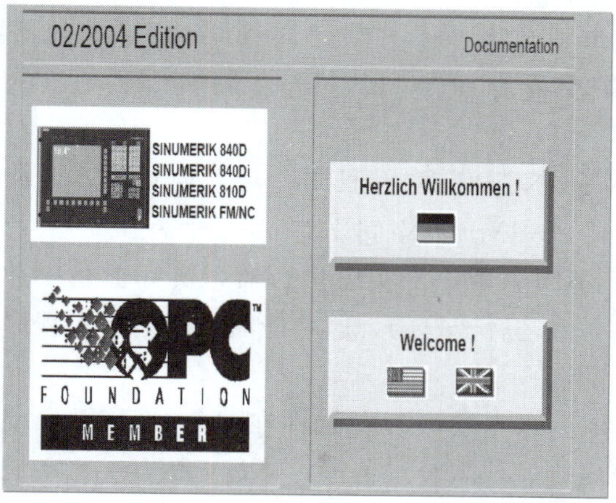

图 2-71　HMI PROGRAM PACKAGE 软件包

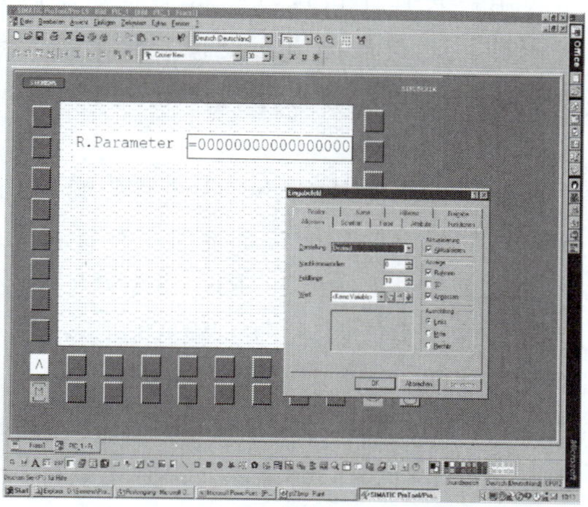

图 2-72　HMI PRGRAM PACKAGE 编辑软件

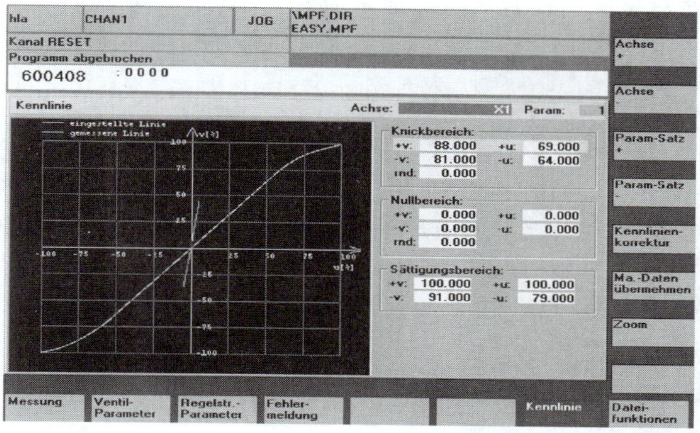

图 2-73　采用 HMI 制作的专用界面

（2）FANUC 系统

FANUC 系统的初始设计平台与 Windows 并不兼容。但是，为了适应欧美市场，特别开发了 OPEN CNC，通过 Panel i 接口，提供了与 Windows 兼容的平台，类似于西门子 840D 或 840D-SL 的 PCU。

另外，作为 FANUC 非开放式 CNC，FANUC 公司也提供了两款开发工具，因此 FANUC 为机床制造商提供的二次开发工具大致有以下几种。

① 用户宏程序执行器　用户宏程序执行器是通过 FANUC 专用的指令系统，编辑符合机床制造商特质的专用 HMI 界面，这种指令系统类似于汇编语句。这种指令系统可以读、写各种系统变量，从而完成以下几项工作。

a. 专用界面用于显示、控制。

b. 按照特定的（非 FANUC）指令执行轴运动、辅助功能 M 代码执行、S 代码执行、T 代码执行，以及刀具补偿、自动测量等工作。

c. 通过表格方式修改程序数据。

d. 通过菜单操作调用程序执行。

e. 该开发工具几乎适用于所有 FANUC 系统。

用户宏程序执行器编辑不需要任何开发工具和软件，直接在“写字板”上编辑程序代码即可，与汇编语言类似，最后需要经过“link”“汇编”“代码转换（ROM 格式或存储卡格式）”将程序代码通过 FANUC“系统引导界面”“Loading（加载）”到系统文件中。

注：该功能是 FANUC 选型功能（OPTION FUNCTION），只有购买了此功能，才能实现该功能，此功能对系统内存有要求，通常需要 2～3MB 的空间。

② FANUC PICTURE　FANUC PICTURE 不同于用户宏程序执行器，实际上是一种组态软件，类似西门子的 WinCC flexble，是 2000 年之后开发的，但功能略逊于用户宏程序执行器功能。

FANUC PICTURE 功能可以嵌入图形，编辑组态方便，开发软件在 Windows 平台使用，开发工具是 FANUC 公司专用软件，程序完成之后，需经过编译，通过 FANUC“系统引导画面”“Loading（加载）”到系统文件中。

注：该功能是 FANUC 选型功能（OPTION FUNCTION），只有购买了此功能，才能实现该功能，此功能对系统内存有要求，通常需要 3MB 的空间。

③ FOCAS-Ⅱ　FOCAS-Ⅱ实际上是一个“库函数”（图 2-74），库函数给 Windows 和 FANUC 系统平台之间搭建了一个桥梁，库函数与微软平台的 C++和 VB 兼容，OEM 厂商可以在 Windows 平台上，以 C++或 VB 为开发工具，并通过 FOCAS-Ⅱ这一库函数，直接读/写 FANUC 系统平台的变量，包括以下几个变量。

图 2-74　FANUC FOCAS-Ⅱ库文件

a. NC 轴运动指令。

b. PMC 轴运动指令。

c. 系统参数读//写。

d. M 代码指令读写。

e. PMC 接口信号读写。

f. 刀具补偿。

g. 坐标显示及赋值。

FOCAS-Ⅱ中含有 200 余个 FANUC 数控系统变量。

2.6.3　再制造系统应用功能提升案例

下面分别介绍某公司在再制造项目中采用 FANUC 用户宏程序执行器和西门子 WinCC _ flexible 以及使用 FANUCPICTURE 的几个案例。

(1) FANUC 用户宏程序执行器应用案例

石油管接箍生产线所加工的产品品种相对单一，量产，属于数控专机类加工。其工艺相对稳定，程序结构固定，因此对机床界面的要求不同于一般的数控机床，这类机床应尽可能地提供简洁的工艺参数调整界面，使操作者只需通过简单的工艺参数调整（如工件型号、公称直径、螺距、紧密距、主轴速度、进给速度等），即可自动生成所需的程序数据，而无须操作者编制或修改程序。

此案例是使用 FANUC 用户宏程序执行器在天津钢管公司管加工分厂数控车丝机再制造的实例，实施的这两条生产线原设备制造商是美国 PMC Colinet（http：//www. pmc-co-linet. com）公司，数控系统采用 FANUC 11T。由于原系统为 80 年代中期产品，采用模拟伺服，系统故障率高，备件供应基本中断，维修成本高。另外，伺服定位精度差，产品质量不稳定，从而决定进行系统升级、机械翻新的机床再制造工程。

经过对设备现状及产品工艺的评估，2001 年和 2005 年分别采用 FANUC 0i TA 和 0i TC 数控系统，进行了系统升级。本书就 FANUC 0i 系统用于管箍车丝机为例，重点介绍用户宏程序执行器在再制造项目中的应用。

FANUC 用户宏程序的开发过程类似于 DOS 下的宏汇编程序的开发，是一种典型的汇编语句，只是语法和编译工具完全来自 FANUC 公司的格式文件，与通用的计算机语言是不兼容的。

其具体流程如下。

① 程序设计人员根据机床的操作诉求以及机床工作要求拟定程序框架，分配程序层次和树状调用结构。

② 根据上面制定的程序框架，编辑程序树中各主、子程序，并符合 FANUC 宏指令格式（所生成程序的后缀名为 *. SRC 的源程序）。

③ 将框架中的所有程序进行链接——MACRO LINK，并生成 LINK 文件（*. MAP 及 *. ROM 格式）。

④ 将链接好的文件转换成 CNC 系统容易载入的存储卡格式文件——*. MEM 文件，也称 P-CODE 文件。

⑤ 将编辑好的程序装入数控系统中的 F-ROM 存储器（系统存储区）。并通过总线直接与前台主程序（SRAM 中的加工程序）进行数据交换。使用此功能，其运行速度和插补时间比普通的宏程序快。另外，宏程序执行器可以实现普通 G 代码程序和 PMC 程序不能完成的功能。

用户宏程序生成流程如图 2-75 所示。

编辑完成的管接箍调整界面如图 2-76、图 2-77 所示。

这样，操作者仅需按照中文菜单提示，输入相应的工艺参数即可，数控系统会通过用户宏程序执行器处理这些数据，并调整走刀轨迹。

对于那些没有学习过 G 代码编程的操作人员，操作此类型的石油管接箍机床，也同样会得心应手，控制自如。

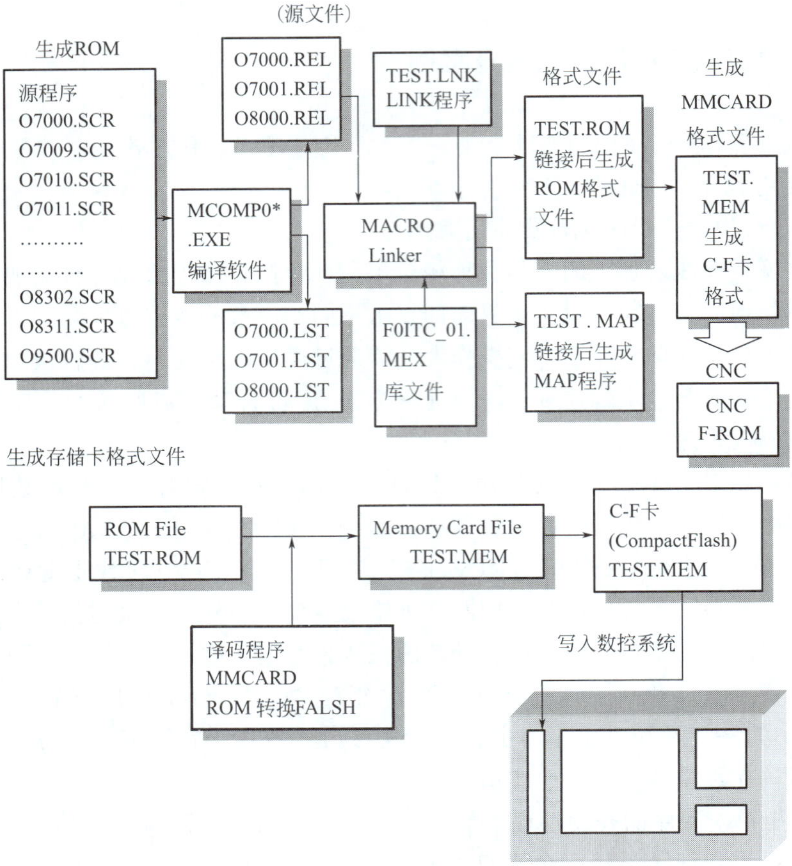

图 2-75　石油钢管车丝机宏程序执行器程序生成流程

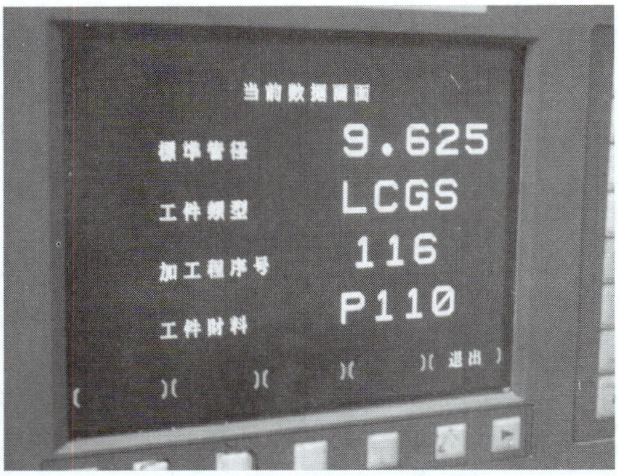

图 2-76　工件菜单界面

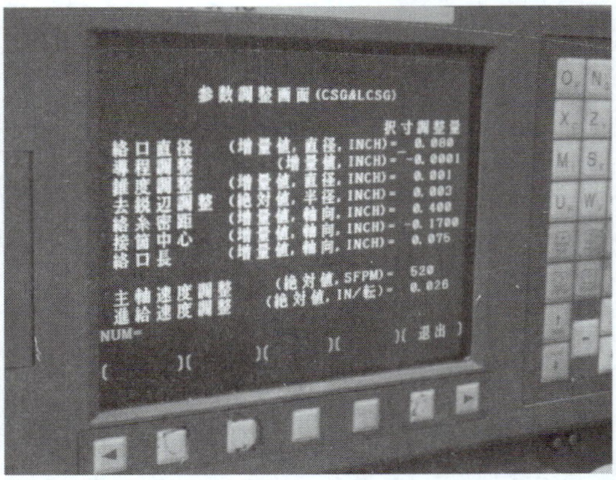

图 2-77　加工参数调整界面

最后需要强调的是，采用用户宏程序执行器功能，特别适合专用数控机床的技术改造和新产品开发，石油钢管车丝机和管接箍车丝机是成功案例之一。灵活的二次开发，可以拓展通用数控系统的使用深度，给用户设备提供更多的技术附加值，同时也提高了技术改造企业的自主创新能力（图 2-78）。

（2）西门子 WinCC flexble 应用案例

该案例是某公司为位于北京的某独资企业拥有的德国 JUNG JC500 再制造的成形磨床

进行的改造升级，原数控系统采用 840C，由于系统及驱动器老化，备件停产，从而进行了系统升级（西门子 840D-SL），对其机械部分进行了翻新，见图 2-79。

图 2-78　加工产品效果

图 2-79　德国 JUNG JC500 成形磨床

该机床主要用于磨削高精度磨具的型面，操作者不需要进行 G 代码编程，只要通过辅助画面对刀，设定型面区间、型面之间高度差，即可自动磨削。

而这些型面定义界面，是通过嵌入在西门子 840D-SL 的 HMI（PCU50）中实现的，这种专用的“成形磨削 HMI”，是工程师根据客户产品工艺需要，通过 WinCC _ Flexible 软件编辑，并通过 WinCC _ Flexible 编辑指定路径，调用加工子程序及 R 参数程序，实现型面磨削、砂轮修整等一系列磨削工作，图 2-80、图 2-81 为工程师编辑的成形磨削 HMI 的两个界面，总共由数十个界面组成。

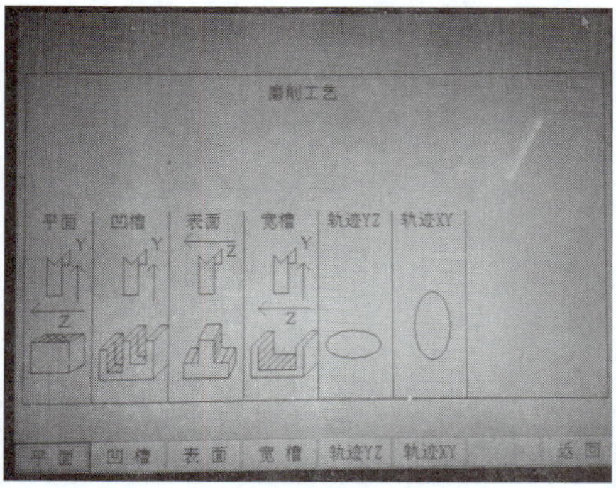

图 2-80　型面选择

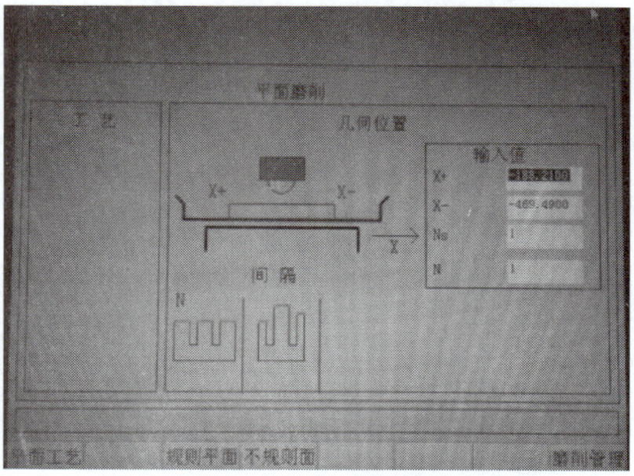

图 2-81　型面跨距设置

图 2-82 为磨削的产品，图 2-83 为工作零件自动建立界面，图 2-84 为砂轮修整金刚实物。

图 2-82　磨削的产品

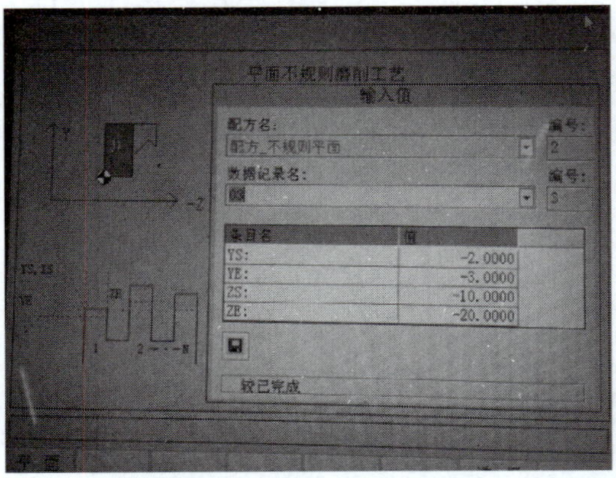

图 2-83 工件零点自动建立

图 2-84 砂轮修整金刚

编制的子程序示例如下。

```
N5 GS1:
N10 IF R101> R117 GOTOF GS0            ;砂轮已达最小半径?
N15 MSG(“砂轮已达最小半径”)
N20 GOTOB GS1
N25 GS0:M10                            ;开修砂轮冷却
N30 R131= 0                            ;配方记录操作
N35 R602= R132                         ;配方记录操作
N40 R56= R598                          ;置对砂轮 Z 偏移值
N45 IF R258= = 1                       ;平修砂轮?
N50 $ P_UIFR[3,X,TR]= R422             ;置当前砂轮的 G56 坐标的 X 轴零点偏移
N55 $ P_UIFR[3,Y,TR]= R423             ;置当前砂轮的 G56 坐标的 Y 轴零点偏移
N60 $ P_UIFR[3,Z,TR]= R118             ;置当前砂轮的 G56 坐标的 Z 轴零点偏移
N65 ENDIF
N70 IF R259= = 1;                      AT35?
N75 $ P_UIFR[2,X,TR]= R420             ;置当前砂轮的 G55 坐标的 X 轴零点偏移
N80 $ P_UIFR[2,Y,TR]= R421             ;置当前砂轮的 G55 坐标的 Y 轴零点偏移
N85 $ P_UIFR[2,Z,TR]= R103             ;置当前砂轮的 G55 坐标的 Z 轴零点偏移
N90 $ P_UIFR[4,X,TR]= R424             ;置当前砂轮的 G57 坐标的 X 轴零点偏移
N95 $ P_UIFR[4,Y,TR]= R425             ;置当前砂轮的 G57 坐标的 Y 轴零点偏移
N100 $ P_UIFR[4,Z,TR]= R104            ;置当前砂轮的 G57 坐标的 Z 轴零点偏移
N105 $ P_UIFR[5,X,TR]= R426            ;置当前砂轮的 G505 坐标的 X 轴零点偏移
N110 $ P_UIFR[5,Y,TR]= R427            ;置当前砂轮的 G505 坐标的 Y 轴零点偏移
N115 $ P_UIFR[5,Z,TR]= R105            ;置当前砂轮的 G505 坐标的 Z 轴零点偏移
N120 $ P_UIFR[7,X,TR]= R428            ;置当前砂轮的 G507 坐标的 X 轴零点偏移
N125 $ P_UIFR[7,Y,TR]= R429            ;置当前砂轮的 G507 坐标的 Y 轴零点偏移
N130 $ P_UIFR[7,Z,TR]= R119            ;置当前砂轮的 G507 坐标的 Z 轴零点偏移
N135 ENDIF
N140 STOPRE
N145 G0
```

```
N150 M81                                        ;吸 X 轴离合器
N155 G4 F0.5
N160  R51= $ AA_IM[X]                           ;保留出发时的 X 轴机床坐标
N165  R52= $ AA_IM[Y]                           ;保留出发时的 Y 轴机床坐标
N170  R53= $ AA_IM[Z]                           ;保留出发时的 Z 轴机床坐标
N175 R2= R233* 1000/((R101-R530)* 2* 3.1416)* 60
N180 S= R2 M3
N185 G56 G90 G01 X0 F2000                       ;到 G56 出发位置
N190 Y= R217
N195 Z0
N200 IF R258= = 1                               ;平修砂轮
N205 L111
N210 ENDIF
N215 IF (R259= = 1) AND (R390= = 1)             ;成形 1 修砂轮
N220 L211
N225 ENDIF
N230 IF (R259= = 1) AND (R391= = 1)             ;成形 2 修砂轮
N235 L311
N240 ENDIF
N245 IF (R259= = 1) AND (R392= = 1)             ;成形 3 修砂轮
N250 L411
N255 ENDIF
N260 IF (R259= = 1) AND (R393= = 1)             ;成形 4 修砂轮
N265 L511
N270 ENDIF
N275 IF (R259= = 1) AND (R394= = 1)             ;成形 5 修砂轮
N280 L611
N285 ENDIF
N290 IF (R259= = 1) AND (R395= = 1)             ;成形 6 修砂轮
N295 L711
N300 ENDIF
N305 M11
N310 G90 G01 Y= R101+ 30 F2000                  ;抬起到安全位置
N315 Z0
N320 X0
N325 IF $ A_IN[13]= = 1                         ;是单独修砂轮?
N330 G500 G90 G0 Z= R53                         ;是,返回出发位置
N335 X= R51 Y= R52
N340 ELSE                                       ;否
N345 G56 G90 G01 Y= R217 F2000                  ;返回 G56 回退位置
N350 ENDIF
N355 M17
```

图 2-85 为砂轮修整 R 参数设置。

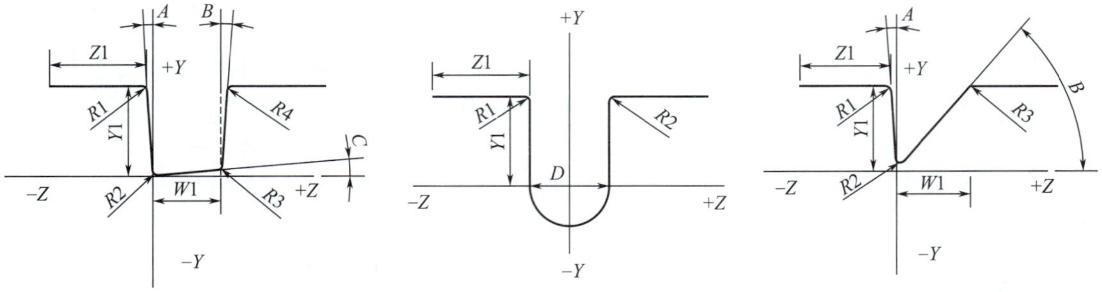

图 2-85　砂轮修整 *R* 参数设置

(3) 采用 FANUC PICTURE 功能提升坐标磨床菜单功能

某公司承接了南昌某飞机制造公司瑞士 HAUSER 系统升级、功能提升的工作，采用 FANUC 0i-MD 系统，并且根据所磨削零点特点，采用 FANUC PICTURE 功能，编辑了适宜坐标磨床的专用界面 HMI，这样，操作者无需进入底层进行 G 代码编程，而根据被加工件形状，即可实现 *X*、*Y*、*Z* 三直线轴及 *C* 轴法向磨削，见图 2-86～图 2-89。

图 2-86　机床外观

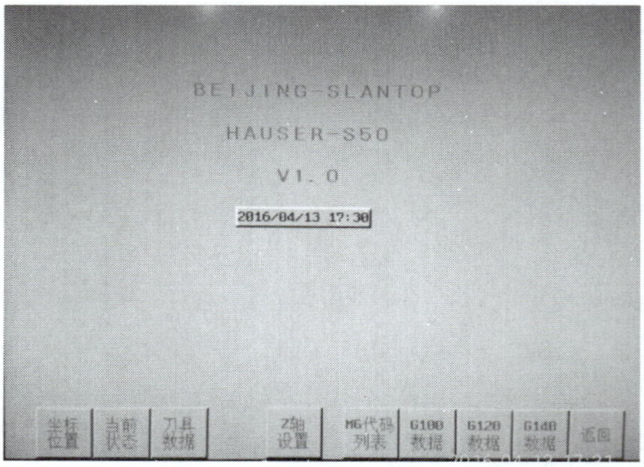

图 2-87　FANUC PICTURE

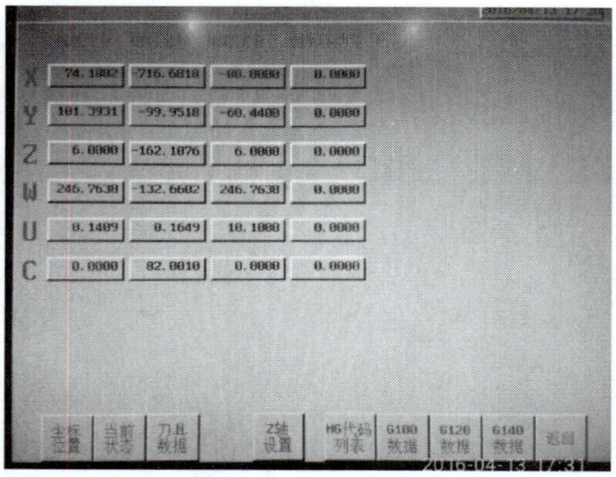

图 2-88　坐标界面

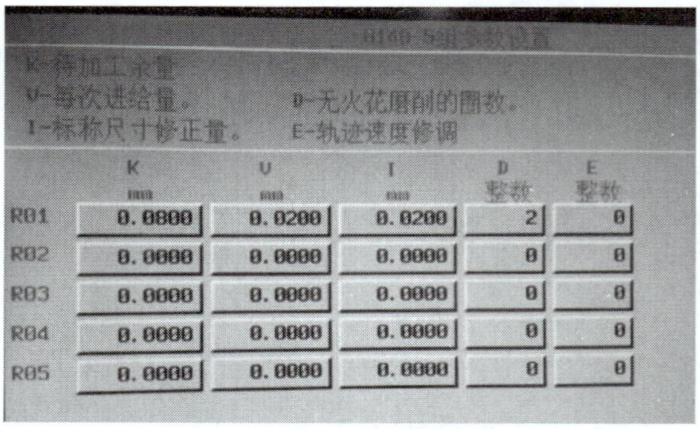

图 2-89　工艺界面

所有加工数据均通过对话参数填入，方便进行加工。

数控系统功能提升是机床制造和再制造环节中产业增值的一个重要组成部分，特别是在大力倡导智能制造的今天，经过在通用数控系统上做个性化二次开发，提升系统的针对性和扩展性，既可满足客户的个性化、便捷化需求，又可以提升供应商的技术附加值。

西门子、FANUC 为了方便应用商二次开发，提供了多种手段，本书做了简单的介绍，GE-FANUC 公司于 20 世纪 90 年代后，在 FANUC 系统的基础上，开发了多种深层次应用软件，扩展了 FANUC 系统的应用，包括 Basic Operation Package（BOP 基本操作软件包）、Machine Remote Diagnosis Package（远程诊断软件包），以及 CIMPLICITYi CELL。特别是 CIMPLICITYi CELL，基本实现了我们今天所说的智能制造的理念，见图 2-90～图 2-95。

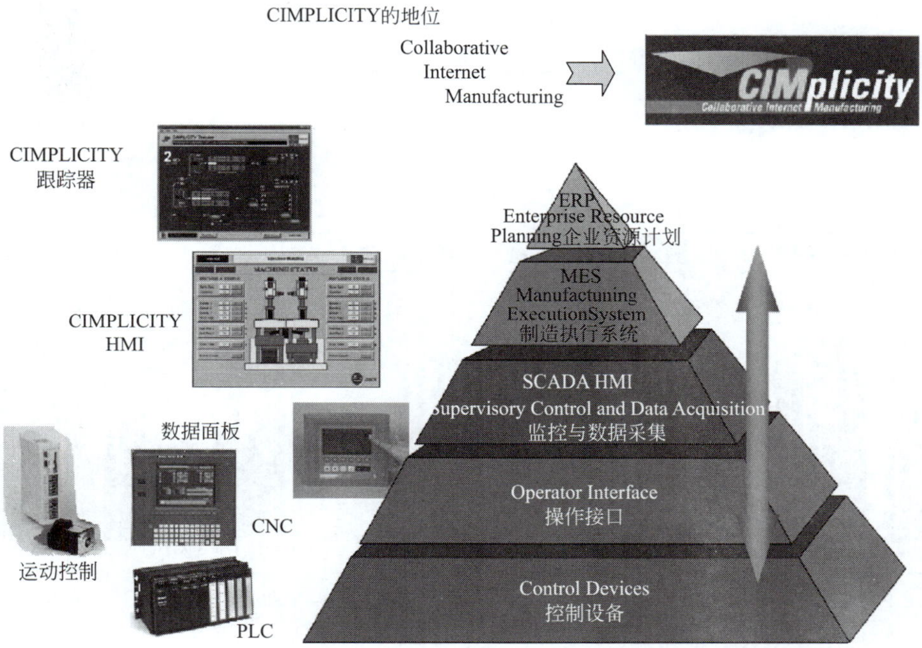

图 2-90　FANUC CIMPLICITY 功能框图

CIMPLICITY—FANUC 集成控制软件名称；CIMPLICITY HMI—CIMPLICITY 人机界面；CNC—数控系统；PLC—可编程逻辑控制器；Collaborative Internet Manufacturing（CIM）—互联网协同制造；ERP—企业资源计划；MES—制造执行系统；SCADA HMI—数控与数据采集；Operator Interface—操作接口；Control Devices—控制设备

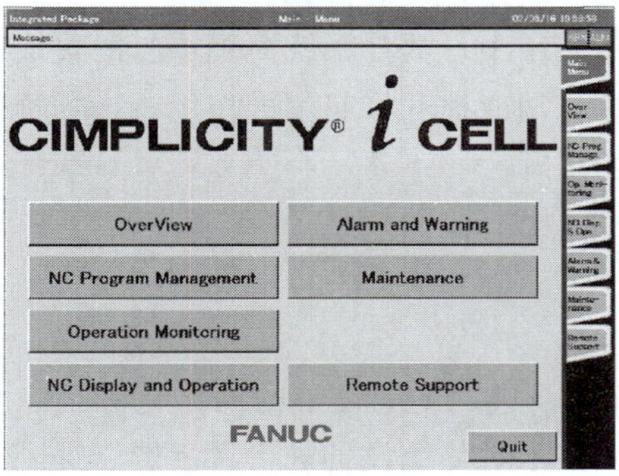

图 2-91　CIMPLICITY I CELL 启动界面

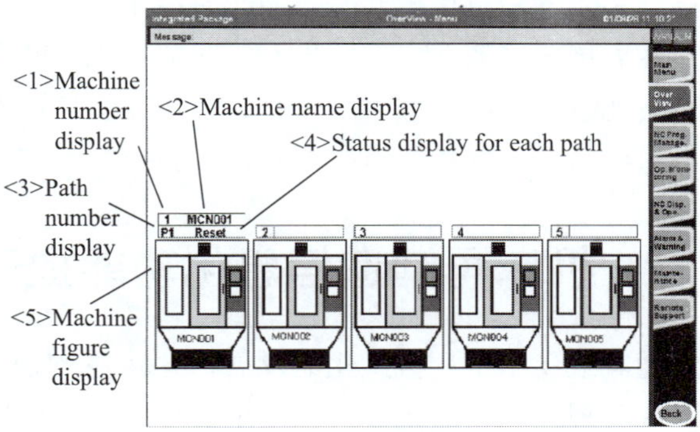

图 2-92　车间机床管理

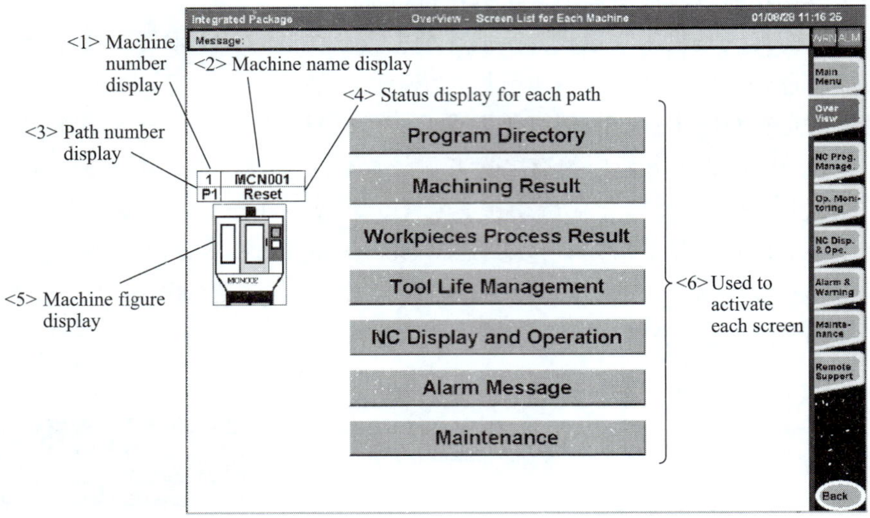

图 2-93 单机管理界面

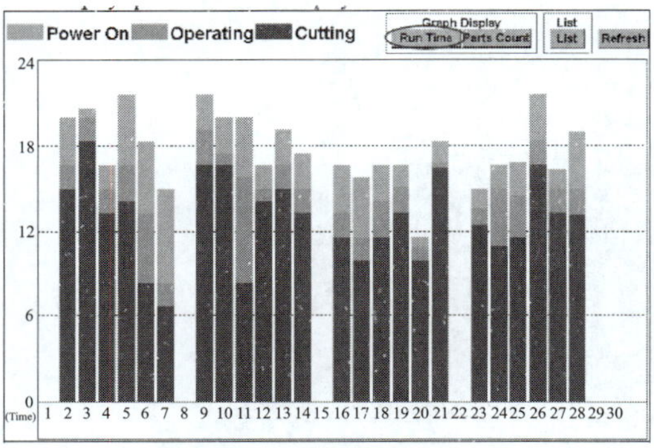

图 2-94 生产线机床运行时间监控

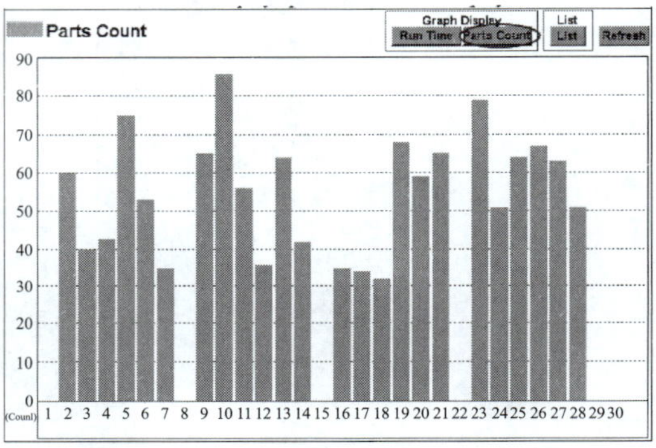

图 2-95 生产线机床加工件数监控

另外，美国 Delta Tau 公司于 20 世纪 90 年代推出的开放式多轴运动控制器 PMAC（Programmable Multi-Axes Controller）卡，提供了运动控制、离散控制、内务处理、同主机的交互等数控的基本功能。这种开放式数控系统，底层软件（插补计算、伺服控制、PLC 控制）由 Delta Tau 公司完成，但是界面、应用层完全是由系统集成商完成，这种开放系统特别适用于专用机床的开发，如凸轮磨床、曲轴磨床、多工位钻镗等机床。

随着国内制造业水平的提升，在数控机床的数控化应用中，数控系统简单重复的集成应用所占比重会逐渐降低，个性化、适用性、扩展性数控化功能提升将起主导作用，市场价值的权重将从以量取胜的生产模式逐步转向技术和质量的提升。

2.7 机床再制造信息化功能提升

随着近年来工厂信息化的发展，尤其是 MES 系统的推进，车间设备的网络化和信息化已经成为现代化制造企业的一个重要环节。在使用先进技术对传统设备进行再制造、提升单机或生产线效率的同时，如何应用信息化技术来提升设备再制造效果，使其满足现代化生产要求，实现设备维护管理和综合管理的信息化，在一些大型制造企业，也逐渐被提上了日程。

在今天复杂、激烈的全球竞争中，特别是对于生产管理部门，面临着最为繁重而紧急的生产任务，常常为以下问题困扰。

① 如何才能进一步提高数控设备的利用率？

② 如何实时获知设备运转情况？

③ 如何判定制订的生产计划是否科学合理？如不合理应该如何调整？

④ 如何从机床海量生产数据中，分析出制约生产的瓶颈原因？

⑤ 如何根据以往统计结果预测机床故障分布？

以上问题，需要大量、实时、准确、客观、自动的现场生产信息予以支持，具体地讲，需要实时采集机床以下相关数据。

① 机床的实时状态，是开机中还是关机中？

② 机床的工作状态，是运行中、空闲中还是故障中？

③ 机床正在生产什么产品？已经生产了多少件？

④ 机床的利用率怎么样？是什么原因导致机床利用率不高？

⑤ 操作工的效率如何？是什么原因导致操作工效率不高？

⑥ 机床故障率怎样？都是哪些故障？故障是如何分布的？

针对以上传统制造车间或企业面临的问题，部分企业已经开始相关的工作，在对传统制造设备（如机床、生产线等）进行再制造的同时，应用网络技术，对车间或企业内的各种设备进行联网，通过“信息化”＋“自动化”，实时监控设备的运行情况及车间的生产情况，提高机床故障诊断分析能力，缩短机床非正常停机时间，提高上层决策系统的准确性和及时性。各类数据的服务对象不再局限于设备管理需求，还可服务于生产管理、加工准备、工艺优化等，能为企业创造更高价值。

制造数据管理系统 MDC（Manufacturing Data Collection and Control）主要用于采集数控机床和其他智能设备的工作和运行状态数据，实现对设备的监视与控制，并对采集的数据进行分析处理，也可为 MES 和 ERP 等其他软件提供数据支持。MDC 系统是机床数据采集系统和机床数据分析系统的集成，是具有数据采集、机床监控、数据分析处理、报表输出等功能的车间应用管理和决策支援系统。

MDC 系统和 NC 程序传输系统 DNC 采用相同的网络结构，系统架构上也完全兼容，因此可采用同一网络的硬件资源，降低硬件投入成本，简化系统维护，共享数据资源，从而使用户获得最大的收益。

MDC 系统充分利用机床已有的硬件资源，实现机床通信资源的共享。例如 MDC 和 DNC 系统可共用数控系统的网卡或者串口通信端口进行数据采集和程序传输的功能；西门子 802D/C/S 系统、FANUC 0i 系统共用一个串口实现 MDC/DNC 两个系统的功能需要。MDC 系统具有以下特点。

（1）基于以太网通信平台

以通用以太网为骨干网络，降低硬件投入成本，增强数据通信能力，奠定车间与工业以太网的发展适应能力。基于以太网络的模式，从而充分利用车间现有网络，可完全与 DNC 网络兼容。

（2）灵活的数据采集方式

如今由于金属加工工业的数控机床数量较大，采用单一系统或单一机床的企业很少，对于大多数企业来说，其机床种类比较多，新旧不一，因此，如果采用某一种数据采集方式则缺乏灵活性，从而使得能采集的数据不能最大化。而根据车间现场具体设备情况采用相应的数据采集方式，既能获得最大的数据量，又能有效地控制成本投入，取得最佳的性价比。

制造数据管理系统 MDC 常采用如下方式。

a. 软件通信方式（TCP/IP、串口通信等）。

b. 工业总线方式（如 PROFIBUS、MODBUS、CAN 总线等）。

c. 硬件方式（数据采集模块）。

(3) 丰富的数据采集量

从简单的开关量到复杂的模拟量和字符串，制造数据涵盖车间现场需求的各个方面。常用数控系统（Siemens、Fanuc、Heidenhain、Num）经验丰富的二次开发能力，多样化的数据采集手段，让数据的获取拥有最大的可能。

典型采集数据包括以下几种。

• 机床操作状态（手动、自动等）。

• 主轴转速、主轴倍率、主轴功率。

• 进给速度、进给倍率。

• 程序运行状态（运行、停止、暂停等）。

• 当前执行的程序名或程序号。

• 当前使用的刀具号。

• 报警状态和报警信息等。

(4) 实时、后台化的数据采集

通过与数控系统、PLC 系统以及机床电控部分的集成，实现对机床数据采集的自动化执行，不需要操作人员的手动操作，这样既保证了数据的实时性，也减少了人工操作产生的失误，保证数据的真实和准确性。

(5) 专业化、可视化数据处理和分析

针对金属加工行业和离散型加工的特点，在采集数据的数据挖掘方面，提供更为专业化的分析和处理。可视化的数据处理和丰富的图形报表展示功能，涵盖了车间应用的各个方面。并对设备和生产相关的关键数据进行统计和分析，如开机率、主轴运转率、主轴负载率、NC 运行率、故障率。

(6) 与 DNC 系统良好的兼容性

MDC 系统与 NC 程序传输系统（DNC）具有良好的兼容能力。MDC 系统与 DNC 系统采用大部分相同的网络硬件和通信硬件资源。除与公司自身的 DNC 系统完全兼容并集成外，也与 CIMICO、Predator、CAXA 等第三方的 DNC 系统兼容。

MDC 系统在哈尔滨东安集团和江西洪都集团都有实际应用，对于一些具有网络接口的机床，例如：fanuc i 系列和西门子 840D、828D 等具有网络功能的系统可以通过软件直接采集，而对于一些老机床，则通过增加硬件的方式进行采集。

① 采用软件通信实现对机床的大量数据采集。以软件通信手段为主，采用以太网（TCP/IP）传输协议实现数据采集。该方式几乎不用增加过多硬件即可实现对机床全面的数据采集和监控，其采集和监控的数据量大，几乎包括数控系统各个方面的数据。

典型机床的采集数据包括以下几种。

a. 机床开关机状态。

b. 机床操作状态（手动，自动，MDI 等）。

c. 主轴转速、主轴倍率、主轴功率。

d. 进给速度、进给倍率。

e. 程序运行状态（运行、停止等）。

f. 当前执行的程序名称和路径或程序号。

g. 报警信息及其报警内容或者报警状态。

② 采用硬件-数据采集模块进行数据采集。其他无软件通信能力的机床则可采用数据采集模块实现基本的数据采集，可充分利用机床的电气设计来完成一定的数据采集，通常可采集如下数据。

a. 机床开关机状态。

b. 主轴功率。

c. 机床运行状态。

d. 机床三色灯状态。

e. 各种模拟和数字信号。

以下是一个 MDC 的实际案例。新的生产总监刚刚全面接手一个车间的生产管理工作，并发现该车间的刀具成本居高不下，一套 MDC 系统被快速地安装并在当天晚上就开始工作了。第二天早晨，生产总监查看了一下机床采集的数据，他马上就发现问题所在：有 4 台机床的夜班单件加工时间比白班减少了 30%，并且机床提前一个小时就完成夜间的全部工作。原来夜班操作工为早点把活干完，私自提高了机床进给速度，这样就可以在交班前休息一个小时。但是，过高的机床进给速度导致刀具加工状况变得更为恶劣，所以直接增加了刀具成本，并影响工件加工质量。

2.8 机床及零部件再制造工艺方案设计

2.8.1 机床的机械零部件再制造工艺方案

(1) 零部件修复工艺

机械零部件的修复与再制造工艺主要包括机械再加工技术、先进表面技术和复合表面技术、再制造特种加工技术、修复热处理技术等。下面主要对机械再加工技术、常温冷熔技术、电刷镀技术、胶接与表面粘涂技术等进行分析。

① 机械再加工技术　对于大多数机床零部件（如各类孔、箱体等）来说，对之进行金属切削加工（如车削、铣削、研磨等），都是非常有效的再制造方法。机床零部件的再加工过程所用到的机床设备与新机床零部件加工制造所用到的相似，如车床、铣床、钻床、加工中心、磨床等。采用机械加工方法对零部件再加工，将改变原有零部件的几何尺寸，如对主轴箱上的孔进行镗孔加大后，需要采用更大直径的主轴来取代原有主轴。现在由于机床再制造产业发展还处于初级阶段，大多数机床制造企业开始提供机床再制造业务，主要是将原用于新机床加工的机械加工设备或生产线直接用于再制造，实现机床制造/再制造混流生产。

② 常温冷熔技术　常温冷熔技术是“奥宇可鑫机械零件再制造技术”的重要组成部分之一，是北京奥宇可鑫公司经过实践、研究发明的世界上第一台专用于修补零件磨损、划伤

等缺陷的专用设备。

常温冷熔技术具有以下特点：结合牢固、致密，无脱落的可能；常温焊补，基体不发热，焊补点附近金相组织不改变，无应力集中等现象；不产生热变形，不出现裂纹，无硬化、硬点现象，不影响机械加工性能；修复后不留痕迹；焊补位置广泛、灵活；工作时无毒、无烟、无光、无尘、无噪声、无污染等。该技术可广泛与电刷镀技术、胶接与粘涂技术复合应用，修复各类零件的磨损、划伤、渗漏等。

③ 电刷镀技术　电刷镀技术是一种金属表面修复技术，是适应修复需要而产生，并伴随应用广泛发展起来的一种表面工程技术。

电刷镀技术具有以下特点：设备轻便，工艺灵活，镀积速度快，镀层种类多，结合强度高，适应范围广，对环境污染少，省水省电，镀后可不进行机械加工；可应用于机械零件修理，恢复加工超差件尺寸精度，强化新品表面，改善零件表面的耐磨性、减磨性、导电性、防腐性、钎焊性；修补槽镀缺陷，完成槽镀难以完成的作业，尤其适用于大型机械设备的现场不解体修复。

④ 胶接与表面粘涂技术　胶接与表面粘涂技术是一种实用而新颖的技术，近些年在奥宇可鑫公司的研究下得到了迅速发展。

胶接与表面粘涂技术具有以下特点：胶接可连接各种不同类的材料；胶接与表面粘涂时，零件不产生热应力与热变形；胶接可提高抗疲劳寿命；胶接与铆、焊及螺纹连接等相比，可减轻结构的重量；胶接比焊接、铆接的强度要低，特别是冲击强度和剥离强度较低；工艺简单，不需专门和复杂的设备，可现场施工，生产效率高，加工成本低，经济效益显著。

（2）机械零部件再制造方案设计

① 主轴　机床主轴是机床上的一个主要部件，主要用于安装刀具或工件，是刀具或工件的相对位置基准和运动基准。机床主轴的回转精度是机床的主要精度指标之一，直接影响着被加工零件的加工精度及表面粗糙度。因此，为保证再制造机床的精度，应对主轴进行缺陷检查，对于无缺陷的主轴（仅在表面有划痕、刮伤的）要进行表面抛光后再利用；有较大缺陷的主轴要用性能同等或更优的主轴更换；某种情况下，需要用更大直径的主轴更换以提高主轴的刚性。

② 机床床身、箱体等主要铸件　机床的主轴箱、变速箱等箱体以及床身、底座等铸件表面有裂纹、刻痕等缺陷，在不影响机床的强度、刚度和精度条件下，可通过机械加工等方法进行修复而不必更换。箱体上有配合关系的孔或者安装滚动轴承的孔，精度不满足要求时，孔径应进行修复。

③ 齿轮副　齿轮传动是应用非常广泛的一种机械传动，各种机床的传动装置中几乎都有齿轮传动。机床的齿轮主要集中于主轴箱与变速箱中，齿轮传动可以将高转速、低转矩的伺服电机（如步进电机、直流或交流伺服电机等）的输出改变为低转速、高转矩的执行件的输入。机床再制造时，为保证传动精度，所有齿轮都要经过检测，首先进行肉眼检查，然后要进行探伤检测，有缺陷的齿轮要通过机械加工、堆焊法、镶齿法等进行修复，无法修复的齿轮要用同等或更优性能的齿轮更换。

④ 导轨　机床导轨的功用是起导向及支承作用，它的精度、刚度及结构形式等对机床的加工精度和承载能力有直接影响。为了保证再制造机床具有较高的加工精度和较大的承载能力，要求其导轨具有较高的导向精度、足够的刚度、良好的耐磨性、良好的低速运动平稳性，并要有合理的导轨防护和润滑。机床导轨面要经过修复以满足机床的位置精度、性能、

寿命等要求，可通过磨削、铣削、刨削或人工刮削等机械加工方式以及焊补、粘接、刷镀等表面工程技术使导轨修复到原来的规格要求，消除缺口、沟槽、刻痕等缺陷。

⑤ 滑动丝杠与滚珠丝杠　丝杠传动直接关系到传动链精度。再制造机床丝杠的选用主要取决于加工件的精度要求和拖动扭矩要求。

被加工件精度要求不高时可采用滑动丝杠，但应检查原丝杠磨损情况，如螺距误差、螺距累计误差以及相配螺母间隙。一般情况下，滑动丝杠应不低于 6 级，螺母间隙过大则更换螺母。采用滑动丝杠相对滚珠丝杠价格较低，但难以满足精度较高的零件加工要求。

滚珠丝杠副是由丝杠、螺母、滚珠等零件组成的机械元件，其作用是将旋转运动转变为直线运动或将直线运动转变为旋转运动。近年来，滚珠丝杠副作为数控机床直线驱动执行单元，在机床行业得到广泛运用。滚珠丝杠具有以下优良特性：摩擦损失小，传动效率高，可达 90%以上；定位精度高；使用寿命长；启动力矩和运动时力矩相接近，可以降低电机启动力矩。因此，滚珠丝杠副可满足较高精度零件加工要求。机床再制造过程中，滚珠丝杠应经过检测并重新研磨修复到原新产品的规格要求或者更换新件。

⑥ 安全防护装置　安全是机床再制造考虑的主要因素之一。机床再制造时，要根据实际情况采取相应的措施，安装壳、罩、屏、门、封闭式防护装置等安全防护装置。例如，滚珠丝杠副是精密元件，工作时要严防灰尘特别是切屑及硬砂粒进入滚道；要安装导轨副防护装置，以防止硬质颗粒状的异物进入导轨面损伤导轨；再制造机床上应安装防护罩，以防止切屑飞出。

⑦ 其他易损件　为保证再制造机床的精度、稳定性以及可靠性，废旧机床中的易损件大多应更换。轴承（包括滑动轴承和滚动轴承）都应更换为制造商认定的种类或者精度等级为同等或更高的轴承。密封圈、垫圈、制动器、离合器等零部件一般应废弃进行资源化处理。所有紧固件都应进行检查，有缺陷的紧固件要进行修理或更换，而且所有的螺栓、螺柱、螺钉、螺母、销等紧固件都要采用防松装置进行重新安装。有刮伤、毁坏、褪色或功能失效的刻度盘、标尺等应重新校准或更换。

⑧ 润滑系统　机床的润滑系统在机床中占有十分重要的位置，其设计、调试和维修保养，对于提高再制造机床的加工精度、延长机床的使用寿命等具有重要作用。现代机床基本上都是采用集中润滑系统，由一个液压泵提供一定排量、一定压力的润滑油，为系统中所有的主、次油路上的分流器供油，而由分流器将油按所需油量分配到各润滑点；同时，由控制器完成润滑时间、次数的监控和故障报警以及停机等功能，以实现自动润滑的目的。集中润滑系统的特点是定时、定量、准确、效率高，使用方便可靠，有利于提高机器寿命，保障使用性能。由于原废旧机床大多使用年限较长而润滑系统大多损坏严重，再制造机床的润滑系统一般应改装或更换。润滑油泵应拆卸、改造或用同等或更优性能的泵更换；所有的软管和过滤器元件应更换；油箱应经过彻底清理、冲洗。

⑨ 冷却系统　机床切削加工过程中，主轴、丝杠、滚珠导轨等在运行过程中将产生大量的热能，如不进行有效的冷却，将会严重影响机床的精度，也会大大缩短主轴等零部件的寿命。再制造机床的冷却系统应保证冷却充分、可靠。原废旧冷却泵应通过拆卸、清洗、修复与改造等工艺后重用或者采用新冷却泵更换；冷却系统的蓄水池和通道应进行彻底的冲洗清理；软管、关闭阀、喷嘴和过滤器等易损件应直接更换。

⑩ 液压、气动系统　机床的液压及气动系统主要用于实现机床运动部件的移动与平衡、自动换刀、工件夹紧、自动上下料、自动吹屑、工作台的夹紧、松开及其自动交换

动作等功能，可缩短加工辅助时间，减轻工人劳动强度。机床再制造过程中，液压系统应经过拆卸、清洗并进行检修，其中电磁阀、挡圈、O形密封圈、软管及过滤器等零部件应更换；损坏的或有缺陷的管路或配件应更换；再制造机床的液压系统应符合JB/T 10051的规定。气动系统应进行拆卸、冲洗、清理和检测，其中，破损或破坏的零件应更换；软管和有缺陷的管路系统应更换；空气减压阀应更换新的气动薄膜并重新装配；气缸应经过拆卸并检测磨损、刮伤等，如有缺陷应更换；再制造机床的气动系统应符合GB/T 7932的相关规定。

2.8.2 数控及电气部分的再制造方案

数控化是机床的发展趋势，再制造机床应根据机床的状态、工艺要求以及客户需求来选择数控及电气系统。

(1) 主轴驱动系统

目前机床的主运动通常有以下几种类型。

① 机械有级手动或半自动变速型。原有的大量普通机床主要采用机械有级手动变速型，结构复杂，性能低下；而简易数控机床主要采用机械有级半自动型，可采用电磁离合器并利用速度编程代码，实现主轴变速的分级自动化，相对提高加工效率。目前，机械有级手动变速型已很少应用，而机械有级半自动变速型主要用于机床的数控化再制造。

② 变频无级自动变速型。利用变频调速技术，通过控制信号，可使变频电机实现连续无级自动变速，简化机械结构；用户可按加工状态，选择最合理的主轴转速。这种形式价格适中，性价比较高，缺点是低速时主轴输出扭矩较小，不适于低速重负荷切削。目前的再制造机床较多采用这种形式。

③ 交流主轴伺服无级自动变速型。利用主轴高速响应矢量控制技术，可实现电机连续无级自动变速。同变频调速相比，其低速特性好，恒功率范围广，但价格较高。这种形式是数控机床最理想的配置，但由于价格较贵，很少应用于再制造机床。

在选择机床主运动类型的同时，应选择合适的主电机。随着机床产品数控化率的提高，变频调速电机已越来越多的作为主电机用于数控车床、数控铣床、数控镗床、数控钻床、数控滚齿机、加工中心等机床产品上。变频调速电机具有较好的调速性能，可使机床主轴箱的齿轮数量大大减少，不仅降低制造成本，也可提高生产效率。由于异步电动机扭矩输出窄、变速段窄，一般不能满足再制造新机床的变速要求，因此，机床再制造大多采用更换原电动机为变频调速电机的方案。如果客户要求继续采用原电机并要实现无级调速，可采用异步电动机加变频器的方案。

(2) 进给电气部分

进给电气部分的再设计包括控制方式的确定、数控系统的选型、进给伺服驱动系统的设计等。

① 控制方式的确定　开环控制系统：采用步进电机作为驱动部件，没有位置和速度反馈器件，所以控制简单，价格低廉，但它们的负载能力小，位置控制精度较差，进给速度较低，主要应用于经济型数控装置。现在大多数再制造机床已不采用这种方式。

半闭环和闭环位置控制系统：采用直流或交流伺服电机作为驱动部件，可以采用内装于电机内的脉冲编码器、旋转变压器作为位置/速度检测器件来构成半闭环位置控制系统，也可以采用直接安装在工作台的光栅或感应同步器作为位置检测器件，来构成高精度的全闭环位置控制系统。为控制再制造成本，再制造机床大多采用半闭环位置控制系统。

② 数控系统的选型　数控系统的主要功能包括：控制轴数与联动轴数、插补功能、进给功能（包括快速进给、切削进给；手动连续进给、点动进给；进给率修调；自动加减速功能等）、主轴功能（可实现恒转速、恒线速、定向停止及转速修调）、刀具功能（刀具的自动选择和自动换刀）、刀具补偿（包括刀具位置补偿、半径补偿和长度补偿功能）、机械误差补偿、操作功能（数控机床通常有单程序段的执行和跳段执行、图形模拟、机械锁住、试运行、暂停和急停等功能，有的还有软件操作功能）、程序管理功能、图形显示功能、辅助编程功能、自诊断报警功能、通信与通信协议（数控系统都配有 RS232C 和 DNC 接口，为进行高速传输设有缓冲区。高档数控系统还可以与 MAP 相连，能够适应 FMS、CIMS 的要求）等。

目前，世界上生产数控系统的厂家有很多，比较典型的数控系统制造商，国外有德国 SIEMENS 公司、日本 FANUC 公司、日本三菱公司、西班牙 FARGO 公司等；国内有广州数控有限公司、华中数控有限公司等。其中 SIEMENS、FANUC 是专门从事数控系统开发、设计和生产的专业公司，品种齐全，性能可靠，应用最普遍，具有较高的性能价格比。我国从事数控系统开发、设计和生产的公司起步较晚，虽然近几年有很大的发展，但与 SIEMENS、FANUC 公司相比仍存在较大差距。

在选择数控系统方面，应充分考虑客户使用要求以及数控系统的特点、功能及性价比，做到既能满足再制造机床的全部功能要求又不提高标准，并弄清所选厂家的维修服务情况，尽量向国内厂家的型号系列靠拢，以有利于维修、管理以及备件的购买。

数控系统的安装方式通常有悬挂式、柜式、台式等几种方式。安装方式的选定，直接决定各种连接电缆的走线方式和电缆长度，也关系到操作与维修的方便性。因此，应从再制造机床的整体结构出发，充分考虑人机关系，再设计出合理的安装方式，使操作方便，美观大方。

③ 进给伺服系统的设计　数控系统选定之后，设计人员应根据再制造机床的实际状况及用户需求来决定是否更换进给伺服系统。若不更换，则必须确认老伺服驱动系统与数控系统是否可以匹配；若更换，应选用与机床数控系统相配套的、性价比较高的、满足再制造机床各项功能的进给伺服系统。下面对机床的各种进给伺服系统类型进行介绍。

数控机床的进给伺服系统是以机床移动部件的位置和速度为控制量，接受来自插补装置或插补软件生成的进给脉冲指令，经过一定的信号变换及电压、功率放大、检测反馈，最终实现机床工作台相对于刀具运动的控制系统，是 CNC 装置和机床的联系环节。进给伺服以数控机床的各坐标为控制对象，产生机床的切削进给运动。为此，要求进给伺服能快速调节坐标轴的运动速度，并能精确地进行位置控制，具体要求其调速范围宽、位移精度高、稳定性好、动态响应快且无超调、可靠性高。根据系统使用的电动机，进给伺服可细分为步进伺服、直流伺服、交流伺服和直线伺服。

a. 步进伺服系统。步进伺服是一种用脉冲信号进行控制，并将脉冲信号转换成相应的角位移的控制系统。其角位移与脉冲数成正比，转速与脉冲频率成正比，通过改变脉冲频率可调节电动机的转速。步进伺服结构简单，符合系统数字化发展需要，但精度差、能耗高、速度低，其功率越大则移动速度越低。特别是步进伺服易于失步，使其主要用于速度与精度要求不高的经济型数控机床及机床的数控化再制造，而有较高要求的再制造机床基本不选用这种方式。

b. 直流伺服系统。直流伺服系统由于控制比较简单而且调速性能较为优异，在数控机床的进给驱动中曾占据着主导地位。然而，直流伺服系统存在以下不足：从实际运行考虑，直流伺服电动机引入了机械换向装置，成本高，故障多，维护困难，经常因碳刷产生的火花而影响生产，并对其他设备产生电磁干扰；机械换向器的换向能力限制了电动机的容量和速度；电动机的电枢在转子上，使得电动机效率低，散热差；为了改善换向能力，减小电枢的漏感，转子变得短粗，影响了系统的动态性能。目前，随着交流伺服系统的广泛应用，直流伺服系统已很少应用。

c. 交流伺服系统。针对直流电动机的缺陷，如果将其做“里翻外”的处理，即把电驱绕组装在定子上，转子作为永磁部分，由转子轴上的编码器测出磁极位置，就构成了永磁无刷电动机，同时随着矢量控制方法的实用化，使得交流伺服系统具有良好的伺服特性。其宽调速范围、高稳速精度、快速动态响应及四象限运行等良好的技术性能，使其动、静态特性完全可与直流伺服系统相媲美；同时可实现弱磁高速控制，拓宽了系统的调速范围，适应了高性能伺服驱动的要求。目前，交流伺服占据了机床进给伺服的主导地位，而由于其高性价比，再制造机床大多采用这种方式。

d. 直线伺服系统。直线伺服系统采用的是一种直接驱动方式（direct drive），取消了电动机到工作台间的一切机械中间传动环节，即把机床进给传动链的长度缩短为零。这种“零传动”方式，带来了旋转驱动方式无法达到的性能指标，如加速度可达 $3g$，为传统驱动装置的 10～20 倍，进给速度是传统的 4～5 倍。直线伺服是高速高精数控机床的理想驱动模式，受到机床厂家的重视，技术发展迅速。但是，由于这种方式价格较高，目前的再制造机床很少采用这种方式。

(3) 强电控制部分

机床的强电控制部分设计中要特别注意的是，数控系统各接口信号的特点和形式要相配，并且在设计过程中应尽量简化强电控制线路。对于机床的外围强电电路，再制造可采取的方案主要有两种。

① 局部再制造　保留原废旧机床的部分外围继电器电路，只对 NC、PLC 进行再制造，而新的 PLC 不参与外围电路的控制，只处理 NC 所需的指令信号。这种再制造方案的设计、调试工作量较小。在对废旧机床强电部分进行局部再制造之后，应对保留的电路进行保养和最佳化调整，以保证再制造机床有较低的故障率，如强电部分的零件更换、污染的清洁、通风冷却装置的清洗、伺服驱动装置的最佳化调整、老化电线电缆的更新、连接件的紧固等。

② 彻底更换　在继电器逻辑较复杂、故障率较高而且用户可以提供清楚逻辑图的情况下，可用数控系统自带的 PLC 将外围电路进行彻底更换，简化机床的外围电路，合理利用 PLC 的控制能力。这种方式大大简化了硬件电路，提高了电气系统的可靠性，但再制造的设计、调试工作量较大。为保证机床数控及电气系统的稳定性及可靠性，目前的再制造机床主要采用这种形式。

2.8.3 机床再制造综合提升方案设计

(1) 绿色化提升

报废或淘汰的废旧机床大多数噪声大、清洁化加工环境恶劣，这是机床再制造过程中需要重点解决的关键问题之一。可通过采用传动系统降噪改造技术以及安装清洁化加工配套装置，实现再制造机床的环境友好性改进（绿色化提升）。

① 再制造机床的降噪改进与提升　机床使用过程中的噪声主要分为空运转噪声以及切削噪声。原有废旧机床由于使用年限较长，磨损较为严重，传动链较长，导致噪声较大。为了降低再制造新机床使用过程中产生的噪声，机床再制造与综合提升主要从两个方面入手。

第一，机床空运转噪声主要与机床机械结构、机床传动系统等有关。在机床再制造过程中，通过对机床结构及传动系统等方面进行改进提升实现机床噪声的源头控制。如再制造机床传动链的设计过程，除了考虑传动系统的变速要求外，还要考虑哪些方案对控制机床噪声最为有利。在机床再制造实践中，通过采用机床传动链优化技术，简化原有机床传动系统，实现主传动全变频无级调速、全变频交流伺服驱动，可大大降低机床的噪声。

第二，切削噪声是机床在切削加工零部件过程中产生的噪声，可以通过采取一些被动降噪措施实现再制造机床噪声的降低，如防护罩的使用，可大大降低机床切削加工时产生的车间环境噪声。

② 车间工作环境的改善　在高速重切条件下，加工会产生大量的油雾，对车间造成严重的环境污染，通过在再制造机床上采用油雾分离器对所排出的油雾进行净化，可大大减小油雾对车间环境的污染，油雾排放可减少90%以上；同时，分离出来的油流回机床可继续使用。

在加工过程中，大量的油污被黏附在铁屑中带走，由于铁屑体积小，数量多，总的表面积很大，而且通常铁屑形状不规则，容易吸附大量的油污，因此铁屑带走的油污量很大。但在一般情况下，这个问题并没有得到重视，大量油污都被混在铁屑中带走，最终造成环境污染，因此需要对铁屑和油污进行分离。再制造机床通过采用有效的切屑回收系统，可有效分离铁屑与油污，一方面有利于铁屑的回收，另一方面又可以减少铁屑中废液的环境污染问题。

此外，在再制造机床上安装防护罩不仅可实现操作者保护，而且可有效减少粉尘排放85%左右。

通过以上措施可实现原有废旧机床的环境友好性改进，改善车间工作环境，减少噪声、油雾、润滑油污染等排放或滴漏，改善工人劳动条件，降低工人劳动强度。

（2）节能性提升

我国机床整体水平仍然比较落后，其中大部分是高耗能低效率的老式机床，这些机床迫切需要通过再制造与综合提升实现节能性提升，以改善其能耗状况。通过对机床能量消耗特性进行分析可知：机床电机系统效率低以及传动系统效率低是原废旧机床电能浪费严重的重要原因，传动系统能耗特别是空载功率导致的能耗是影响机床能量利用率的主要因素。

针对机床的能耗状况，节能性提升的措施主要包括：更新原有高耗能低效率的电机；安装专用于再制造机床的节能控制器；在满足机床转速和输出有效功率前提下，通过变频调速、电机与机械传动系统的优化配合，尽量缩短传动链，从而大幅降低主传动系统空载功率和能量消耗；通过采用信息化提升技术减少各种辅助时间，从而提高效率，实现综合节能。通过以上措施对再制造机床进行节能性提升，一般可实现节能20%以上。

（3）信息化提升

现代制造业车间层信息化正向深度和广度方向进一步发展，而机床通过数控化改造与提升后，信息化提升方面仅限于数控程序的上传与下达，远远不能满足机床对信息化功能的需求。通过将专用于机床的多功能信息终端安装在再制造机床上，可实现机床的信息化功能提升。

所采用的专用于机床的多功能信息终端是针对车间设备层信息交互的特点而设计开发的控制平台系统，便于用户实现无纸化等现代先进的信息化和智能化功能，为制造企业能够快速对不断变化的制造环境同时做出响应，建立信息透明、控制灵活、响应敏捷的装备层信息化系统，提高企业竞争力。该终端主要由底层硬件平台、驱动程序 BSP、Linux 操作系统内核、图形用户界面系统（GUI System）以及上层的各种应用软件等组成。图 2-96 为多功能信息交互终端的硬件结构框图。该终端以 RMI 推出的高性能、低功耗、高集成度的片上系统 AU1100（主频为 400MHz，功耗为 250mW）为核心进行设计，主要由外围扩展存储器模块、触摸屏接口、LCD 接口、音频输入输出接口、以太网接口、USB 接口、串行通信接口、功能按键以及电源模块和用于调试的 JTAG 接口等组成。通用 I/O 接口还可以用来连接信号采集电路和外部控制电路，从而进行现场信号的采集与处理和外部设备的控制。

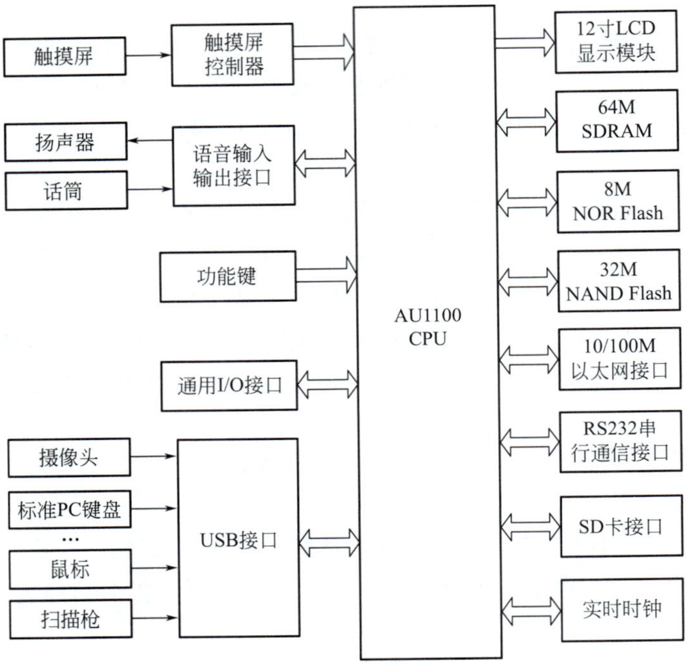

图 2-96 多功能信息终端硬件结构框图

通过再制造机床的信息化提升，实现的信息化功能主要包括以下几点。

① 车间无纸化生产作业（支持“甩图纸”“甩账表”工程）。包括：工作任务单下达、二维和三维零件图下达、加工工艺单下发、图纸资料管理、车间及操作者各种统计数据上报等。

② 制造过程状态信息采集。包括：面向工人操作的人机交互界面、各种统计数据上报、加工进度信息采集、质量状况信息采集、在制品信息采集、其他相关数据采集。

③ 数控程序的上传下载与优化管理。包括：数控程序的下载、数控程序的上传、数控编程方式的优化、数控程序的管理（版本管理、历史程序管理与重用、分发共享管理等）。

④ 其他常用基本信息交互。包括：对操作者的通知、生产任务变更指令及动态调度指令的下达与反馈。

2.9 机床再制造工艺方案评价

机床再制造工艺方案综合评价指标体系由 3 层评价模型构成，包括总目标层、准则层、指标层，如图 2-97 所示。其中，准则层主要包括经济性、技术性、资源性、环境性，分别用 C、T、R、E 表示。

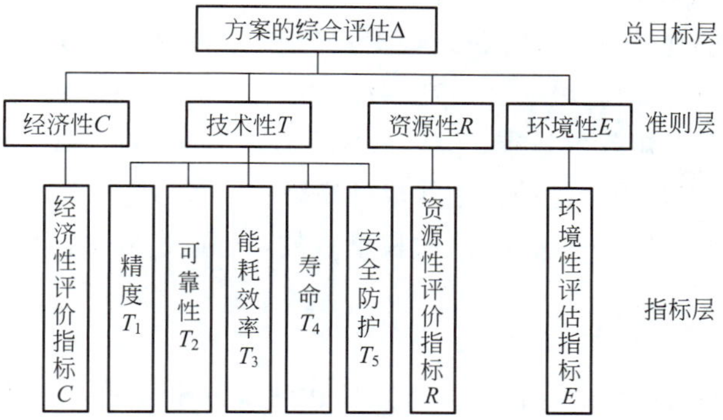

图 2-97　机床再制造方案综合评价指标体系

2.9.1 再制造工艺方案的评价指标量化

由于各个指标具有不同的属性，为消除不同量纲对评价结果的影响，必须对评价值进行无量纲归一化处理。下面对各指标的量化方法进行分析。

(1) 经济性指标

机床再制造方案的经济性评价主要从机床再制造的成本方面去考虑，判定经济可行性并评价机床再制造的经济效益，为企业进行再制造提供决策支持。

机床再制造的成本 C_R 主要由废旧机床回收成本 C_1、再制造过程费用 C_2、综合费用 C_3 三部分组成。

① 废旧机床回收成本 C_1　C_1 指机床再制造商从客户或者市场获得废旧机床的成本。

② 再制造过程费用 C_2　C_2 包括再制造工时费用 C_{21}（包括拆卸、清洗、检测分类、再加工、再装配等工艺过程）、外购更换件成本 C_{22}（包括标准件以及电动机、数控系统及伺服系统、信息化终端及配套系统、排屑器、油雾分离器、自动上下料装置、机床工作灯、变频器、外制防护罩壳、编码器、纵横滚珠丝杠副、纵横丝杠轴承与螺母、电动刀架、润滑泵以及其他配套件等）、再制造过程中的料耗费用 C_{23} 等，见式(2-23)。

$$C_2 = C_{21} + C_{22} + C_{23} \tag{2-23}$$

③ 综合费用 C_3　C_3 包括税费 C_{31}、工厂管理费 C_{32}、设计与销售项目费用 C_{33} 以及其他费用 C_{34} 等，见式(2-24)。

$$C_3 = C_{31} + C_{32} + C_{33} + C_{34} \tag{2-24}$$

(2) 技术性指标

机床再制造方案的技术性评价主要从再制造机床的技术性能方面进行考虑，对再制造机床的精度、可靠性、能耗效率、寿命、安全防护等进行评价。

① 精度 T_1　衡量再制造机床精度的诸项指标值构成的向量用 $\boldsymbol{A}=\{a_1, a_2, \cdots, a_m\}$ 表示，原有废旧机床对应的出厂标准各精度指标值构成的向量用 $\boldsymbol{P}=\{p_1, p_2, \cdots, p_m\}$ 表示。定义精度指标比较向量 $\boldsymbol{D}=\{d_1, d_2, \cdots, d_m\}$，其中 $d_i=(a_i-p_i)/p_i$，精度等级评语构成评语集为{很好，好，一般，差，很差}，对应数值为{1,0.8,0.6,0.4,0.2}。定义精度评价指标矩阵 $\boldsymbol{U}=\{u_1, u_2, \cdots, u_m\}$：当 $d_i \leqslant 0$ 时，精度等级很好，$u_i=1$；当 $0 \leqslant d_i \leqslant 0.05$ 时，精度等级好，$u_i=0.8$；当 $0.05 \leqslant d_i \leqslant 0.10$ 时，精度等级一般，$u_i=0.6$；当 $0.10 \leqslant d_i \leqslant 0.20$ 时，精度等级差，$u_i=0.4$；当 $d_i>0.20$ 时，精度等级很差，$u_i=0.2$。

对再制造机床的精度进行综合评价，根据式(2-25) 可得到精度评价指标值。

$$\boldsymbol{T}_1=\boldsymbol{U} \cdot \boldsymbol{B}^{\mathrm{T}} \tag{2-25}$$

式中　“·”——矩阵数量乘；

$\boldsymbol{B}=\{b_1, \cdots, b_i\}$——各项指标的权重构成的矩阵；

b_i——对第 i 项指标 r_i 的权重系数，可通过专家评判法或层次分析法得到，$\sum_{i=1}^{m} b_i=1$。

② 可靠性 T_2　再制造机床应保证其可靠性达到新机床水平，要保证在规定的使用条件下、在规定的时间内，完成规定的加工功能时，无故障运行的概率要高。由于设计时无法验证机床的可靠性，本书通过专家评判法对再制造机床的可靠性进行评价，评语集为{很好，好，一般，差，很差}，对应数值为{1,0.8,0.6,0.4,0.2}。

③ 能耗效率 T_3　机床再制造的方案设计要充分考虑机床的节能，提高再制造机床的能耗效率。由于在方案设计阶段，机床能耗效率难以获得，因此，只能通过专家对再制造方案的节能效果进行评价，评语集为{很好，好，一般，差，很差}，对应数值为{1,0.8,0.6,0.4,0.2}。

④ 寿命 T_4　机床的一个大修周期约为 T_{R}，机床再制造方案设计的再制造机床的设计寿命 T_{D} 应在 T_{R} 年以上。当 $T_{\mathrm{D}} \geqslant T_{\mathrm{R}}$ 时，寿命指标 $T_4=1$；当 $T_{\mathrm{D}}<T_{\mathrm{R}}$ 时，$T_4=T_{\mathrm{D}}/T_{\mathrm{R}}$。

⑤ 安全防护 T_5　安全是再制造机床考虑的重要因素之一。再制造机床一般需要加装壳、罩、屏、门、封闭式防护装置等，实现机床的安全防护。如果采用全防护，则 $T_5=1$；如果采用半防护，则 $T_5=0.8$；如果是敞开式，则 $T_5=0.3$。

(3) 资源性指标

机床再制造方案的资源性评价指标 R 主要对机床再制造实现的资源循环利用情况进行评价，而机床再制造过程的资源或能源消耗情况主要在经济性指标中通过成本值来体现。本文对机床资源循环利用率进行定义，机床资源循环利用率 η_{R} 是指废旧机床资源被再利用或资源化重用的部分与总回收废旧机床的重量之比，如式(2-26) 所示。

$$\eta_{\mathrm{R}}=\frac{M_{\mathrm{R}}}{M_{\mathrm{CORE}}} \times 100\% \tag{2-26}$$

式中　M_{R}——废旧机床资源被再利用或资源化重用的部分，按重量计；

M_{CORE}——回收废旧机床的总量，按重量计。

(4) 环境性指标

机床再制造方案的环境性评价指标 E 主要是对机床再制造方案对环境的影响程度进行评价，如表 2-10 所示。

表 2-10　机床再制造方案环境性评价矩阵

工艺过程	环境影响要素				
	噪声	有害物质	大气污染	水污染	固体污染
拆卸	e_{11}	e_{12}	e_{13}	e_{14}	e_{15}
清洗	e_{21}	e_{22}	e_{23}	e_{24}	e_{25}
检测与分类	e_{31}	e_{32}	e_{33}	e_{34}	e_{35}
再加工	e_{41}	e_{42}	e_{43}	e_{44}	e_{45}
再装配	e_{51}	e_{52}	e_{53}	e_{54}	e_{55}
使用过程	e_{61}	e_{62}	e_{63}	e_{64}	e_{65}

表 2-10 是一种半定量的评价矩阵，其中的一维代表再制造机床工艺过程的 6 个阶段，另一维代表 5 个环境影响要素。评价者需分析研究再制造机床工艺过程各个阶段对不同环境要素的影响程度，并将影响程度分为 5 个等级 {1,0.8,0.6,0.4,0.2}，给予每个元素一个数值，其中对环境负面影响最大而予以否认的数值取 0.2，影响最小的取 1。在对矩阵中每个元素取值之后，对其求和作为机床再制造方案的环境性评价指标 E，如式(2-27)所示。

$$E=\sum_{p=1}^{6}\lambda_p^e\sum_{q=1}^{5}e_{pq}\omega_q^e \tag{2-27}$$

式中　e_{pq}——矩阵元素的数值，表示第 p 阶段对环境影响要素 q 的影响程度，$p=1,2,\cdots,6$；$q=1,2,\cdots,5$；

λ_p^e，ω_q^e——通过专家评判法或层次分析法所得的工艺过程各个阶段、各个环境影响要素所占的权重，$\sum_{p=1}^{6}\lambda_p^e=1$，$\sum_{q=1}^{5}\omega_q^e=1$。

2.9.2　基于熵权与 AHP 的机床再制造方案综合评价方法

机床再制造方案评价属多目标决策问题，需要对各方案在技术性、经济性、资源性、环境性等方面进行定量的综合分析比较，从中选择最优的方案。本书在对机床再制造方案评价的指标体系及量化方法研究的基础上，参考 [75]、[76] 等文献，提出了一种基于熵权与 AHP 的机床再制造方案综合评价方法。

熵（Entropy）的概念最初产生于热力学，用于描述运动过程中的一个不可逆现象，后被引入信息论而用于描述系统状态的不确定性。本书利用熵的概念来衡量某一评价指标对机床再制造方案优劣的影响程度。本书中机床再制造方案的评价指标体系中有 $m=8$ 个指标，设可选再制造方案有 n 个。n 个机床再制造方案对应于 m 个指标的指标值构成评价指标决策矩阵 $S=(s_{ij})_{n\times m}$，如式(2-28) 所示。

$$\boldsymbol{S}=\begin{bmatrix} s_{11} & s_{12} & \cdots & s_{1m} \\ s_{21} & s_{22} & \cdots & s_{2m} \\ \vdots & \vdots & \ddots & \vdots \\ s_{n1} & s_{n2} & \cdots & s_{nm} \end{bmatrix} \tag{2-28}$$

式中　s_{ij}——方案 i 的第 j 个指标评价值。

记 s_{ij} 与 s_j^* 的接近程度为 $H_{ij}=s_{ij}/s_j^*$，其中 $s_j^*=\max\{s_{ij}\}$ 为 S 中每列的最优值。对 H_{ij} 进行归一化处理，记 $h_{ij}=H_{ij}\Big/\sum_{i=1}^{n}\sum_{j=1}^{m}H_{ij}$。定义第 j 个评价指标的熵值为 E_j，如式(2-29)所示。

$$E_j=-K\sum_{i=1}^{n}\frac{h_{ij}}{h_j}\ln\frac{h_{ij}}{h_j} \tag{2-29}$$

其中，$h_j=\sum_{i=1}^{n}h_{ij}$，$j=1，2，\cdots，m$。

$$K=\frac{1}{\ln m}$$

第 j 个指标的熵权定义为 θ_j，如式(2-30) 所示。

$$\theta_j=\frac{1-E_j}{\sum_{j=1}^{m}(1-E_j)} \tag{2-30}$$

由式(2-30) 可得基于熵权的评价指标权重向量为 $\boldsymbol{\theta}=(\theta_1，\theta_2，\theta_3，\cdots，\theta_m)$。熵权的大小可以反映不同指标在决策中所起的作用的大小，某个指标的熵值较小，熵权较大时，说明该指标向决策者提供了较多有用的信息。

由熵权法确定的评价指标的权重完全是根据数据之间的关系来确定，具有一定的合理性，但由于机床再制造方案需要考虑客户需求，而不同的客户对评价指标具有不同的侧重，因此权重的大小不仅具有客观性，也应该具有一定的主观性。更为科学合理的权重应当是基于熵权法确定的权重和 AHP 法确定的权重的综合值。

设采用 AHP 法（该方法已较为成熟，限于篇幅，不在书中论述）确定的权重为 $\lambda=(\lambda_1，\lambda_2，\lambda_3，\cdots，\lambda_m)$，则指标 j 的综合权重为 ω_j，如式(2-31) 所示。

$$\omega_j=\frac{\lambda_j\theta_j}{\sum_{j=1}^{m}\lambda_j\theta_j} \tag{2-31}$$

由此得到综合权重向量为 $\boldsymbol{W}=(\omega_1，\omega_2，\omega_3，\cdots，\omega_m)$。

本书确定的机床再制造方案综合评价值 Δ 可通过式(2-32) 而得。

$$\Delta=\boldsymbol{W}\cdot\boldsymbol{S}^{\mathrm{T}} \tag{2-32}$$

式中 $\boldsymbol{W}$——评价指标的综合权重向量；

$\boldsymbol{S}$——评价指标决策矩阵。

从中选择最大综合评价值所对应的机床再制造方案为最终所选定的方案。

2.9.3 机床再制造方案评价方法的应用

随着机床役龄的增长以及产品质量要求越来越高，某齿轮生产企业现有的大量 C616 车床已不能满足企业加工要求。针对这种情况，重庆某机床再制造企业对该批老旧机床进行了评估，确立了如下两种机床再制造方案。

方案一：将老旧机床部分拆卸，保留原车床主轴旋转的主运动，废弃原变速箱；拆掉原手动刀架和小拖板，安装上数控刀架；拆掉普通丝杠、光杠、进给箱和溜板箱，换上滚珠丝杠螺母副；以步进电机为驱动机构，步进电机经一级齿轮减速后，带动滚动丝杠转动，从而实现横向的进给运动；数控系统选用经济型的 JWK-15T 数控系统。

方案二：将老旧车床完全拆卸，床腿、床座、床鞍、尾座等零部件直接重用；主轴箱内齿轮机构取出，主运动采用异步电动机加变频器实现全变频无级调速；废弃原变速箱和溜板箱；刀架更换为电动刀架，安装防护罩；数控系统采用“广数”928TE 车床数控系统，伺服及电气系统选用“广数”配套伺服系统；气动夹紧；集中润滑。

采用本书所建立的机床再制造方案评价指标的量化方法确定两种方案的评价指标决策矩阵，如表 2-11 所示。

表 2-11 机床再制造方案评价指标决策矩阵

方案	经济性 C	技术性 T					资源性 R	环境性 E
		精度 T_1	可靠性 T_2	能耗效率 T_3	寿命 T_4	安全防护 T_5		
方案一	0.76	0.64	0.80	0.60	0.67	0.80	1.00	0.58
方案二	0.70	1.00	0.80	1.00	1.00	1.00	0.98	0.64

采用 AHP 法计算所得的各个指标的主观权重为 $\lambda=$（0.291，0.190，0.045，0.045，0.075，0.045，0.190，0.119）；通过计算而得的基于熵权的评价指标权重为 $\theta=$（0.131，0.116，0.132，0.112，0.119，0.128，0.131，0.131）。综合基于 AHP 法的主观权重与基于熵权的客观权重，由式(2-31) 可得评价指标的综合权重向量 $\boldsymbol{W}=$（0.302，0.174，0.047，0.040，0.071，0.046，0.197，0.123）。最终的机床再制造方案综合评价值为 $\Delta=\boldsymbol{W}\cdot\boldsymbol{S}^{\mathrm{T}}=$（0.755，0.852）。

通过分析可知，选择方案二可取得更好的综合效益。

2.10 机床再制造工艺方案优化决策

合理的再制造工艺方案可有效提高再制造系统的生产效率，降低再制造生产成本。然而，一方面，由于废旧零部件毛坯在其类型、物理特性、损伤状况等方面的差异性，大大增加了再制造工艺方案制定的难度和复杂性。另一方面，随着再制造逐渐批量化、产业化，需根据再制造后零部件的实际用途设定再制造工艺过程的质量要求，以满足不同用户的需求。因此，废旧零部件再制造前损伤状况和再制造后质量要求的差异性导致再制造工艺方案具有不确定性、模糊性和可选性的特征。为确定最优再制造工艺方案，需先对再制造工艺过程的三大特征问题进行分析。

2.10.1 机床再制造工艺过程特征问题描述

(1) 不确定性特征

废旧产品进入再制造系统后，首先经过拆解工艺得到多个废旧零部件，随后废旧零部件经过清洗、损伤检测与分类等工艺过程，根据损伤状况将废旧零部件分为“直接重用”“可再制造”和“材料回收”三类。“可再制造”的零部件在其类型、物理特性、损伤形式和损伤程度等方面的不确定性，导致其再制造工艺路线各不相同。

此外，随着再制造逐渐批量化、产业化，再制造生产需根据客户需求或再制造后零部件的实际用途，预先为废旧零部件再制造设定相应的质量要求，而客户需求及再制造后零部件的实际用途是多样化的、不确定的，这使得废旧零部件再制造的质量要求具有不确定性。因此，由于废旧零部件再制造前损伤状况和再制造后质量要求的差异性，导致再制造工艺方案具有高度不确定性。

(2) 模糊性特征

由于在实际再制造活动中，对废旧零部件损伤状况及其再制造质量要求的描述往往存在模糊不精确的语言描述，如损伤状况“严重”“中等”“轻微”等，质量要求“高”“一般”“低”等，这就导致其结果因子（再制造时间和成本）也具有模糊性，如再制造时间“长”“中等”“短”，再制造成本“高”“中等”“低”等这一类模糊语句。

考虑到废旧零部件损伤状况和质量要求的模糊性特征，需对其做直观描述。因此，对进入再制造系统的废旧零部件，经清洗和损伤检测工艺后，除了确定其具体的损伤形式，还需赋予其一个相应的损伤得分 Q；并根据废旧零部件类型确定其再制造质量要求的参量，然后基于再制造后零部件的实际用途，描述各参量的要求程度，并设定一个相应的控制范围和标准值 R。例如，针对某废旧机床主轴零部件损伤状况的损伤得分评定标准如表 2-12 所示；该废旧机床主轴零部件再制造工艺方案的质量要求设定标准如表 2-13 所示。

表 2-12 某废旧机床主轴零部件损伤状况的损伤得分评定标准

损伤形式	损伤情况	损伤程度	损伤得分区间	得分 Q 计算公式
磨损	0	无	0	—
	$0<$磨损量 $\chi\leqslant 0.6$mm	轻微	(0,5)	$Q=5-\frac{0.6-\chi}{0.6-0}\times 5$
	0.6mm$<$磨损量 $\chi<2$mm	中等	[5,10)	$Q=10-\frac{2-\chi}{2-0.6}\times 5$
	磨损量 $\chi>2$mm	严重	10	—
腐蚀	0	无	0	—
	$0<$腐蚀深度 $\delta\leqslant 0.1D$	轻微	(0,5)	$Q=5-\frac{0.1D-\delta}{0.1D-0}\times 5$
	$0.1D<$腐蚀深 $\delta<0.2D$	中等	[5,10)	$Q=10-\frac{0.2D-\delta}{0.2D-0.1D}\times 5$
	腐蚀深度 $\delta\geqslant 0.2D$	严重	10	—
裂纹	0	无	0	—
	$0<$裂纹长度 $\theta<0.1D$	正常	(0,10)	$Q=10-\frac{0.1D-\theta}{0.1D-0}\times 10$
	裂纹长度 $\theta\geqslant 0.1D$	严重	10	—
变形	0	无	0	—
	$0<$弯曲量 $\varpi\leqslant 0.01L$	轻微	(0,5)	$Q=5-\frac{0.01L-\varpi}{0.01L-0}\times 5$
	$0.01L<$弯曲量 $\varpi\leqslant 0.02L$	中等	[5,10)	$Q=10-\frac{0.02L-\varpi}{0.02L-0.01L}\times 5$
	弯曲量 $\varpi\geqslant 0.02L$	严重	10	—

注：D 为机床主轴直径，L 为机床主轴长度。

表 2-13 某废旧机床主轴再制造工艺方案的质量要求设定标准

损伤状况	再制造工艺路线	质量要求参量	要求程度	单位	控制范围	标准值 R
内锥孔轻微磨损	高频淬火→内圆磨	硬度	高	布氏硬度值	[58,66]	62
			一般		[51,58)	54
			低		[45,51)	47
		精度保持性	高	a	[4.0,5.0]	4.5
			一般		[2.5,4.0)	3.0
			低		[1.5,2.5)	2.0
		锥孔轴线径向跳动	高	mm	(0,0.006]	0.003
			一般		(0.006,0.008]	0.007
			低		(0.008,0.01]	0.009
		定心轴径径向跳动	高	mm	(0,0.006]	0.003
			一般		(0.006,0.008]	0.007
			低		(0.008,0.01]	0.009

(3) 可选性特征

由于各种再制造修复技术的广泛应用，导致废旧零部件的再制造工艺路线往往是多种可选的。以某机床厂废旧机床主轴再制造为例，若其损伤状况为中等腐蚀，则可经过“打槽→激光熔覆→热处理→磨削”或“打槽→冷焊→热处理→磨削”等再制造工艺路线完成再制造修复，最后进入再装配中心得到再制造产品。

由此可见，废旧零部件再制造工艺过程具有不确定性、模糊性和可选性三重特征。

2.10.2 机床再制造工艺方案优化决策模型

为了解决再制造工艺过程中的不确定性特征问题，本书基于废旧零部件损伤状况及其再制造质量要求的模糊性特征，建立再制造工艺方案优化决策模型，以从多种可选再制造工艺方案中决策出效率和成本效益最优的方案。

(1) 决策变量

由于废旧零部件再制造前损伤状况和再制造后质量要求的差异性是导致再制造工艺方案不确定性的根本因素，再制造工艺方案优化决策模型的决策变量为废旧零部件损伤得分和质量要求参量值。定义 $X_{\theta i}$ 表示零部件类型编号为 θ 的第 i 个废旧零部件，$x_{\theta ij}$ 表示废旧零部件 $X_{\theta i}$ 的第 j 个属性值，即损伤得分和质量要求参量值，其中 $i=1$，2，…，M_θ，$j=1$，2，…，N_θ，M_θ 为零部件类型编号为 θ 的废旧零部件总数，N_θ 为零部件类型编号为 θ 的废旧零部件的属性总数。

(2) 目标函数

由于废旧零部件损伤形式和质量要求的差异性，需选择不同的再制造工艺方案（即确定再制造工艺路线和相应的质量要求参量值）开展再制造修复，由此导致再制造时间和成本各有差异。因此，本书以再制造时间和再制造成本为目标构建目标函数，定义 $y_{\eta 1}=f_1$（$x_{\theta ij}$，$A_{\theta j}$）和 $y_{\eta 2}=f_2$（$x_{\theta ij}$，$B_{\theta j}$）分别为再制造时间和再制造成本目标函数，其中：$A_{\theta j}$ 和 $B_{\theta j}$ 分别为废旧零部件 $X_{\theta i}$ 各决策变量 $x_{\theta ij}$ 对应的系数；$y_{\eta 1}$ 和 $y_{\eta 2}$ 分别表示废旧零部件 $X_{\theta i}$ 在第 η

个可选再制造工艺方案 P_η 下进行再制造修复的时间和成本；f_1 表示废旧零部件损伤状况和质量要求与再制造时间之间的映射关系，f_2 表示废旧零部件损伤状况和质量要求与再制造成本之间的映射关系，而映射关系 f_1 和 f_2 非常复杂难以确定，本书通过 T-S 模糊神经网络来构建两者的映射关系模型。

(3) 模型构建

本书基于废旧零部件损伤状况及其再制造质量要求的模糊信息，以废旧零部件 $X_{\theta i}$ 在第 η 个可选再制造工艺方案 P_η 下进行再制造修复的时间 $y_{\eta 1}$ 和成本 $y_{\eta 2}$ 的综合目标值 Z_η 最小为目标，建立再制造工艺方案优化决策模型。

$$\begin{aligned}\text{Minimize}Z_\eta &= \omega_1 f_1(x_{\theta ij}, A_{\theta j}) + \omega_2 f_2(x_{\theta ij}, B_{\theta j}) \\ &= \omega_1\left(A_{\theta 0} + \sum_{j=1}^{n} A_{\theta j} x_{\theta ij}\right) + \omega_2\left(B_{\theta 0} + \sum_{j=1}^{n} B_{\theta j} x_{\theta ij}\right)\end{aligned} \tag{2-33}$$

式中　ω_1, ω_2——再制造时间和再制造成本目标的权重值，可由专家及工程人员根据企业实际判断得到；

$A_{\theta 0}, B_{\theta 0}$——常数项系数。

废旧零部件进行再制造工艺方案优化决策的过程需考虑一系列的约束，以满足现有的工艺环境和生产条件，因此，进入再制造系统的废旧零部件的损伤状况和质量要求需在实际再制造车间具体工艺环境和生产条件的约束以内，来完成整个再制造过程。

2.10.3 基于改进 FNN 的机床再制造工艺方案决策方法结构

模糊神经网络（Fuzzy Neural Network，FNN）作为一种将模糊逻辑与神经网络有机结合起来的系统，具有较强的容错能力和自适应学习性能，被广泛应用于处理各种不确定性和模糊性问题，恰好符合废旧零部件再制造工艺方案决策问题的不确定性、模糊性的需求。因此，本书提出了一种基于改进 T-S 模糊神经网络（Takagi-Sugeno Fuzzy Neural Network，T-S FNN）的再制造工艺方案决策方法，以期为废旧零部件批量化再制造生产实践提供理论和方法支撑。

为了把握决策变量 $x_{\theta ij}$ 对再制造时间和再制造成本的模糊影响情况，本书引入改进 T-S 模糊神经网络模型，基于大量历史数据信息，以再制造时间和成本为优化目标，对废旧零部件再制造工艺方案开展优化决策。

废旧零部件再制造工艺方案决策过程是一个包括 4 个部分的闭环框架结构，即再制造历史数据库、实时再制造车间、模糊神经网络预测模型和再制造工艺方案的优化决策，如图 2-98所示。

① 再制造历史数据库　主要收集废旧零部件类型 θ、损伤状况（包括损伤形式及损伤得分 Q）、再制造工艺方案 P（包括再制造工艺路线和质量要求参量值）、再制造时间和再制造成本等数据信息。

② 实时再制造车间　对废旧零部件开展再制造过程，当废旧零部件进入再制造车间经过清洗检测工艺后，将其损伤得分 Q 和质量要求参量的标准值 R 输入再制造工艺方案的优化决策模块，决策出的最优再制造工艺方案被输回再制造车间进行废旧零部件再制造修复。

③ 模糊神经网络预测模型　基于数据库已有数据信息，将数据库中与当前废旧零部件同

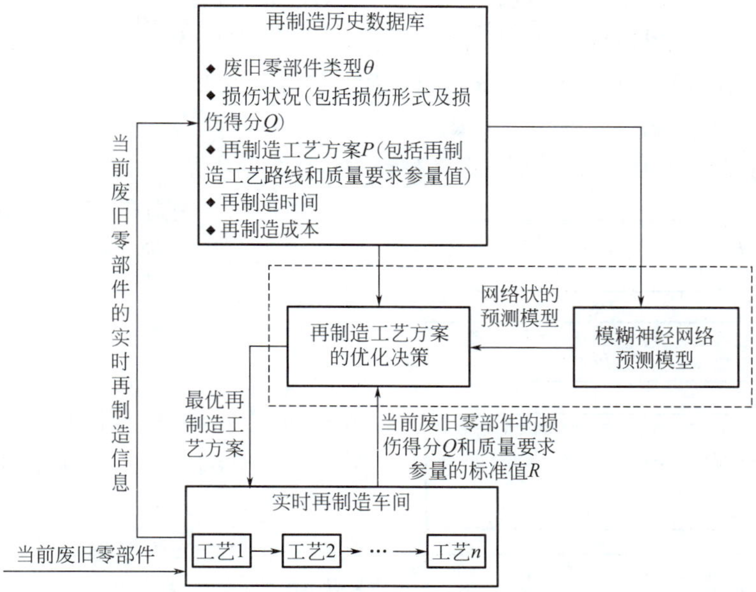

图 2-98 再制造工艺方案决策过程

类型的零部件筛选出作为学习样本 X，以废旧零部件样本 X 的损伤得分和质量要求参量值作为输入，以再制造时间和成本作为输出，构建并训练 T-S 模糊神经网络，如图 2-99 所示。

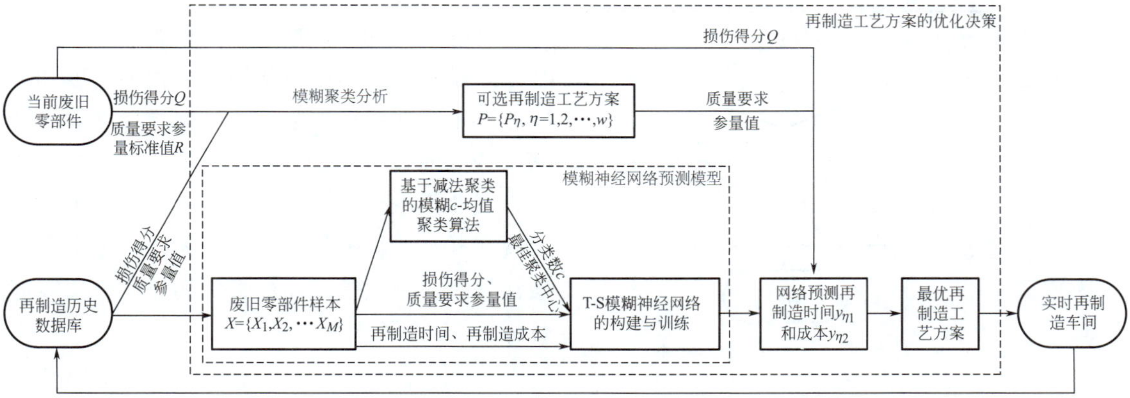

图 2-99 基于改进 T-S 模糊神经网络的废旧零部件再制造工艺方案决策方法

④ 再制造工艺方案的优化决策　针对再制造工艺过程的可选性特征问题，通过模糊聚类分析得到一组当前废旧零部件的可选再制造工艺方案 $P=\{P_\eta, \eta=1,2,\cdots,w\}$，如图 2-99 所示，基于模糊神经网络预测模型预估当前废旧零部件在各可选方案 P_η 下的再制造时间 $y_{\eta 1}$ 和成本 $y_{\eta 2}$，依据再制造工艺方案优化决策模型决策最优再制造工艺方案，并输入实时再制造车间。

当废旧零部件完成再制造过程，实时再制造信息（废旧零部件类型、损伤状况、再制造工艺方案、再制造时间、再制造成本等）将被反馈回数据库，重新开展下一次再制造工艺方案决策。

下面将对再制造工艺方案决策过程中的模糊神经网络预测模型和再制造工艺方案的优化决策做详细介绍。

① 再制造工艺方案决策方法的改进 FNN 预测模型 数据样本是模糊神经网络预测模型的基础，提取数据库中与当前废旧零部件同类型的零部件作为训练 T-S 模糊神经网络的样本，记作 $X=\{X_1,X_2,\cdots,X_M\}\subset\boldsymbol{R}^{N\times M}$，$\boldsymbol{R}^{N\times M}$表示实数 $N\times M$ 维向量空间，对于 $\forall i$，$1\leqslant i\leqslant M$，$X_i=(x_{i1},x_{i2},\cdots,x_{iN})^{\mathrm{T}}\in\boldsymbol{R}^{N\times 1}$，其中 x_{ij}（$j=1,2,\cdots,N$）是废旧零部件样本 X_i（$i=1,2,\cdots,M$）的属性值，即损伤得分和质量要求参量值。

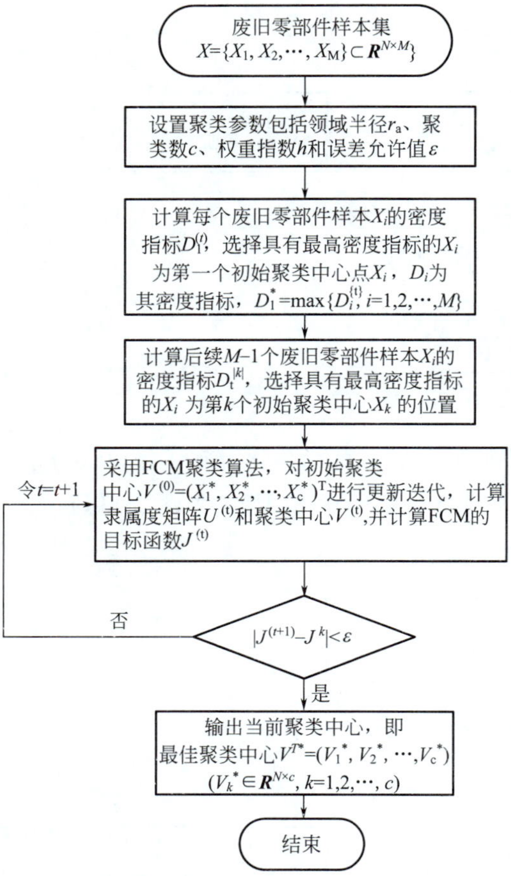

图 2-100 对某类型废旧零部件样本 X 处理的算法操作流程

然而在再制造的实际应用中，由于废旧零部件类型是不确定的，不同类型的废旧零部件属性也是不同的，网络的结构和参数需根据样本的不同而自行调整，需要更强的自适应能力。针对上述问题，考虑到传统模糊神经网络具有结构辨识复杂、模糊规则选取较困难等弊端，本书将基于减法聚类的模糊 c-均值聚类算法引入对样本进行预处理，以针对不同类型的废旧零部件样本确定相应 T-S 模糊神经网络的结构和参数初始值，如图 2-100 所示，以增强网络自适应性，从而提高了基于改进 T-S 模糊神经网络的再制造工艺方案决策方法的效率和精度。

② 基于减法聚类的 FCM 聚类算法的废旧零部件样本处理 模糊 c-均值聚类（FCM）实质上就是根据目标函数条件对模糊隶属度和聚类中心不断迭代以确定最佳模糊隶属度和最佳聚类中心的过程。然而 FCM 对初始聚类中心的设置非常敏感，一般比较合适的聚类中心是出现在样本比较密集的地方，为此，本书通过减法聚类的密度指标先初始化某类型废旧零部件样本 X 的聚类中心。

③ 再制造工艺方案决策的 T-S 模糊神经网络预测模型构建 由上述聚类算法将废旧零部件样本 $X=\{X_1,X_2,\cdots,X_M\}\subset\boldsymbol{R}^{N\times M}$分为 c 个类别，每个类别的最佳聚类中心为 $V_k^*=\{v_{k1}^*,v_{k2}^*,\cdots,v_{kN}^*\}$，$k=1,2,\cdots,c$。于是可以确定某类型废旧零部件样本 X 的 T-S 模糊神经网络各层节点数和隶属度函数的参数初始值，如图 2-101 所示。

④ 再制造工艺方案的优化决策

a. 模糊聚类分析。针对再制造工艺过程的可选性特征问题，基于废旧零部件的损伤状况及质量要求属性，通过模糊聚类分析从数据库中筛选出与当前废旧零部件极为相似的一组同类零部件，这组零部件的再制造工艺方案（包括再制造工艺路线和质量要求参量值）即为当前废旧零部件的可选再制造工艺方案。

首先生成废旧零部件的论域矩阵，进而采用传递闭包法对其进行模糊聚类分析。如图 2-99 所示，废旧零部件 X_{M+1}进入再制造车间经过清洗检测工艺后，确定其有 i 种损伤形式，并得到其损伤得分为 $Q=(q_1,q_2,\cdots,q_i)$；而废旧零部件 X_{M+1}有 d 个再制造质量要求参量，根据

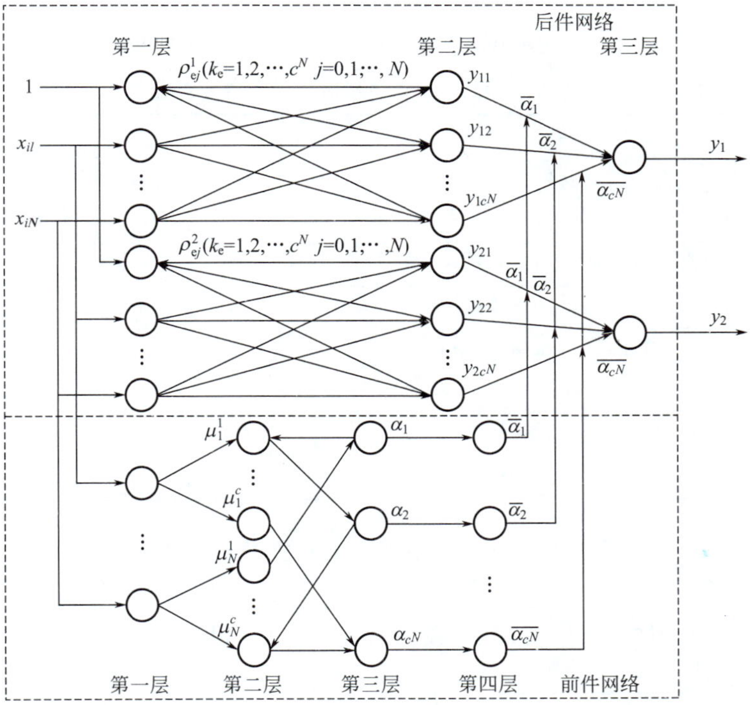

图 2-101　某类型废旧零部件样本 X 的 T-S 模糊神经网络模型

废旧零部件再制造后的实际用途，确定参量标准值为 $R=(r_1,r_2,\cdots,r_d)$。则 $l+d=N$，$X_{M+1}=(q_1,q_2,\cdots,q_i,r_1,r_2,\cdots,r_d)=(x_{M+1,1},x_{M+1,2},\cdots,x_{M+1,N})$，$X_i=(x_{i1},x_{i2},\cdots,x_{iN})$，$i=1,2,\cdots,M$，得论域矩阵 $\boldsymbol{U}=(x_{ij})_{(M+1)\times N}$。

b. 网络预测。由模糊聚类分析筛选出当前废旧零部件的可选再制造工艺方案 $P=\{P_1,P_2,\cdots,P_w\}$，对 $\forall\eta$，$1\leqslant\eta\leqslant w$，$P_\eta=(p_{\eta1},p_{\eta2},\cdots,p_{\eta d})$，式中，$p_{\eta1}$，$p_{\eta2}$，…，$p_{\eta d}$ 为可选再制造工艺方案 P_η 的 d 个质量要求参量值。如图 2-99 所示，将当前废旧零部件的质量得分 $Q=(q_1,q_2,\cdots,q_i)$ 分别与 $P_\eta=(p_{\eta1},p_{\eta2},\cdots,p_{\eta d})$ $(\eta=1,2,\cdots,w)$ 作为 T-S模糊神经网络预测模型的输入，预测在各可选再制造工艺方案 P_η 下进行再制造修复的时间 $y_{\eta1}$ 和成本 $y_{\eta2}$。

最后，将 $y_{\eta1}$ 和 $y_{\eta2}$ 代入再制造工艺方案优化决策模型，得 $Z^*=\min\{Z_\eta,\eta=1,2,\cdots,w\}$，因此 Z^* 对应的再制造工艺方案 P_η^* 的再制造工艺路线和质量要求参量值为当前废旧零部件的最优再制造工艺方案。

2.10.4　机床再制造工艺方案决策应用实例

某台废旧 CM6140A 普通车床主轴零部件经过清洗、损伤检测工艺后，由表 2-12 中的损伤得分计算公式，可以计算得到该主轴零部件的损伤得分为 $\boldsymbol{Q}=(5.0,1.0,0,0)$；由于当前废旧主轴零部件再制造后将用于 C240HK/1 数控车床，而数控车床相对于普通车床其主轴系统有较高的精度和刚度要求，则由表 2-13 可知其 4 个再制造质量要求参量的要求程度均设定为“高”，相应的参量标准值为 $R=(62,4.5,0.003,0.003)$。

调用文献［79］附录中 F _ Jlfx. m 传递闭包法程序对论域矩阵 $\boldsymbol{U}=(x_{ij})_{1001\times8}$ 分类，得

到某台废旧 CM6140A 普通车床主轴的 4 个可选再制造工艺方案，如表 2-14 所示，其中 $\eta=1,2,3,4$；则相应 T-S 模糊神经网络预测模型的输入与输出结果如表 2-15 所示。

表 2-14 某台废旧 CM6140A 普通车床主轴的可选再制造工艺方案

可选再制造工艺方案	再制造工艺路线	质量要求的参量值			
		硬度($p_{\eta1}$)	精度保持性($p_{\eta2}$)	锥孔轴线径向跳动($p_{\eta3}$)	定心轴径径向跳动($p_{\eta4}$)
P_1	高频淬火→磨削→电镀铬→研磨	62	4.6	0.003	0.003
P_2	高频淬火→磨削→电镀铬→研磨	65	4.8	0.003	0.002
P_3	净化粗化表面处理→预热→热喷涂→上油封孔→磨削	60	4.5	0.004	0.003
P_4	净化粗化表面处理→预热→热喷涂→上油封孔→磨削	62	4.5	0.004	0.003

表 2-15 T-S 模糊神经网络预测模型的输入与输出结果

预测序号	输入								输出	
	废旧主轴零部件的损伤得分				可选再制造工艺方案的质量要求参量值				再制造时间($y_{\eta1}$)	再制造成本($y_{\eta2}$)
	磨损(q_1)	腐蚀(q_2)	裂纹(q_3)	变形(q_4)	硬度($p_{\eta1}$)	精度保持性($p_{\eta2}$)	锥孔轴线径向跳动($p_{\eta3}$)	定心轴径径向跳动($p_{\eta4}$)		
1					62	4.6	0.003	0.003	4.2	518
2					65	4.8	0.003	0.002	4.5	585
3	5.0	1.0	0	0	60	4.5	0.004	0.003	5	497
4					62	4.5	0.004	0.003	5.2	486

将 4 组预估值 $y_{\eta1}$ 和 $y_{\eta2}$ 分别代入再制造工艺方案优化决策模型计算综合目标值 Z_η，假设 $\omega_1=\omega_2=0.5$，则该废旧机床主轴零部件分别在再制造工艺方案 P_1、P_2、P_3、P_4 下进行再制造修复的 Z_η 值分别为 261.1、294.75、251、245.6。因此，某台废旧 CM6140A 普通车床的主轴零部件应选择再制造工艺方案 P_4 进行再制造修复，以在 C240HK/1 数控车床上再利用。其中，再制造工艺方案 P_4 在该机床厂再制造车间历史数据信息中对应的再制造工艺路线为“净化粗化表面处理→预热→热喷涂→上油封孔→磨削”，硬度、精度保持性、锥孔轴线径向跳动、定心轴径径向跳动等质量要求参量值为 62、4.5a、0.004mm、0.003mm。

2.11 机床再制造车间设施布局优化

2.11.1 机床再制造过程不确定性分析

美国宾夕法尼亚州立大学 Guide 教授总结了再制造的七大不确定性：①回收的时间和数量的不确定性；②回收与需求的平衡的不确定性；③回收产品的拆解过程的不确定性；④回收材料的不确定性；⑤逆向物流网络的不确定性；⑥材料匹配的不确定性；⑦再制造工艺路

线与工艺时间的不确定性。不确定性是研究再制造系统各种问题的基础，并且需要根据不同的研究目的对不确定性带来的各种影响分别展开研究。

本书主要针对机床再制造过程的不确定性开展机床再制造车间设施布局优化研究。机床再制造工艺过程的不确定性主要体现在 3 个方面：废旧机床回收时间和数量不确定性、废旧机床零部件再制造工艺路线，以及再制造工艺时间不确定性。

(1) 废旧机床产品回收时间和数量不确定性

废旧产品在服役环境、使用情况、自身物理性质等方面的差异性，导致其使用寿命各不相同，从而导致回收进入机床再制造系统的废旧产品的数量和时间具有高度不确定性。众多学者在处理废旧产品回收不确定性时，认为废旧产品的回收满足泊松过程。

众多学者在处理废旧产品回收时间和数量不确定性时，均假设废旧产品的回收满足泊松过程。定义一个随机二进制变量 A_{et} 表示废旧机床产品的不确定性。若 $A_{et}=1$，则表示第 e 个废旧机床产品在时间段 t 内到达机床再制造车间；否则，$A_{et}=0$。因此，在第 t 个时间段内到达机床再制造车间的废旧机床产品总数满足：

$$\sum_{e} A_{et} = \int_{B_t}^{D_t} u(x)\mathrm{d}x \tag{2-34}$$

式中　$u(x)$ ——在时刻 x 到达机床再制造车间的废旧机床产品数量，满足 $u(x) \sim P(\lambda)$；

λ——平均到达数量；

B_t ,D_t——第 t 个布局时期的开始时刻和结束时刻。

(2) 废旧机床零部件再制造工艺路线不确定性

废旧机床零部件质量状况的差异性导致其再制造工艺路线具有高度不确定性。废旧机床产品及其零部件的典型再制造工艺流程如图 2-102 所示。废旧机床产品首先经过拆卸被拆分成若干零件或者功能部件；再经过检测，根据检测结果把废旧零部件分成直接重用件、可再制造件、材料回收件、直接废弃件。

直接重用件是指该零部件的形状、尺寸、性能等符合再制造产品要求，可直接使用。

可再制造件是指该零部件磨损正常，通过再制造，其性能得到恢复，符合再制造产品要求。

材料回收件是指该零部件完全损坏或者目前的再制造性较低，则选择对其进行材料回收。

直接废弃件是指受废旧零部件材料再生技术与再生材料市场需求所限制，该零件无法进行材料再利用或者材料再生处理的经济价值非常低，则选择对其进行直接废弃处理。

因此，定义一个随机二进制变量 π_{ek} 表示废旧机床零部件的可再制造性。若 $\pi_{ek}=1$ 则表示第 e 个废旧产品的第 k 类废旧机床零部件可开展再制造加工；否则，该机床零部件为直接重用或材料回收。各废旧机床零部件的可再制造性由一个随机概率值确定。

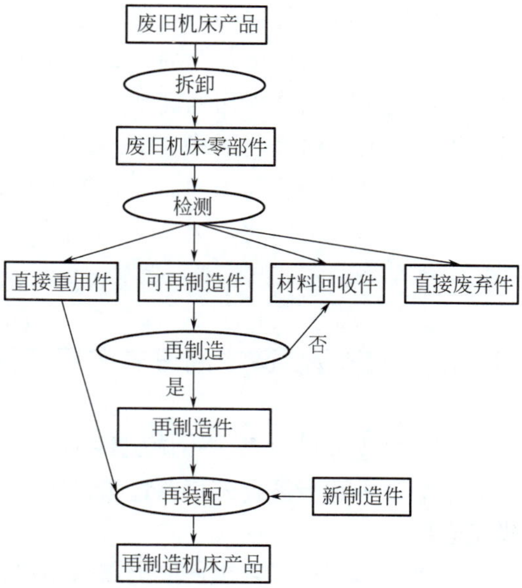

图 2-102　废旧产品再制造工艺流程

“可再制造”的机床零部件需要经过一系

列的再制造修复工艺才能达到新产品的标准。由于废旧机床零部件在其类型、物理特性、损伤形式和损伤程度等方面的差异性，导致其再制造工艺路线具有不确定性。如某废旧机床的关键零部件（主轴、导轨、蜗轮副、丝杠和齿轮等），根据其损伤状况的不同，采取的再制造修复工艺也各不相同，具体如图 2-103 所示。因此，本书中采用工艺概率这一指标描述废旧机床零部件再制造工艺路线的随机特性。令 P_{ekr} 为一个随机二进制变量。若 $P_{ekr}=1$，则表示第 e 个废旧产品的第 k 类机床零部件选择了第 r 条工艺路线；否则，$P_{ekr}=0$。各废旧机床零部件所选择的工艺路线由一个随机概率值确定。

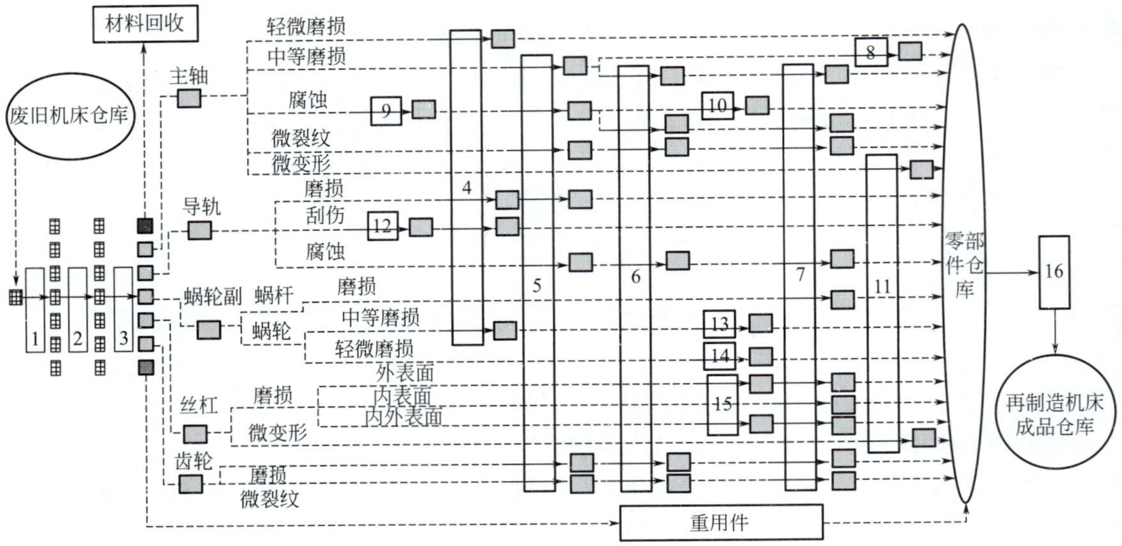

图 2-103　废旧机床零部件再制造工艺流程

1—手动拆解中心；2—自动清洗中心；3—检测中心；4—手动刮研中心；5—磨削设备；6—冷焊设备；7—研磨设备；8—电镀铬设备；9—打槽设备；10—激光熔覆设备；11—压力校直设备；12—刨床；13—抛光机；14—滚齿机；15—车床；16—重组中心

(3) 废旧机床零部件的再制造工艺时间不确定性

废旧零部件因其质量状况的差异性导致再制造工艺时间也具有高度不确定性。废旧零部件的损伤状况越复杂，损伤程度越明显，其再制造工艺时间则相对较长；反之，废旧零部件的损伤越小，所需的再制造修复工艺越少，再制造工艺时间也越短。废旧机床零部件的再制造工艺时间受其质量状况影响而存在较大波动，众多学者将废旧机床零部件的再制造工艺时间做指数分布处理。因此，定义 φ_{ki} 表示第 k 类机床零部件在第 i 个再制造工艺单元中的工艺时间，满足 $\varphi_{ki}\sim\Gamma$（1，ν）。其中，$1/\nu$ 表示期望工艺时间，$(1/\nu)^2$ 表示方差。

2.11.2 机床再制造车间设施布局不确定性分析

机床再制造过程的众多不确定性因素，不仅影响各再制造工艺单元生产能力（设备台数）优化配置，还会导致各再制造工艺单元间的废旧机床零部件物流运输量的不确定性。具体建模分析如下。

(1) 机床再制造工艺生产能力需求不确定性

由于废旧机床零部件回收时间和数量不确定性、再制造工艺路线和工艺时间不确定性，导致各个机床再制造车间中各再制造工艺单元承担的任务量也存在不确定性，进而导致各个再制造工艺单元对生产能力的需求是不确定的，为完成再制造生产任务所需配备的设备数量也是随机变化的。在第 t 个布局时期中第 i 个再制造工艺单元所拥有的设备数量 N_{it}，与在这个时间段内到达该机床再制造工艺单元加工的机床零部件数量、再制造工艺时间（ψ_{ki}）、单台设备的加工容量（c_i）、设备故障率（ϖ）有关，具体如公式(2-35) 所示。

$$N_{it}=\frac{\sum_{t}\sum_{e}\sum_{k}\sum_{r}A_{et}\pi_{ek}p_{ekr}\psi_{ki}\alpha_{ir}}{(1-\varpi)c_i(D_t-B_t)} \tag{2-35}$$

式中　c_i——第 i 个再制造工艺单元的单台设备加工容量（小时/天）；

ϖ——再制造设备故障率；

α_{ir}——一个二进制变量，若第 i 个工艺作业单元存在于第 r 条再制造工艺路线中，则 $\alpha_{ir}=1$，否则，$\alpha_{ir}=0$。

（2）机床再制造车间的物流运输物流量不确定性

废旧机床零部件在开展再制造加工的过程中，需相应地在各再制造工艺单元之间进行物料搬运，由此产生物流运输量。然而，由于废旧产品到达时间和数量不确定性、再制造工艺路线不确定性，导致各再制造工艺单元间的废旧机床零部件物流运输量也具有高度不确定性。机床再制造车间的废旧机床零部件物流运输总量，计算如公式(2-36) 所示。

$$W_t=\sum_{i}\sum_{j}\sum_{k}\sum_{r}\sum_{e}A_{et}\pi_{ek}p_{ekr}\Gamma_{ijkr}m_{ek}d_{ijt} \tag{2-36}$$

式中　W_t——在第 t 个时期的废旧机床零部件物流运输总量；

Γ_{ijkr}——一个二进制变量，$\Gamma_{ijkr}=1$ 表示在第 k 类废旧机床零部件的第 r 条再制造工艺路线中第 i 个再制造工艺紧前于第 j 个再制造工艺，否则，$\Gamma_{ijkr}=0$；

m_{ek}——从 e 个废旧产品上拆解下的第 k 类废旧机床零部件的重量；

d_{ijt}——在第 t 个布局时期内第 i 个再制造工艺单元与第 j 个再制造工艺单元之间的物流距离。

2.11.3　机床再制造车间动态设施布局优化模型

（1）机床再制造车间动态设施布局问题描述

由于废旧产品回收时间和数量不确定性、再制造工艺路线随机性、再制造工艺的生产能力需求不确定性等因素，导致实际机床再制造车间系统往往存在一些变动，因此本书研究的机床再制造车间设施布局问题是基于多个时段（$t=1,2,\cdots,T$）的车间动态设施布局问题。

机床再制造车间设施布局问题描述为：一个典型的机床再制造车间是一个近似矩阵，有固定的长度和宽度；机床再制造车间中设计有若干条主干道，将机床再制造车间划分为宽度相等的若干行；机床再制造车间的每一行中设计有一定数量且长宽相等的定位区域，如图 2-104 所示。机床再制造车间配备有一系列的再制造工艺单元，每个机床再制造工艺单元可完成一个相应的再制造修复工艺，每个再制造工艺单元中拥有一定数量的再制造设备，每个再制造工艺单元需根据其尺寸大小，占用相应数量的定位区域；被同一个再制造工艺单元占用的定位区域必须两两相邻，且不可跨行。机床再制造车间设施布局的假设条件如下。

① 废旧机床仓库和再制造机床成品仓库分别定位于机床再制造车间的入口处和出口处。废旧机床经回收后首先进入废旧机床仓库，再制造完工后的再制造机床则进入再制造机床成

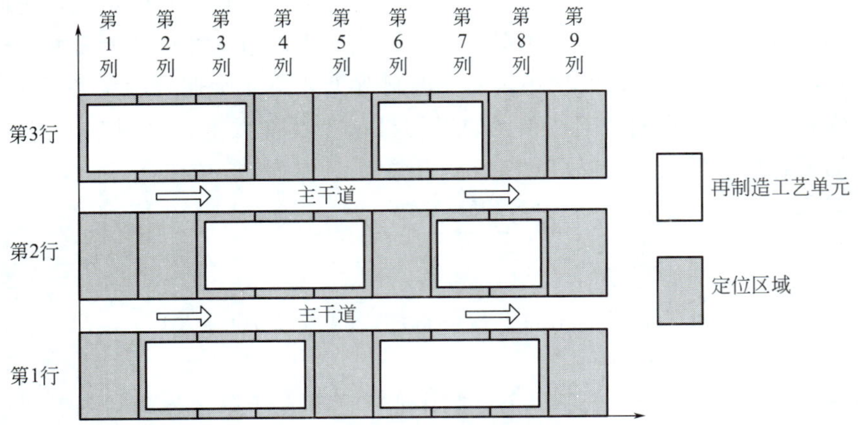

图 2-104 划分为 3 行 27 个定位区域的机床再制造车间

品仓库。

② 废旧产品的回收时间和数量是不确定的，其质量状况也是不确定的，即所选择的再制造工艺路线是随机的。

③ 在各个时间段内，各机床再制造工艺单元承担的机床再制造任务量是不确定的，导致其对生产能力的需求是不确定的，进而导致各机床再制造工艺单元中的设备数量是随机变化的。若在一个时间段内某机床再制造工艺单元的设备数量 $N_{it}<N_{(it-1)}$，那么多余的设备将会被移出原先的定位区域；若 $N_{it}>N_{(it-1)}$，则新购置的设备将会被放入该机床再制造工艺单元所占用的定位区域中。在这两种情况下，都会产生工艺单元重布置成本，主要用于设备移除、设备搬迁和设备安装等费用。

④ 所有机床再制造车间设备被看作是近似矩形，其长度和宽度是已知的。但各机床再制造工艺单元因其所拥有的设备数量的不同，导致其尺寸大小是变动的。每个机床再制造工艺单元根据其尺寸大小，占用相应数量的定位区域。

⑤ 各机床再制造工艺单元中的设备纵向或横向摆放。同一个机床再制造工艺单元中，所有设备的摆放形式必须相同。

⑥ 被定位于机床机床再制造车间中同一行的所有工艺单元，具有相同的纵坐标。

⑦ 废旧机床零部件在各工艺单元内部的物流量忽略不计。

机床再制造布局问题的相关参数描述如下。

i，j——工艺作业单元序号（$i,j=1,2,\cdots,Z$），Z 表示机床再制造车间的工艺单元总数，即，$i=1$ 表示拆解工艺单元，$i=2$ 表示清洗工艺单元，$i=3$ 表示检测工艺单元，$i=16$ 表示再装配工艺单元，$i=4,5,\cdots,Z-1$ 表示各机床再制造修复工艺单元。

k——废旧机床零部件的类型（$k=1,2,\cdots,K$）。

r——机床再制造工艺路线编号（$r=1,2,\cdots,R$）。

f——机床再制造车间的行（$f=1,2,\cdots,F$），F 是机床再制造车间的总行数。

h——机床再制造车间的每一行中的定位区域的序号（$h=1,2,\cdots,H$），H 表示机床再制造车间每一行中的定位区域总数。

t——机床再制造布局时期的序号（$t=1,2,\cdots,T$），T 表示布局时期总数。

Ml_i——第 i 个工艺作业单元中的单台设备长度（$Ml_i \geqslant Mw_i$）。

Mw_i——第 i 个工艺作业单元中的单台设备宽度。

Sl——机床再制造车间的长度（$Sl \geqslant Sw$）。

Sw——机床再制造车间的宽度。

ε——车间主干道的宽度。

δ_i——第 i 个机床再制造工艺单元的重布置成本。

θ——单位物流运输成本。

Δ_t——第 t 个布局时期的总物流成本。

C_t——第 t 个布局时期的工艺单元重布置成本的预算。

β_{it}——一个二进制变量。若第 i 个机床再制造工艺单元中的设备竖向排列，则 $\beta_{it}=1$；反之，如果横向排列，则 $\beta_{it}=0$。

π_{ihft}——一个二进制变量。若在第 t 个布局时期内第 h 行第 f 列的定位区域被第 i 个机床再制造工艺单元占用为第一个定位区域，则 $\pi_{ihft}=1$；否则，$\pi_{ihft}=0$。

（x_{it}，y_{it}）——第 t 个布局时期的第 i 个机床再制造工艺单元的重心坐标。

（2）决策变量

机床再制造车间动态设施布局模型的决策变量为：各个布局时期中各机床再制造工艺单元的设备数量、各机床再制造工艺单元的尺寸长度，以及各机床再制造工艺单元在机床再制造车间中的相对位置。

① 各机床再制造工艺单元的设备数量　各机床再制造工艺单元的设备数量 N_{it}，与在时间段 t 内到达该机床再制造工艺单元加工的废旧机床零部件数量、机床再制造工艺时间、单台机床再制造车间设备的加工容量（c_i）、设备故障率（ϖ）有关，具体计算如式(2-35)所示。

② 机床再制造工艺单元的尺寸　机床再制造工艺单元的长度受其所拥有的设备数量 N_{it}和设备摆放形式 β_{it} 影响，具体如式(2-37）所示。基于机床再制造工艺单元的尺寸大小可以确定该工艺单元所需的定位区域的数量，如式(2-38）所示。

$$L_{it}=[Ml_i(1-\beta_{it})+Mw_i\beta_{it}]N_{it} \tag{2-37}$$

$$\eta_{it}=\text{ceil}\left(\frac{L_{it}}{Sl/H}\right) \tag{2-38}$$

式中　ceil（n）——向右取整函数，即返回大于或等于 n 的最小整数；

Sl/H——单个布局区域的宽度。

③ 机床再制造工艺单元的重心坐标　机床再制造工艺单元的重心坐标表示了该工艺单元在机床再制造车间中的详细位置坐标，记为（x_{it}, y_{it}）。当各机床再制造工艺单元在车间中的占用确定的定位区域后，其重心坐标可由公式(2-39）计算得到。基于各机床再制造工艺单元的重心坐标，可计算出任意两个工艺单元间的物流距离，具体如下。

$$\begin{cases} x_{it}=\dfrac{\sum X_{fh}}{N_{it}} \\ y_{it}=Y_{fh} \end{cases},\forall \pi_{ifht}=1 \tag{2-39}$$

$$d_{ijt}=|x_{it}-x_{jt}|+|y_{it}-y_{jt}| \tag{2-40}$$

式中　π_{ifht}——一个二进制变量（决策变量），$\pi_{ifht}=1$ 表示在第 t 个布局时期内第 h 行第 f 列的定位区域被第 i 个机床再制造工艺单元占用，否则，$\pi_{ifht}=0$；

X_{fh}, Y_{fh}——机床再制造车间中第 f 行第 h 列的定位区域的横坐标和纵坐标，满足：

$$\begin{cases} X_{fh}=(h-1)\dfrac{Sl}{H}+\dfrac{Sl}{2H} \\ Y_{fh}=Sw-(F-f)\varepsilon-\dfrac{[Sw-(F-f)\varepsilon](2F-2f+1)}{2F} \end{cases} \tag{2-41}$$

(3) 目标函数及约束条件

由于机床再制造工艺过程的众多不确定性，导致各机床再制造工艺单元中的设备数量、机床再制造工艺单元的尺寸大小、各机床再制造工艺单元间的物流量情况也是不确定的。本书以机床再制造车间的物流运输成本、非物流成本以及工艺单元重布置成本最小为优化目标，具体分析如下。

① 机床再制造车间物流运输成本　废旧机床零部件在开展再制造加工的过程中，需要综合考虑机床再制造车间物流成本。在某一布局时期内的机床再制造车间物流运输成本，计算如式(2-42) 所示。

$$\Delta_t=W_t\theta=\sum_i\sum_j\sum_k\sum_r\sum_e A_{et}\pi_{ek}p_{ekr}\Gamma_{ijr}m_{ek}d_{ijt}\theta \tag{2-42}$$

式中　θ——单位物流运输成本。

② 机床再制造车间非物流成本　机床再制造车间动态设施布局时要同时考虑各再制造设备间的非物流成本，与静态设施布局类似，动态布局中同时考虑废旧零部件在各设备间流转的非物流成本。机床再制造车间动态设施布局的非物流成本表示如下。

$$\Phi_t=\sum_i\sum_{\substack{j\\ j\neq 1}}\sum_k\sum_r\sum_e A_{et}\pi_{ek}p_{ekr}\Gamma_{ijr}m_{ek}d_{ijt}u_{ij}\zeta \tag{2-43}$$

③ 机床再制造工艺单元重布置成本　由于各个时段的车间设施布局方案可能各不相同，因此在当前时段的布局方案下，需对机床再制造车间开展重新布局，即相应地调整某些机床再制造工艺单元的相对位置，由此产生设备移除、设备搬迁和设备安装等费用。

重布置成本由决策变量“机床再制造工艺单元的重心坐标（x_{it}、y_{it}）”决定，具体计算见公式(2-44) 和公式(2-45)。即若重布局方案中某一工艺单元的重心坐标与前一时期的布局重心坐标不一致，则说明工艺单元的位置发生了变动，由此产生了重布置成本。

$$\Omega_t=\sum_i\tau_{it}N_{it}\delta_i,\ \forall t>1 \tag{2-44}$$

$$\tau_{it}=\begin{cases}0,\text{如果 } x_{it}=x_{i(t-1)},y_{it}=y_{i(t-1)}\\ 1,\text{otherwise}\end{cases},\ \forall t>1 \tag{2-45}$$

式中　τ_{it}——一个二进制变量。若在第 t 个布局时期中的第 i 个机床再制造工艺单元的重心坐标与第 $t-1$ 个布局时期的重心坐标不相同，则 $\tau_{it}=1$；否则，$\tau_{it}=0$。

本书以机床再制造车间的物流运输成本、非物流成本以及工艺单元重布置成本最小为目标，建立机床再制造车间动态设施布局模型，如式(2-46)～式(2-49) 所示。

$$\text{Min}\sum_{t=1}^{T}(\Delta_t+\Phi_t)+\sum_{t=2}^{T}\Omega_t \tag{2-46}$$

$$\text{S. t}\sum_{t=2}^{T}\sum_i\tau_{it}N_{it}\delta_i\leqslant C_t \tag{2-47}$$

$$\sum_i\eta_{it}\leqslant FH\ \forall t \tag{2-48}$$

$$\sum_{i=3}^{3}\sum_{j=4}^{Z-1}\sum_{k=1}^{K}\sum_{r=1}^{R}\sum_e^{E}A_{et}\pi_{ek}p_{ekr}\Gamma_{ijr}=\sum_{i=4}^{Z-1}\sum_{j=Z}^{Z}\sum_{k=1}^{K}\sum_{r=1}^{R}\sum_e^{E}A_{et}\pi_{ek}p_{ekr}\Gamma_{ijr},\ \forall t \tag{2-49}$$

式(2-46)～式(2-49) 中，约束条件式(2-47) 保证任一时期的再制造工艺单元重布置成本不能超出该时期的预算；约束条件式(2-48) 确保了所有机床再制造工艺单元占用的定位区域总数不超过机床再制造车间中所设计的布局区域数量；约束条件式(2-49) 是机床再制造车间的物料流守恒约束，等式左边表示从损伤检测（$i=3$）进入各个再制造工艺（$i=4, 5,\cdots,Z-1$）的废旧机床零部件总量，等式右边表示从各个再制造工艺单元完成加工后进入再装配工艺（$i=Z$）的废旧机床零部件总量。

2.11.4　基于模拟退火算法的机床再制造车间动态设施布局优化方法

(1) 基于 SA 的动态设施布局优化求解算法流程

模拟退火算法（Simulated Annealing，SA）是一种基于 Monte-Carlo 迭代求解策略的随机寻优算法。它从某一较高初温出发，伴随温度的不断下降，结合概率突跳特性在解空间中随机寻找全局最优解，即能概率性地跳出局部最优解，最终趋于全局最优。模拟退火算法因其独特的优化机制及通用性、灵活性在各领域得到了广泛应用。本书引入模拟退火算法开展再制造车间设施布局优化求解。基于 SA 的机床再制造车间动态设施布局优化方法流程如图 2-105 所示。

(2) SA 中机床再制造布局方案解的形式

为了解决机床再制造车间设施布局问题中工艺单元尺寸大小不一致的问题，本书设计了一个两阶段矩阵来表示机床再制造车间设施布局方案。

第一个矩阵 $\boldsymbol{A}=[a_{tw}]_{T\times W}$ 是一个初始的机床再制造车间设施布局方案，定义了机床再制造工艺单元在机床再制造车间的第一行到最后一行从左到右的排列顺序，其中，$W=Z+F\times H-\sum\eta_{it}$。$a_{tw}$ 是一个非负整数。$a_{tw}>0$ 表示第 t 个布局时期内排列在第 w 个次序的机床再制造工艺单元编号；如果 $a_{tw}=0$，则表示排列在第 w 个次序的机床再制造工艺单元是一个“虚拟”的工艺单元，它仅仅会占用 1 个定位区域（即 $N_{it}=1$，$Ml_i=SL/H$，$Mw_i=[SW-(F-1)\varepsilon]/F$）。图 2-106(a) 展示了 4 个机床再制造工艺单元在 4 个时期内的排列次序情况。

第二个矩阵 $\boldsymbol{E}=[e_{tw}]_{T\times W}$ 与矩阵 $\boldsymbol{A}$ 相对应，定义了在第 t 个时期内排列在第 w 个次序的机床再制造工艺单元的设备摆放形式。e_{tw} 是一个二进制变量 0 或 1。矩阵 $\boldsymbol{E}$ 需基于矩阵 $\boldsymbol{A}$ 和各机床再制造工艺单元的设备摆放形式 β_{it} 进行确定，具体如式(2-50) 所示。当 $a_{tw}>0$ 时，$e_{tw}=1$，表示排列在第 w 个次序的机床再制造工艺单元的设备纵向摆放；当 $a_{tw}=0$ 时，表示虚拟单元中的设备纵向摆放，即 $e_{tw}=1$。图 2-106(b) 展示了与图 2-106(a) 的矩阵 $\boldsymbol{A}$ 相对应的机床再制造工艺单元的设备排放形式。

$$e_{tw}=\begin{cases}\beta_{[a_{tw}]t}, a_{tw}>0\\ 1, a_{tw}=0\end{cases} \tag{2-50}$$

基于矩阵 $\boldsymbol{E}$ 和式(2-37) 和式(2-38) 可以确定各机床再制造工艺单元所需占用的布局区域数量 η_{it}。在此基础上，根据矩阵 $\boldsymbol{A}$ 可计算得到详细的再制造布局方案矩阵 $\boldsymbol{G}=[g_{fht}]_{F\times H\times T}$，具体算法流程如图 2-107 所示。在矩阵 $\boldsymbol{G}$ 中，每一个元素 $g_{fht}>0$ 表示在第 t 个时期中占用了机床再制造车间第 f 行第 h 列的定位区域的机床再制造工艺单元编号。如果 $g_{fht}=0$，则表示机床再制造车间第 f 行第 h 列的定位区域处于未被占用的状态。图 2-106(c) 展示了基于图 2-106(a) 的矩阵 $\boldsymbol{A}$ 和图 2-106(b) 的矩阵 $\boldsymbol{E}$ 计算得到的布局方案矩阵 $\boldsymbol{G}$。

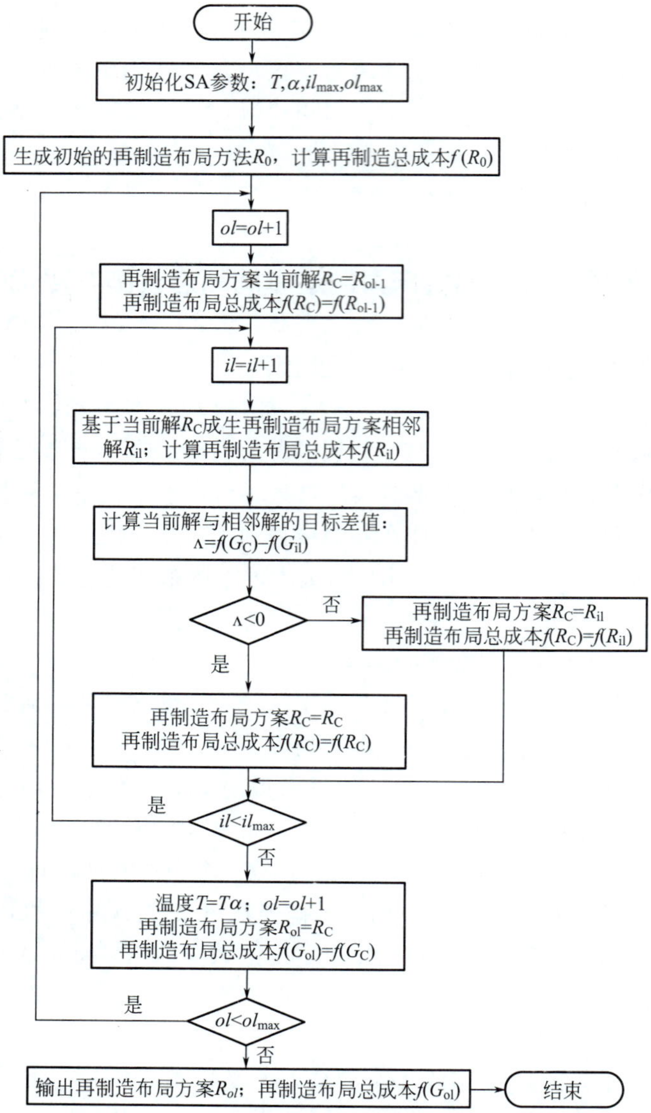

图 2-105 基于 SA 的机床再制造车间动态设施布局优化流程

$$\boldsymbol{A}=\begin{bmatrix}1&3&2&4&0\\2&1&3&0&4\\1&0&2&4&3\\1&2&0&3&4\end{bmatrix}$$

(a) 矩阵$\boldsymbol{A}$

$$\boldsymbol{E}=\begin{bmatrix}1&0&0&0&1\\1&0&1&1&0\\1&1&0&1&0\\1&0&1&0&1\end{bmatrix}$$

(b) 矩阵$\boldsymbol{E}$

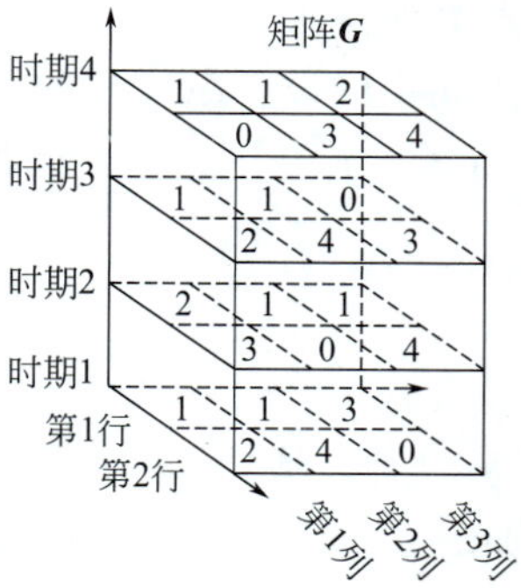

(c) 矩阵$\boldsymbol{G}$

图 2-106 4 个机床再制造工艺单元的排列情况

(3) SA 的布局方案初始解和相邻解生成

① 布局方案初始解生成　初始解质量的好坏会对 SA 的算法性能产生较大影响。初始解越差，SA 算法的收敛越慢，同时产生最优解的质量也可能越差。本书中生成再制造布局方案初始解的流程如下。

Procedure1：计算布局矩阵 $\boldsymbol{G}$

矩阵 $\boldsymbol{G}$ 的计算流程见图 2-107。

```
Set: h=1; f=1;
for t=1 to T
  for w=1 to W
      if (a_tw=0)
        { g_fht=a_tw;
          If (h≤H)    h=h+1;
          Else        {h=1; f=f+1;}
        }
      else{ ζ=η_[a_tw]t
          while (ζ≠0) do
          {  ζ=ζ-1;
             g_fht=a_tw;
             if (h≤H)    h=h+1;
             else   {h=1; f=f+1;}
           }
         }
```

图 2-107　矩阵 $\boldsymbol{G}$ 的计算流程

Procedure2：再制造布局初始解生成

a. 创建两个集合 AS 和 IS，其中，AS 表示再制造布局方案的可行解集合，AS＝$\{(A_v, E_v), v=1,2,\cdots,V\}$；IS 表示再制造布局方案的非可行解集合，IS＝$\{(A_u, E_u)\}$。

b. 随机产生一个二元组解（A^*，E^*）。如果（A^*，E^*）$\notin$IS 且（A^*，E^*）$\notin$AS，进入下一步；否则，重复本步骤。

c. 基于步骤 b 中的二元组解（A^*，E^*）计算矩阵 $\boldsymbol{G}$。如果矩阵 $\boldsymbol{G}$ 中，同一个再制造工艺单元占用的定位区域没有跨行，即 $g_{fHt} \neq g_{(f+1)1t}$，$\forall f=\{1,2,\cdots,F-1\}$，则更新 AS＝AS∪（$A^*$，$E^*$）；否则，更新 IS＝IS∪（$A^*$，$E^*$），重新回到步骤 b。

d. 如果 AS 中的可行解的数量大于 V，进入下一步；否则，返回步骤 b。

e. 基于式(2-46)，计算 AS 中所有可行解对应的再制造布局总成本。选择再制造布局总成本最小的二元组解（A^*，E^*）作为 SA 算法的再制造布局初始解。

② 布局方案相邻解生成　本书采用多间隔交换移动方法（ζ 间隔，$\zeta \in \{1,2,\cdots,H-h\}$），生成再制造布局方案相邻解，具体算法流程如下。

Procedure3：再制造布局相邻解生成

a. 任意选择一种间隔方式（m 间隔，$m \in \{1, 2, \cdots, n-w\}$），随机选择矩阵 $\boldsymbol{A}$ 中任意一行 t 和一列 w 的元素 a_{tw}，将 a_{tw} 与 $a_{t(w+m)}$ 进行相互调换，由此得到一个新矩阵 $\boldsymbol{A}'$；然后，随机选择矩阵 $\boldsymbol{E}$ 中任意一个大于零的元素 e_{tw}，更新 $e_{tw}=1-e_{tw}$，得到一个新矩阵 $\boldsymbol{E}'$。由此，产生一个新的布局方案相邻解 $s'=(\boldsymbol{A}', \boldsymbol{E}')$。

b. 基于步骤 a 生成的相邻解 s' 计算矩阵 $\boldsymbol{G}$。若矩阵 $\boldsymbol{G}$ 满足约束条件，则输出 s'；否则，重新开始步骤 a。

本书中 SA 算法的终止条件为：最大的迭代次数 $ol_{\max}$ 已经执行完成，则终止算法；连续 $\sigma_{\max}$ 次的算法迭代过程中，同一个再制造布局方案最优解没有被更新，则终止算法。

2.11.5　面向不确定性的机床再制造车间动态设施布局仿真

机床再制造车间动态设施布局案例中，废旧机床的到达时间和数量是不确定的，废旧机床零部件的再制造工艺路线也是随机的，由此导致各机床再制造工艺单元的生产能力需求（机床再制造车间设备台数）也是不确定的。废旧机床零部件在机床再制造车间中的机床再制造工艺流程如图 2-103 所示。机床再制造车间设施布局的参数如表 2-13 所示。机床再制造车间中废旧机床及零部件的相关信息设置如下。

① 废旧机床零部件每天到达机床再制造车间的数量满足泊松分布。其中，平均到达数量 λ＝

$U\ [10,\ 15]\ *v$，$v\in\{1.0,\ 1.1,\ 1.2,\ 1.3,\ 1.4,\ 1.5\}$，式中，$v$ 为废旧机床数量扩张因子。

② 每个废旧机床的五类关键零部件的可再制造概率 $\pi_{ek}=98\%$。每个可再制造的废旧机床零部件随机产生一种损伤形式，即每个废旧机床零部件经过各条机床再制造工艺路线的概率 p_{ekr} 是随机产生的，$p_{ekr}\in U\ [0,1]$ 且 $\sum\limits_{r}p_{ekr}=1$。

③ 五类关键机床零部件的机床再制造流程如图 2-103 所示。

④ 每种类型的废旧机床零部件的平均工艺时间满足指数分布，即 $\psi_{ki}\sim\Gamma\ (1,\ \nu)$，其中 $\nu\in U\ [0.05,0.10]$。

每 4 个月对机床再制造车间进行重新布局，以一年为期，共开展 3 次车间设施布局优化，同时产生物流运输成本和工艺单元重布置成本。通过采用 Matlab 2009 软件开展编程和仿真，得到了最优的设施布局方案，如图 2-108、图 2-109 所示。

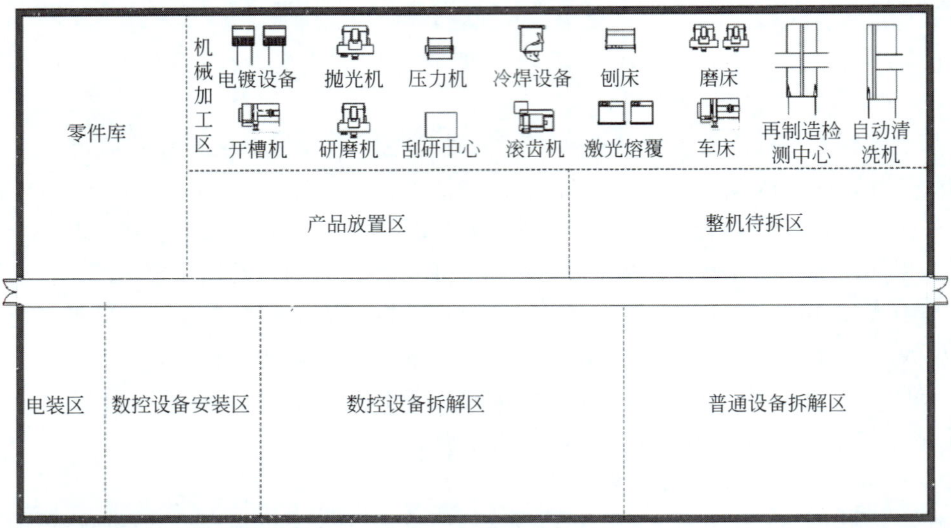

(a) 1～4月的最优车间设施布局方案(物流成本：21839元)

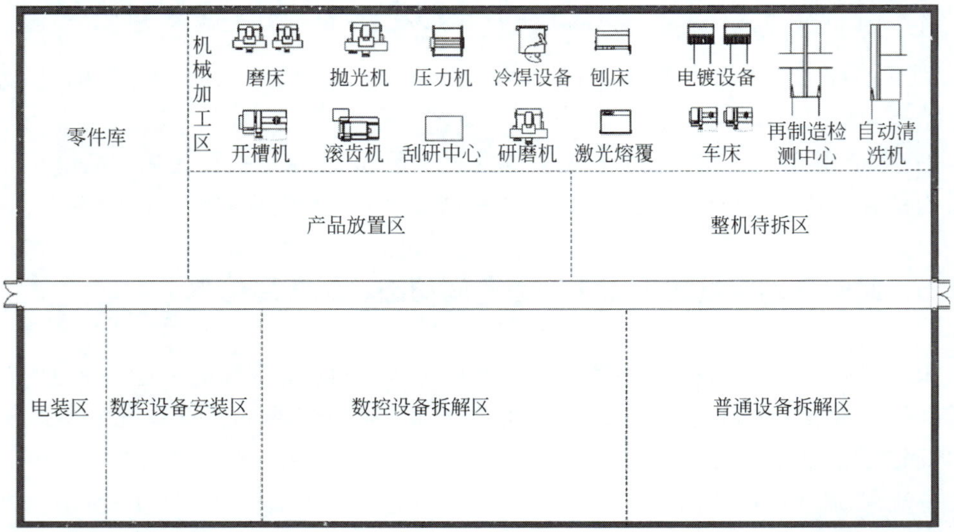

(b) 5～8月的最优车间设施布局方案(物流和重布置成本：30231元)

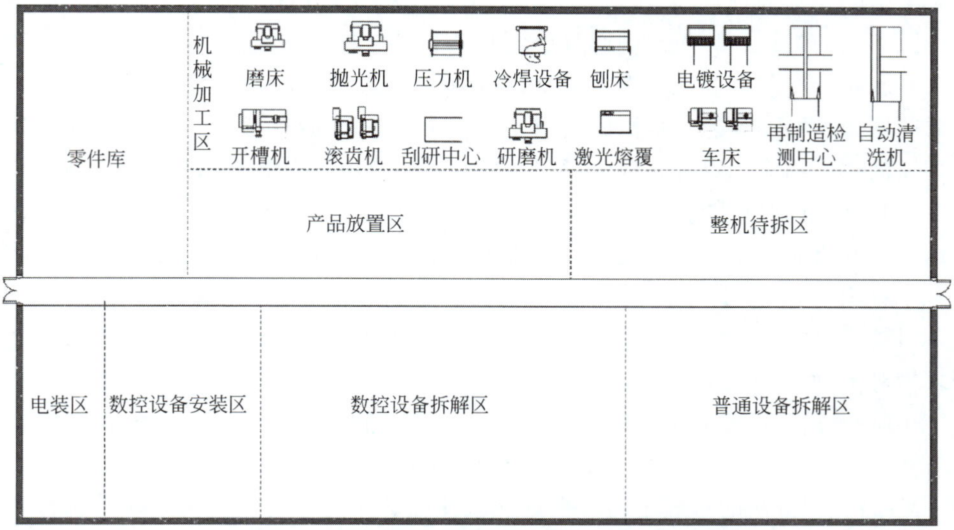

(c) 9～12月的最优车间设施布局方案(物流和重布置成本：26014元)

图 2-108　1～12 月的机床再制造车间设施布局方案（物流和重布置总成本：78084 元）

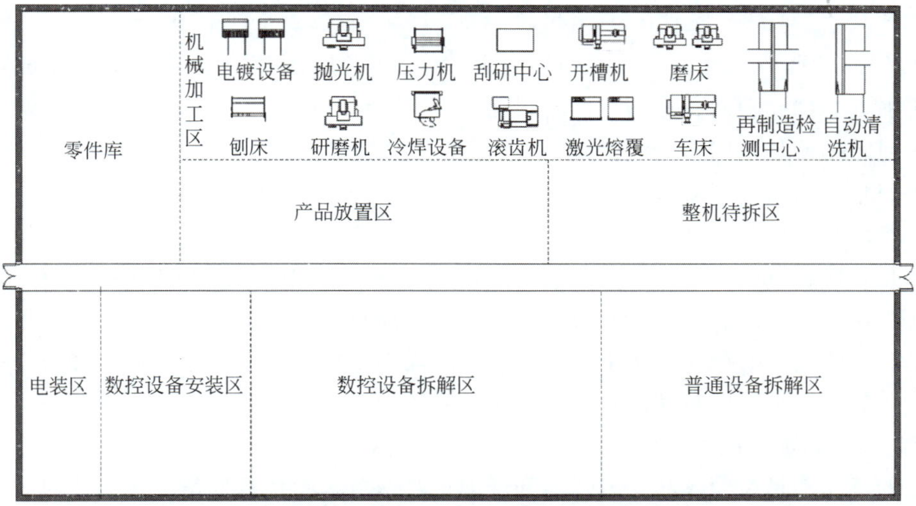

图 2-109　1～12 月的静态设施布局方案（物流成本：100915 元）

2.12　机床再制造逆向物流体系及回收模式决策

2.12.1　逆向物流的内涵与特征

(1) 逆向物流的内涵

著名物流专家 Stock 在 1992 年给美国物流管理协会（CLM）的一份研究报告中，率先提出了“逆向物流”的概念，他指出：逆向物流为一种包含了产品退回、物料替代、物品再利用、废弃处理、再处理、维修与再制造等流程的物流活动。美国物流管理协会对逆向物流的定义是："计划、实施和控制原料、半成品库存、制成品和相关信息，高效和成本经济的从消费点到起点的过程，从而达到回收价值和适当处置的目的。"狭义上看，逆向物流是指对那些已经废弃的产品再制造、再生以及物料回收的过程。而这种过程经常是由于环境或产品已过时的原因。而参与逆向物流的公司通常不属于原来的物流系统。而广义上逆向物流除了包含狭义的逆向物流的定义之外，还包括减少使用资源，而通过减少使用资源可以达到废弃物减少的目标，同时还能够使得正向以及逆向的物流更有效率。

逆向物流和再制造系统相关问题的难点主要是由其本身的不确定性引起的，这主要体现在以下几个方面。

① 废旧品回收数量的不确定性。废旧品的回收数量是由产品的质量、寿命、使用时间和使用环境等多种因素决定的。

② 废旧品的损坏情况的不确定性。回收品的损坏程度有轻有重，损坏的方式也各不相同，只有在产品回收之后，通过检测，才能确定损坏情况。

③ 回收品处理方法的不确定性。根据回收品损坏情况的不同，需要对其进行不同的处理。同时，回收品情况的不确定性，造成了产品加工时间的不确定和原材料需求的不确定。

④ 回收产品再利用需求的不确定性。同传统的物流系统一样，需求随着市场情况而变化，而在反向物流中，回收产品再利用需求市场远没有普通市场成熟，存在更大的随机性和不可预测性。

⑤ 废旧品的回收和再加工成本的不确定性。反向物流系统中废旧品的运输成本、存储成本和再加工，都会随回收品情况的变化而改变。

（2）逆向物流与正向物流的区别

一个完整的物流系统既包含正向物流也包含逆向物流，但并不是由二者简单相加而成的。正向物流与逆向物流既相互制约，又相辅相成。逆向物流是在正向物流的基础上发展而来，但是与正向物流相比，二者既有共同点，也有各自不同的特点。逆向物流与正向物流的共同点在于：第一，都属于物流的范畴，具有物流的运输、储存、装卸搬运等七大功能属性；第二，二者实现的最终目标都是为了节约物流系统的成本，为企业创造经济效益。但是逆向物流作为物流系统中特殊的环节，与正向物流有着明显的区别。

① 流动的方向与正向物流相反。正向物流的流动是产品从生产商流动到顾客手中，而逆向物流的流动却是指回收品、退货品和废旧产品从顾客手中返回给生产商或回收商，直至最终处理。

② 不确定性及分散性。在正向系统中可以根据客户的订单和市场需求的预测安排生产、确定运输时间和运输路线。而在逆向物流系统中，由于回收品分散在不同地域且产生的原因不同，加之回收数量具有不可预知性，使得回收企业难以确定回收产品的数量、种类、位置以及回收的时间，因此逆向物流具有较大的不确定性和分散性的特点。

③ 逆向物流的缓慢性。逆向物流渠道中流动的物品具有数量少、种类多的特点。要想实现规模经济效益，需要经过长时间由少到多的积累，积累速度较慢。同时，回收的产品要想实现重新利用的价值，需要经过一系列的处理过程，即收集—整理—分类—检验—再制造—处置等复杂的过程，处理过程较为复杂、时间较长，导致了逆向物流过程缓慢。

④ 系统的复杂性。由于回收品产生的原因不同、时间不定、地点分散，使得整个回收过程相对复杂，同时不同种类、不同状况的回收品混杂在一起，也造成了处理程序的复杂性。

⑤ 处理费用过高。多样化的回收产品难以形成大规模存储和大量运输的规模效益，往往给企业带来了物流效率低下、运输和仓储成本过高的压力。另外，回收的产品需要经过人工的分类检验等操作过程，处理速度较慢，并且增加了人工处理费用。同时对回收品的处理如拆卸分解、再制造等过程需要使用专用的设备，对技术要求较高，设备的投入使得成本增加，这也造成了逆向物流的处理费用居高不下。

⑥ 实施的强制性。为了提高资源的利用率，减少对环境的污染，政府出台了相关的法律法规要求企业履行生产责任制，对其生产的产品进行回收，这就迫使相关企业实施逆向物流，履行生产责任制的义务。

⑦ 收益的透明性差。许多企业不愿意实施逆向物流的原因之一是看不到逆向物流的收益。逆向物流的实施中，回收品的处理成本和回收效益之间会出现个体差异，使得逆向物流系统的收益比较模糊，难以准确地衡量。

逆向物流与正向物流的比较如表 2-16 所示。

表 2-16　逆向物流与正向物流的比较

对比属性	逆向物流	正向物流
预测	困难	容易
分销模式	多对一	一对多
产品质量	不均一	均一
产品包装	不统一，无包装或已损坏	统一
运输路线	不明确	明确
产品处理方式	不明确	明确
价格的影响	不明确	相对一致
服务速度	决定因素复杂	重要性得到认同
成本的透明度	时常被忽略	相对透明可见
库存管理	多为隐形	统一
产品生命周期	不统一	相对可控
供应链各方协调情况	相对复杂	较为明了
实施的强制性	障碍较多	不具有强制性
营销模式	某些行业具有强制性	已有现成模式
操作流程	受多种因素影响	透明
信息技术的普及性	不透明，缺乏强大的信息系统，不易追踪产品信息	拥有较为完善的信息系统，易于追踪产品信息

2.12.2　机床再制造逆向物流体系构建

(1) 机床再制造逆向物流体系构建原则

机床再制造回收是一个很复杂的系统工程，需要考虑诸多实际环境和问题，需要政府部门的政策引导和支持，更需要科学有效的构建方法。机床再制造逆向物流网络的构建应遵循以下几项原则。

① 法制化原则　机床再制造回收处理涉及资源利用和环境保护两个方面，因此，应该制定相关立法，让废旧机床回收行业在法律法规的监督和鼓励健康发展，通过制定相关法律法规，约束企业自觉对废旧机床进行合理再利用，提高资源利用率。

② 整体化原则　整体化原则就是现代物流管理的基本原则，不仅要将废旧机床回收利用的整个过程作为一个整体进行考虑，还应该将机床再制造的回收物流与再制造生产物流统一考虑，全面规划建设整个逆向物流体系。

③ 生产者延伸责任制原则　以立法的形式明确生产者、经销商、零售商承担废旧机床回收利用的责任。首先，促进生产者在产品的设计阶段就充分考虑到产品报废后回收利用的便利性问题，从而从根本上提高资源的回收利用效率，尽可能减少对环境的污染；其次，促进生产者积极参与到废旧机床回收网络的建设中来，并且利用正向物流系统的部分资源来促进废旧机床回收物流网络的建设。

④ 产业化原则　通过立法的形式，逐步收编目前的散兵游击式的回收网络，通过政府立法干预、企业积极参与的方式建立废旧机床回收服务企业，建立起稳固高效率的回收网络，并通过行业规范，建立起统一透明的服务收费标准体系，推动废旧机床回收产业化。

⑤ 市场化原则　废旧机床的回收处理要激发市场机制活力，进一步完善和规范二手机床交易市场、资源再利用市场和废弃物市场，通过市场机制，促进废旧机床回收的正常发展。

（2）机床再制造逆向物流网络的构建

机床再制造逆向物流网络包括了逆向物流中的每条管道、每个节点，在一定意义上，机床产品回收网络是逆向物流的表现形式。在逆向物流管理中，对旧产品或回收产品的运输可能是最显著的问题，产品需要从上任使用者运送到有需要的下一处，或者从购买者再运回到发货人，运输费用极大地影响着产品回收可获得的经济效益。在整个逆向物流系统中，由于可以用连接点（回收市场、拆解市场、再加工制造厂、仓库、再利用市场）和运输路线构成的逆向物流网络来表示，所以在逆向物流系统中，最重要的是从产品回收出发，针对需求，以尽可能小的物流费用，实现产品回收网络结构、布局的合理化。

由于废旧机床具有种类繁多、质量不一以及最终流向不同等特点，废旧机床从回收、分类、拆卸到处理再加工等各个过程都比较繁杂。针对目前正向与逆向物流集成网络存在的问题，并考虑到正向物流的各种组成部门与逆向物流中的各组成部分之间的相互协调，构建如图 2-110 所示的机床再制造物流网络。

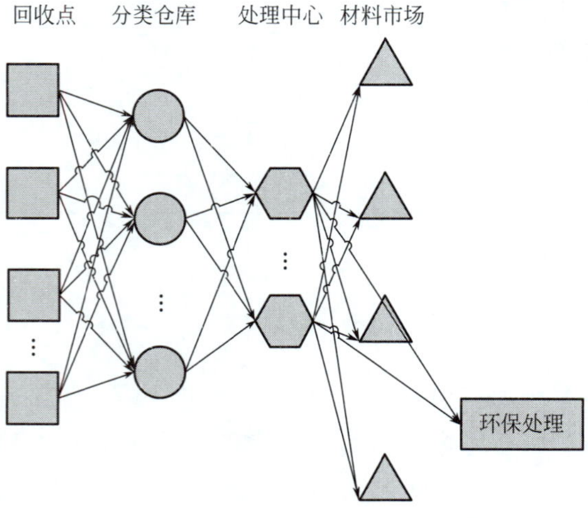

图 2-110　机床再制造逆向物流网络结构

该逆向物流网络的主要构成部分包括：正向物流中的供货商、制造商、仓库、分销商、消费者和二手市场；逆向回收物流中的回收点、分类仓库、处理中心、材料市场和环保处理地点。由于物流网络中正向部分的组成与传统正向物流相重叠，故此仅对网络中的逆向组成部分的功能进行说明。

① 回收点　回收点在该网络中是逆向物流的起点，可以建立单独的回收点，也可以选择零售商作为回收的代理商。其功能为根据机床产品的外观、新旧程度等方

面特征，以一定的价格进行回收，回收过程中对各种废旧机床进行简单的分类处理。

② 分类仓库 仓库是介于回收点和处理工厂之间起缓冲作用的设施，也是与正向物流共享的设施，其作用不仅包括传统仓库的存储功能，也在该网络中起到对废旧机床产品进行分检的作用。此过程中根据所回收的各种机床的外观、所处状况等方面进行分类，然后进行分类储存，以备集中运送到处理工厂。

③ 处理中心 处理中心是该网络中最重要的环节，其功能为采用拆解、清洗、检测、再制造、机械加工、再检测等处理手段对回收的产品进行处理，可分离出可回收利用的材料、不可回收利用的材料以及经再制造后可返回分销商或者二手市场交易的产品，对于不同的分离物，采取不同的处理方式。

④ 材料市场 在该网络中，除了为供货商提供原产品之外，还接收回收过程中产生的相应产品，使其重新回到该网络。

⑤ 环保处理 经过处理工厂处理之后产生了许多有害的和无利用价值的废物，采取无害化处理等方式对这些废物进行最终处理，达到减少这些废物对环境的污染的目的。

该逆向物流网络体现了经济、生态、技术和社会等方面的因素，需要运用物流信息系统和对正向物流系统进行整合，实现逆向物流网络的高效率和高效益。机床再制造逆向物流网络的具体运行如图 2-111 所示。它的具体载体是专门从事机床产品回收及再制造的企业或工厂，需要企业内部的技术条件和企业外部的政策环境来支撑。

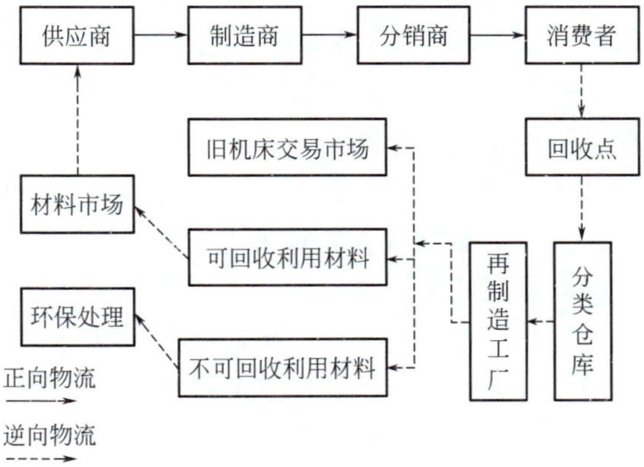

图 2-111 机床再制造逆向物流网络运作流程

2.12.3 机床再制造回收模式决策

(1) 机床再制造回收模式

机床再制造逆向物流中回收模式各有不同，一般根据回收实施方的不同将其归为三类，分别如下。

① 制造商回收模式 该模式下废旧机床回收主体为原始设备制造商。

实施制造商回收模式主要优点为：制造商进行机床回收有利于制造商和消费者之间的信息沟通，这样可以使得制造商能够在第一时间获取市场信息，有助于其进行产品改进；制造企业直接对废旧机床回收，一方面可以使得整体效率较高；另一方面也可以通过此活动来宣传公司的环保理念，维护其绿色形象；制造商进行逆向物流活动，可以与其正向物流有机结合起来，使得企业资源得到充分利用。

实施制造商回收模式存在的缺点为：制造企业要为逆向物流进行较大的人力、物力、资金的投入，这样会增加企业的资产投入，增加企业财务风险；制造企业的逆向物流体系可能会和原有正向物流体系存在冲突，为了使逆向物流顺利进行，制造企业需要投入大量资金对原有物流体系进行改造；制造企业的工作核心在于机床产品的开发制造，其主要精力都集中于此，对逆向物流自身的复杂性等特点不易把握。

② 零售商回收模式　该模式下废旧机床回收主体为机床产品零售商，制造企业给予其一定的补贴。

实施零售商回收模式主要优点为：零售商和消费者直接接触，对于回收的时间、地点、质量的可控性更强；零售商通过废旧机床回收而获得制造企业给予的补贴可以有效降低其经营风险；基于零售商回收系统可以加强其与制造企业之间的合作。

实施零售商回收模式主要缺点为：对于制造企业来说，采取零售商回收模式会使得消费者对于机床产品信息的反馈不能及时准确地到达，这会使得企业不能及时了解市场动向；零售商一般都不会只销售一种机床，使得其在机床回收方面不能做到专业性。

③ 第三方回收模式　该模式下废旧机床回收主体为独立第三方，其实质为业务外包，制造企业需要对第三方服务商提供的服务付费。

实施零售商回收模式主要优点为：由专业第三方企业来对废旧产品进行回收，可以有效降低生产企业的成本；同时只专注于此单一业务的第三方企业可以提供更专业高效服务，也可以及时为制造企业反馈消费者的意见，有利于企业了解市场动向；制造企业可以摆脱非核心业务的拖累，集中精力于其核心业务，有利于提升其核心竞争力。

实施零售商回收模式主要缺点为：来自于第三方的服务，可能无法完美满足制造企业的要求，这就需要制造企业对第三方企业的工作建立一个规范标准，这会增加制造企业的工作量；同时专业的第三方服务公司的业务不仅仅局限在废旧机床的回收，它还会涉及回收机床产品的检测、拆解等，此举可能会导致部分核心技术的泄露，增加制造企业的经营风险。

（2）机床再制造回收模式的绿色评价体系

机床再制造逆向物流的社会性、技术性、环境性、资源性和经济性等因素对机床再制造回收模式选择影响很大，同时也能体现再制造逆向物流的绿色性。为此，建立了一种机床再制造回收模式的绿色评价体系，如图 2-112 所示。

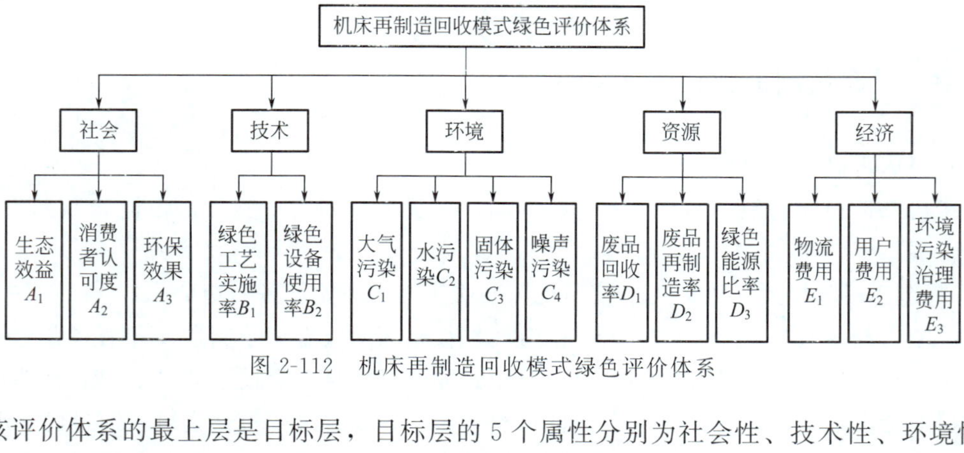

图 2-112　机床再制造回收模式绿色评价体系

该评价体系的最上层是目标层，目标层的 5 个属性分别为社会性、技术性、环境性、资源性和经济性，它们构成了评价体系的准则层，准则层进一步细分为生态效益、绿色工艺实施率、大气污染等 15 个评价指标。

（3）机床再制造回收模式评价指标的量化

在机床再制造回收模式绿色评价体系中，由于各个评价指标所代表的物理意义不同，因此存在量纲上的差异，这种差异是影响对机床再制造回收模式评价的主要因素，须对评价值进行无量纲归一化处理。

① 社会性指标　任何一个企业进行再制造逆向物流时，必须考虑在所处社会环境中，其物流模式的选取是否为社会取得正生态效益，消费者是否认可，以及环保效果是否最佳等方面因素，从而营造良好的企业形象，同时有助于节约社会资源。

a. 生态效益 A_1。生态效益的目标是减少资源使用和环境影响的同时，能将产品的附加值增加到最大。再制造回收模式的选取应保证能带来大量的生态效益，保障在物流过程中对环境产生有益影响。生态效益可用式(2-51) 表示。

$$\text{生态效益}=\frac{\text{再制造产品的价值}}{\text{资源环境的消耗}} \tag{2-51}$$

b. 消费者认可度 A_2。机床再制造回收模式的选取应充分考虑消费者的认可度，逆向物流的开展是企业为改善与消费者之间的关系、提高企业竞争力的表现。消费者认可度可用式(2-52)表示。

$$\text{消费者认可度}=\frac{\text{认可人数}}{\text{总人数}} \tag{2-52}$$

c. 环保效果 A_3。实施机床再制造逆向物流必然会对环境造成影响，且不同的机床再制造回收模式造成的环境影响不一样，所以，选择机床再制造回收模式时，应保证在同样的技术条件下环保效果最优，资源消耗最少。环保效果可用式 (2-53) 表示。

$$y_i=\frac{\max x_i - x_i}{\max x_i - \min x_i} \tag{2-53}$$

式中　$\max x_i$——采取某机床再制造回收模式时环保效果的最佳程度；

$\min x_i$——采取某机床再制造回收模式时环保效果的最差程度；

x_i——采取某机床再制造回收模式时环保效果的实际程度。

② 技术性指标　机床再制造回收模式的技术性评价主要从机床再制造逆向物流中的工艺和设备两个方面进行考虑，包括绿色工艺实施率和绿色设备使用率。

a. 绿色工艺实施率 B_1。绿色工艺需要从逆向物流的全生命周期角度进行考虑，在其生命周期内采用对废旧机床回收、利用、处理等过程能源损耗少和环境污染少的工艺方案才能有效地促进机床再制造逆向物流的绿色化发展。

$$B_1=\frac{\text{采用的绿色工艺总数}}{\text{系统所含工艺总数}}\times 100\% \tag{2-54}$$

b. 绿色设备使用率 B_2。绿色设备的采用能避免设备资源上的严重浪费，同时提高废旧机床的回收率和再制造率，净化再制造逆向物流环境。

$$B_2=\frac{\text{绿色设备使用台数}}{\text{总台数}}\times\frac{\text{绿色设备实际使用时间}}{\text{计划总用时间}}\times 100\% \tag{2-55}$$

③ 环境性指标　再制造逆向物流的环境性指标主要是针对机床再制造回收模式对环境的影响程度进行评价，如表 2-17 所示。

表 2-17　再制造回收模式环境性评价矩阵

再制造逆向物流过程	环境影响因素			
	大气污染	水污染	固体污染	噪声污染
废旧产品回收	C_{11}	C_{12}	C_{13}	C_{14}
运输	C_{21}	C_{22}	C_{23}	C_{24}

续表

再制造逆向物流过程	环境影响因素			
	大气污染	水污染	固体污染	噪声污染
仓储	C_{31}	C_{32}	C_{33}	C_{34}
处理	C_{41}	C_{42}	C_{43}	C_{44}
再制造	C_{51}	C_{52}	C_{53}	C_{54}

其中一维代表机床再制造逆向物流的5个过程，另一维代表4个环境影响要素。专家首先通过机床再制造逆向物流各个阶段对不同环境影响要素进行分析评价，并建立5个等级{0.2,0.4,0.6,0.8,1}，对环境影响最小的取1，相反取0.2。最后，在确定每个数值之后，对其求和作为机床再制造回收模式的环境性评价指标 C。

$$C=\sum_{p=1}^{5}\lambda_p^c\sum_{q=1}^{4}C_{pq}\omega_q^c \tag{2-56}$$

式中 C_{pq}——环境性评价矩阵的数值，表示环境影响要素 q 在第 p 阶段的影响程度，$p=1,2,\cdots,5,q=1,2,\cdots,4$；

λ_p^c——通过专家打分得到的再制造逆向物流过程中各阶段权重，$\sum_{p=1}^{5}\lambda_p^c=1$；

ω_q^c——经过专家打分得到的机床再制造逆向物流过程中各环境影响要素的权重，$\sum_{q=1}^{4}\omega_q^c=1$。

④ 资源性指标　机床再制造回收模式的资源性评价主要是从资源循环利用的角度对机床再制造回收模式进行评价。资源型指标主要包括废品回收率、废品再制造率和绿色能源比率。

a. 废品回收率 D_1。废品回收是实施再制造逆向物流的前提，越高的废品回收率，对减少资源浪费和保护环境越有用。根据目前的企业统计和分析可知，当产品的回收率达到90%时，则认为该指标的机床再制造逆向物流绿色性能好，即隶属度为1；当回收率小于30%时，则认为该指标的机床再制造逆向物流绿色性能很差，即隶属度为0。由此可得该指标的函数为：

$$D(x)=\begin{cases}0 & x<0.3\\(x-0.3)/(0.9-0.3) & 0.3\leqslant x\leqslant 0.9\\1 & x>0.9\end{cases} \tag{2-57}$$

b. 废品再制造率 D_2。根据目前的企业统计和分析，当废品再制造率达到85%时，则认为该指标的机床再制造逆向物流绿色性能好，隶属度为1；当废品再制造率小于15%时，则认为该指标的机床再制造逆向物流绿色性能很差，即隶属度为0。由此可得该指标的函数为：

$$D(x)=\begin{cases}0 & x<0.15\\(x-0.15)/(0.85-0.15) & 0.15\leqslant x\leqslant 0.85\\1 & x>0.85\end{cases} \tag{2-58}$$

c. 绿色能源比率 D_3。根据目前的企业统计和分析，当绿色能源比率达到90%时，则认为该指标的机床再制造逆向物流绿色性能好，隶属度为1；当绿色能源比率小于25%时，则认为该指标的机床再制造逆向物流绿色性能很差，即隶属度为0。由此可得该指标的函数为：

$$D(x)=\begin{cases}0 & x<0.25\\ (x-0.25)/(0.9-0.25) & 0.25\leqslant x\leqslant 0.9\\ 1 & x>0.9\end{cases} \tag{2-59}$$

⑤ 经济性指标　机床再制造回收模式的经济性指标主要从成本方面考虑，为企业决策机床再制造回收模式提供支持。机床再制造逆向物流成本主要由物流费用、用户费用和环境治理费用组成，该指标的函数为：

$$E_C=\begin{cases}(E_p-E_1-E_2-E_3)/E_p & E_p-E_1-E_2-E_3>0\\ 0 & E_p-E_1-E_2-E_3\leqslant 0\end{cases} \tag{2-60}$$

式中　E_p——机床再制造逆向物流带来的利益；

E_1——机床再制造逆向物流过程中物流费用；

E_2——机床再制造逆向物流过程中用户费用；

E_3——机床再制造逆向物流过程中环境治理费用。

(4) 基于熵权法和TOPSIS的机床再制造回收模式决策模型

机床再制造回收模式选择属于多目标决策问题，需要在社会性、技术性、环境性、资源性和经济性的基础上建立决策模型，并对各模式进行定量地综合分析比较，进而选择最佳的机床再制造回收模式。目前许多决策问题都采用定性分析的方法，少部分学者通过定量分析方法对决策展开讨论，但存在缺乏可操作性和过于复杂的缺点。

TOPSIS法具有算法简单、分析结果较合理、应用广泛等特点，能更好地应用于多目标决策问题。常用的确定权重方法，如模糊评价法和层次分析法（AHP）等，都是基于专家打分的形式来确定指标权重，但结果缺乏客观性。熵权法是一种运用基础数据来计算指标权重的方法，其计算结果较为客观且更切合实际。基于此，采用熵权法计算出权重，再将其应用到TOPSIS法进行决策，为机床再制造物流逆向模式提供一种新的决策途径。

① 熵权法求权重　早期有关熵的研究主要集中在热力学领域，后来被逐渐引进到信息论，在信息论中熵主要用来体现不确定性的度量。熵值越小，表示在评价体系中某指标的权重越大；反之，若熵值越大，则该指标在评价体系中的权重越小。

具体来讲，为了获得多个评价指标的权重，可采用如下的步骤计算。

先确定第 j 个指标的熵值 E_j：

$$E_j=-k\sum_{i=1}^{n}y_{ij}\ln y_{ij} \tag{2-61}$$

式中　n——方案的个数。

$k=1/\ln n$，从而保证 $0\leqslant E_j\leqslant 1$。

信息偏差度：

$$d_j=1-E_j \tag{2-62}$$

最后，确定各个评价指标的权重：

$$\omega_j=\frac{d_j}{\sum_{j=1}^{n}d_j} \tag{2-63}$$

式中，$j=1,2,\cdots,n$。

则可以得出各属性的权值：

$$\omega=(\omega_1,\ \omega_2,\ \cdots,\ \omega_m)^{\mathrm{T}}$$

② TOPSIS算法的基本理论　TOPSIS法的目的是：通过计算某评价对象与正负理想解的距离大小来进行排序，以解决多目标决策问题。若评价对象离正理想解最近的同时离负理想解最远，则该评价对象为最佳解；否则为最差解。

a. 建立多属性决策矩阵 **D**。设某评价对象有 m 个决策项目，每个决策项目对应有 n 个评价指标。决策项目集为：

$$A=(A_1,A_2,\cdots,A_i,\cdots,A_m) \tag{2-64}$$

指标集为：

$$X=(X_1,X_2,\cdots,X_n) \tag{2-65}$$

式中　A_i——第 i 个决策项目；

x_{ij}——决策项目 i 的第 j 个指标评价，则决策矩阵 **D** 为：

$$\boldsymbol{D}=\begin{pmatrix} x_{11} & x_{12} & \cdots & x_{1n} \\ x_{21} & x_{22} & \cdots & x_{2n} \\ \vdots & \vdots & x_{ij} & \vdots \\ x_{m1} & x_{m2} & \cdots & x_{mn} \end{pmatrix} \tag{2-66}$$

b. 建立标准化矩阵 **R**。决策矩阵 **D** 中各指标量纲不同，有些属于效益型指标，这些指标属性越大，对决策者来说就越好，如生态效益和绿色工艺实施率等。而有些指标属于成本型指标，这些指标越小，对决策者越好，如物流费用和环境污染治理费用等。因此，决策矩阵 **D** 需要采用归一化处理才能确保各指标之间能够相互比较。

若 x_{ij} 属于成本型指标，则归一化处理后的结果为：

$$r_{ij}=\frac{\dfrac{1}{x_{ij}}}{\sum\limits_{i=1}^{m}\dfrac{1}{x_{ij}}},i=1,2,\cdots,m;j=1,2,\cdots,n \tag{2-67}$$

若 x_{ij} 属于效益型指标，则归一化处理后的结果为：

$$r_{ij}=\frac{x_{ij}}{\sum\limits_{i=1}^{m}x_{ij}},i=1,2,\cdots,m;j=1,2,\cdots,n \tag{2-68}$$

归一化处理结束后的矩阵为：

$$\boldsymbol{R}=\begin{pmatrix} r_{11} & r_{12} & \cdots & r_{1n} \\ r_{21} & r_{22} & \cdots & r_{2n} \\ \vdots & \vdots & \vdots & \vdots \\ r_{m1} & r_{m2} & \cdots & r_{mn} \end{pmatrix} \tag{2-69}$$

c. 建立加权标准化矩阵 **V**。

$$\boldsymbol{V}=\begin{pmatrix} \omega_1 r_{11} & \omega_2 r_{12} & \cdots & \omega_n r_{1n} \\ \omega_1 r_{21} & \omega_2 r_{22} & \cdots & \omega_n r_{2n} \\ \vdots & \vdots & \vdots & \vdots \\ \omega_1 r_{m1} & \omega_2 r_{m2} & \cdots & \omega_n r_{mn} \end{pmatrix}=\begin{pmatrix} v_{11} & v_{12} & \cdots & v_{1n} \\ v_{21} & v_{22} & \cdots & v_{2n} \\ \vdots & \vdots & \vdots & \vdots \\ v_{m1} & v_{m2} & \cdots & v_{mn} \end{pmatrix} \tag{2-70}$$

d. 确定理想和负理想解。设效益性指标为 B、成本性指标为 C，确定正负理想解：

$$A^{+}=\{(\max_{1\leqslant i\leqslant m} v_{ij}\mid j\in B),(\min_{1\leqslant i\leqslant m} v_{ij}\mid j\in C)\},i=1,2,\cdots,m \tag{2-71}$$

$$A^{-}=\{(\min_{1\leqslant i\leqslant m} v_{ij}\mid j\in B),(\max_{1\leqslant i\leqslant m} v_{ij}\mid j\in C)\},i=1,2,\cdots,m \tag{2-72}$$

e. 各方案与正负理想解距离的计算。

$$S_i^{+}=\sqrt{\sum_{j=1}^{n}(v_{ij}-v_i^{+})}\ ,S_i^{+}=\sqrt{\sum_{j=1}^{n}(v_{ij}-v_i^{-})}\ ,i=1,2,\cdots,m \tag{2-73}$$

f. 各方案接近程度的计算与决策。

$$C_i=\frac{S^{-}}{S^{-}+S^{+}} \tag{2-74}$$

式中　$0<C_i<1$，$j=1,2,\cdots,m$。

如果 C_i 的值越趋近与 1，则表示相对应的评价对象越接近最佳解。

(5) 案例分析

机床主轴是机床重要的组成零部件，也是机床易出现故障的零部件，限制着机床的使用寿命。机床主轴具有较高的附加值，其性能优劣影响着零部件的加工精度和加工质量，而机床主轴再制造回收模式的选择影响着其附加值的有效利用。下面以废旧机床主轴的再制造回收模式决策为例对以上模型进行验证。

① 构建评价指标决策矩阵　通过调研不同模式下的再制造逆向物流，在统计大量数据的基础上，采用本书所建立的再制造回收模式评价指标的量化方法确定 3 种模式的评价指标决策矩阵，如表 2-18 所示。

表 2-18　各评价指标值

方式	$A1$	$A2$	$A3$	$B1$	$B2$	C	$D1$	$D2$	$D3$	E
自营	0.8	0.78	0.67	0.76	0.74	0.62	1	1	0.86	0.83
联营	0.8	0.65	0.54	0.85	0.82	0.58	0.95	0.98	0.95	0.89
外包	0.6	0.80	0.75	0.92	0.85	0.56	0.98	1	1	0.94

② 计算指标的权重　由式(2-61)～式(2-63)对各评价指标进行计算，得到熵权的评价指标权重为：$\omega=$ (0.295,0.178,0.074,0.983,0.065,0.246,0.074,0.316,0.157,0.119)。

③ 构造决策并归一化　图 2-112 所述的 15 个指标中，社会性、技术性和资源性评价准则对应的评价指标属于效益型指标；环境性与经济性评价准则对应的评价指标则属于成本型指标。按照式(2-67)、式(2-68)进行归一化处理后得矩阵为：

$$\boldsymbol{R}=\begin{pmatrix}0.364 & 0.350 & 0.342 & 0.300 & 0.307 & 0.315 & 0.341 & 0.336 & 0.306 & 0.355\\0.365 & 0.291 & 0.276 & 0.336 & 0.340 & 0.337 & 0.324 & 0.329 & 0.338 & 0.298\\0.273 & 0.359 & 0.383 & 0.364 & 0.353 & 0.342 & 0.334 & 0.336 & 0.356 & 0.314\end{pmatrix}$$

④ 加权标准化矩阵　基于归一化处理后的矩阵 $\boldsymbol{R}$，计算得到加权标准化矩阵为：

$$\boldsymbol{V}=\begin{pmatrix}0.107 & 0.062 & 0.025 & 0.295 & 0.020 & 0.077 & 0.025 & 0.106 & 0.048 & 0.042\\0.107 & 0.052 & 0.020 & 0.330 & 0.022 & 0.083 & 0.024 & 0.104 & 0.053 & 0.035\\0.080 & 0.064 & 0.028 & 0.358 & 0.023 & 0.084 & 0.025 & 0.106 & 0.056 & 0.037\end{pmatrix}$$

⑤ 再制造回收模式选择　计算得到理想解 A^{+} 和负理想解 A^{-}，其结果如下：

$A^{+}=$ (0.1427，0.1253，0.1694，0.1298，0.1365，0.1189，0.1474，0.1364，0.1252，0.1542)

$A^{-}=$ (0.0523, 0.0846, 0.0386, 0.0546, 0.0737, 0.0621, 0.0148, 0.0247, 0.0421, 0.0574)

计算各方案与正理想解的欧氏距离为（0.0603,0.0549,0.0807），各方案与负理想解的欧氏距离为（0.0215,0.0129,0.0343），最后将各方案的欧式距离代入式(2-74)，得到的各方案的接近程度为：

$$C_1=0.5246, C_2=0.3158, C_3=0.7469$$

根据 C_j 的大小排序：$C_3>C_1>C_2$，所以，该机床厂在决策再制造回收模式时应先考虑外包方案。

第3章 典型机床产品再制造工程实践

3.1 车铣类机床再制造（上海飞机制造有限公司　张文）

3.1.1 5A3P数控龙门铣床基本情况

中国商飞上海飞机制造有限公司于1986年从美国辛辛那提机床公司购进一台五轴联动三主轴大型龙门铣床（图3-1），用于美国波音737-700飞机水平尾翼梁缘条加工。机床型号为5A3P，基本参数如下。

图3-1　五轴联动三主轴大型龙门铣床

① 行程。

X-axis：15500mm。

Y-axis：4260mm。

Z-axis：710mm。

A-axis：+/−25°。

B-axis：+/−25°。

② 定位精度。

X-axis：0.10mm。

Y-axis：0.08mm。

Z-axis：0.05mm。

A-axis：+/−40″。

B-axis：+/−40″。

③ 重复定位精度。

X-axis：0.04mm。

Y-axis：0.025mm。

Z-axis：0.01mm。

A-axis：+/−16″。

B-axis：+/−16″。

④ 移动速度。

X、Y：5000mm/min。

Z：2500mm/min。

⑤ 主轴转速：30－3600r/min。

⑥ 功率：30hp。

⑦ 最大扭矩：79.5N·m。

⑧ 锥孔：BT-50。

⑨ 数控系统：Cincinnati Acramatic 900. CNC。

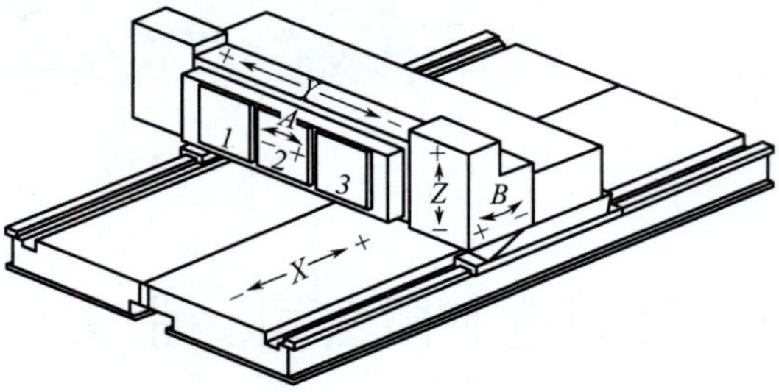

图 3-2　龙门铣床运动示意

龙门架安装在工作台两侧矩形导轨上（图 3-2），龙门架通过两侧导轨的直流伺服电机连接齿轮减速系统齿轮-齿条做 X、X'（5000mm/min）轴同步驱动前后移动。Y 轴通过一个直流伺服电机连接滚珠丝杠副带动横梁做 Y 向（5000mm/min）移动。Z 轴为龙门双立柱驱动，采用一个直流伺服电机连接齿轮减速机构通过连接万向联轴器带动两立柱丝杠传动做 Z 向上下移动。

A 轴采用一个直流伺服电机，通过齿轮沿主轴箱上的弧形齿条绕 X 轴做＋/－25°的转动。

B 轴采用一个直流伺服电机，通过万向联轴器带动两边的齿轮沿弧形齿条环绕 Y 轴做＋/－25°的转动。

X 轴、Y 轴、Z 轴、A 轴、B 轴均采用半闭环控制。

主轴为机械式主轴。采用电机连接齿轮变速箱，其齿轮传动系通过液压推动拨叉实现20～3600r/min 范围内的 23 挡变速。主轴功率为 30hp（1hp＝745.7W）、最大扭矩为 79.5N·m，锥孔为 BT-50。

数控系统为辛辛那提机床公司早期研发的 Acramatic900. CNC 控制系统。该系统利用 32 位 80386、80486 中央微处理器（CUP）和多个 16 位 80186 微处理器，以及相关软件组成控制系统（当时这是一个很好的数控系统）。

机床改造前的状况：机械润滑良好，机械几何精度、定位精度、重复定位精度严重走失；X 轴、Z 轴、B 轴两边因传动间隙经常出现不对称位置偏差，调整非常困难；各传动部件磨损严重，齿轮齿条已经卷边；多头泵磨损严重，保持压力有困难，液压平衡稳不住，Z 轴时而突然下落；主轴锥孔磨损严重，主轴换挡拨叉磨损，换挡不灵活并且时有卡死现象发生，主轴齿轮噪声大，松拉刀碟簧有损坏，已经多次更换；电气控制系统老旧且故障频发，备件采购困难。

3.1.2　5A3P 数控龙门铣床再制造

5A3P 数控龙门铣床再制造是对电气控制系统、机械传动系统、液压系统进行全面的改造，除了用常规手段修复和更换易损部件，重点是对原有的床身和构件进行修复改造，并且运用当今成熟的高新技术，达到甚至超越原机床技术指标。

（1）X 轴、Z 轴、B 轴双电机同步直驱技术

原机床 X 轴采用左右两边各一组直流伺服电机连接齿轮减速机构，以齿轮齿条传动方式做 X 向移动；Z 轴、B 轴采用一个直流伺服电机，通过齿轮减速机构—万向联轴器—伞齿轮带动两边的丝杠或带动两边的齿轮沿弧形齿条移动（图 3-3）。由于齿轮传动、万向联轴器有间隙和磨损，使之传动误差较大；又因机床长期使用两边的传动机构，磨损不一致，造成两边位置不对称偏差，调整非常困难。

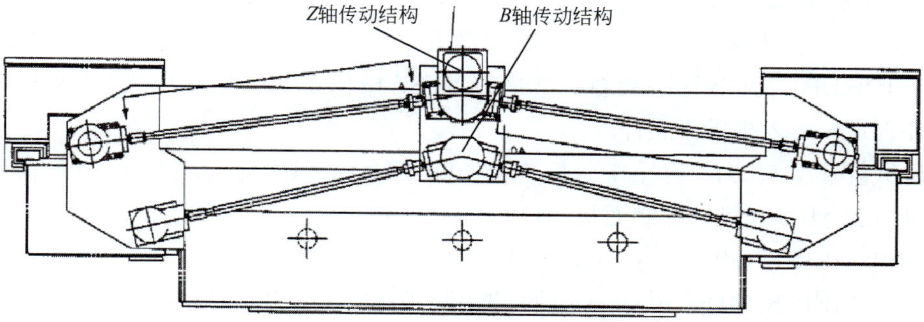

图 3-3　5A3P 龙门铣床原驱动方式

针对原 5A3P 龙门铣 X 轴、Z 轴、B 轴驱动方式的缺陷，采用了近年来应用较广的双电机直驱同步控制技术。X 轴采用 2 台 SiemensIFT6 伺服电机连接精密消隙齿轮减速箱实现 X 轴纵向移动。Z 轴采用 2 台 SiemensIFT6 伺服电机直接连接滚珠丝杠，实现 Z 向上下移动。B 轴采用 2 台 SiemensIFT6 伺服电机连接一对伞齿轮沿弧形齿条绕 Y 轴转动。因取消了齿轮减速机构和万向联轴器引起的间隙误差，以及 Z 轴选用 2 台伺服电机实现 Z/Z' 轴、B 轴选用 2 台伺服电机实现 B/B' 轴双位置同步控制；同时伺服电机选用 Siemens 双轴电机控制模块（6SL3120-2TE21-8AA3），使 X/X'、Z/Z'、B/B' 位置不对称误差控制在 0.5mm 以下，大于 0.5mm 时，系统将自行修正。若某种原因引起的 X/X'、Z/Z'、B/B' 两边位置出现较大的不对称误差，系统会提示报警并且自动停机，以保证机床安全运行。由于取消了原机床的齿轮减速机构和万向联轴器传动方式，采用双电机直驱同步控制技术，使 X 轴传动速度由原来的 5000mm/min 提高到 10000mm/min，Z 轴传动速度由 2500mm/min 提高到 5000mm/min，从而大大提升了机床的加工效率。

（2）高速电主轴

原主轴采用电机连接齿轮变速箱，齿轮传动系通过液压推动拨叉实现变速。由于使用了近 30 年，主轴锥孔磨损严重，经多次修理，锥孔表面硬化层已磨去，主轴换挡拨叉磨损，换挡不灵活并且时有卡死现象发生，主轴齿轮磨损严重、噪声大，松拉刀碟簧损坏，已无备件更换。又因机械主轴的转速低，不适合铝合金的高速切削加工，为此本案例废弃了机械主轴的维修，选择了高转速、恒功率、大扭矩的电主轴。

电主轴是将机床主轴与主轴电机融为一体的高新技术。由于机床主轴由内装式电动机直接驱动，从而把主轴传动链的长度缩短为零，因此提高了主轴的效率。电主轴的特点如下。

① 主轴与电机一体，结构紧凑、安装简单、方便、节省空间。

② 无中间传动环节，效率高、振动小、噪声低、运动平稳，在相同转速下，主轴轴承寿命长。

③ 易于实现高转速，高精度，动、静态稳定性高。

④ 利用现代电机驱动控制技术，可满足不同工况和负荷要求。

在 5A3P 数控龙门铣床改造中，选用的是 KESSLER SMS100-634.204 电主轴，其主要参数：扭矩（S_1）119N·m，功率（S_1）40kW，转速 10000r/min，刀柄 HSK-A100，轴承油脂润滑，同步电机。

(3) 数控控制系统

原机床数控控制系统是辛辛那提机床公司 20 世纪 80 年代研发的 A 系列 CNC 系统，因年久失修故障频发，加上备品备件供应匮乏，为此本案例采用西门子 Sinumerik840D-SL 数控系统更换原机床 Acramatic900.CNC 数控系统。系统配置如下。

① PCU50.5 人机接口单元、CPU 处理器大于 1.5GH，1GB 内存、NCU720.3PNwith PLC 317-3PN/DP、80GB 固态硬盘、WINDOWS7 操作系统、标准中文/英文显示人机界面；HMI-Advance 人机操作软件。

② 显示器采用 OP010 前操作面板（带 10.4in 彩色 TFT 显示屏，62 键的薄膜键盘）、MCP 483C PN 型 19in 机床控制面板、HT2 手持操作单元。

③ SINUMERIK OP 010 SINUMERIK 483C PN HT2。

④ SINUMERIK MDynamics（5 轴）铣削工艺包、3D 刀具补偿，RTCP（旋转刀具中心点插补加工等功能）。

⑤ 2 个 10/100Mb Ethernet（RJ45），4 个 USB 接口，实现系统网络的连接及各种数据的传输。

⑥ 各种插补功能，包括直线插补、通过圆心和终点的圆弧插补或三点圆弧插补、螺旋插补、通用插补器 NURBS（比例分均匀的 B 样条插补）、样条插补、多项式插补和渐开线插补。

⑦ 采用西门子 SINAMICS S120 全数字交流驱动单元替代原机床 X、X'、Y、Z、A、B、主轴的伺服驱动单元；实现机床 X、X'、Y、Z/Z'、A、B/B'轴驱动控制；各单元之间通过 DRIVE-CLiQ 电缆连接。

⑧ 采用西门子 1FT6 交流数字伺服电机替代原机床 X、X'、Y、Z、A、B 轴伺服电机，实现机床 X、X'、Y、Z/Z'、A、B/B'轴驱动。

⑨ 主轴选用 KESSLER 电主轴替代原机床主轴电机，实现机床主轴的驱动；电主轴采用 ADI4 模拟转换单元，输出 3 个－10V/＋10V 电压，连接 Siemens 驱动器控制电主轴。

(4) 机床改造后定位精度、重复定位精度的检测和试件检测

按照辛辛那提机床公司工厂标准，对 5A3P 数控龙门铣床的定位精度、重复定位精度进行检测，按 NAS979 标准进行 3D、5D 试件检测，见表 3-1。

表 3-1 定位精度、重复定位精度

定位精度/重复定位精度	允差	实测
X 轴定位精度/mm	0.1	0.058
Y 轴定位精度/mm	0.08	0.029
Z 轴定位精度/mm	0.05	0.034
A 轴定位精度/(″)	40	7.2
B 轴定位精度/(″)	40	36
X 轴重复定位精度/mm	0.4	0.036
Y 轴重复定位精度/mm	0.025	0.012
Z 轴重复定位精度/mm	0.01	0.009
A 轴重复定位精度/(″)	16	0.72

续表

定位精度/重复定位精度	允差	实测
B 轴重复定位精度/(″)	16	12.8

1# ～3# 主轴的 3D、5D 试件检测报告如图 3-4～图 3-6 所示。

SAMC 52-9（2012-06）

测试结果通知单(1)

NOTICE OF TEST RESULT

接收日期：10-09-2016 Received Date	委托单位：设施保障部 Customer		图号：/ Part NO.
设备/样品名称：试切件 Description （SSBZ-2016-006）	样品编号/炉批号：/ S.N/Lot. No.		型号/规格：/ Model
测试地点：长度室 Test Add.	测试日期：10-10-2016 Test Date	温度（℃）：20.5 Temperature	湿度（%RH）：42.3 Relative Humidity

本次检测所依据技术文件（名称和编号）：Test References

GB/T 3177-2009 光滑工件尺寸的检验

GB/T 1958-2004 产品几何量技术规范（GPS）形状和位置公差检测规定

本次测试所使用的主要设备：Main instruments used in this test

名称/型号 Description/Model	准确度/等级 Accuracy/Class	设备编号 S/N	证书编号/有效期 Certificate No./Due Date
三坐标测量机/UPMC S-ACC	±（0.6+L/600）μm	19125005	2016D33-10-002502/01-28-2017

测 试 结 果

Test Result

单位：mm

元素		实测值	元素		实测值
—	A	0.0044	—	E	0.0133
	B	0.0029		F	0.0164
	C	0.0054		G	0.0158
	D	0.0050		H	0.0100
A//C		0.0116	E//G		0.0195
B//D		0.0323	F//H		0.0171
A⊥B		0.0022	B∠E		45.0061°
B⊥C		0.0041	B∠F		45.0050°
C⊥D		0.0098	B∠G		45.0058°
D⊥A		0.0110	B∠H		45.0067°
○		0.0548	/		/
平面 1∠基准面		4.9979°	平面 2∠基准面		4.9971°

等温时间：>8 小时

测试人员： Tested By 333013A 0 1 0 6	核验人员： Checked By 33192EA 0 1 0 6

第 1 页 共 1 页

Page of

(a)

图 3-4

SAMC 52-9（2012-06）

测试结果通知单(2)
NOTICE OF TEST RESULT

接收日期：10-09-2016 Received Date	委托单位：设施保障部 Customer		图号：/ Part NO.
设备/样品名称：试切件 Description (SSBZ-2016-005)	样品编号/炉批号：/ S.N/Lot. No.		型号/规格：/ Model
测试地点：长度室 Test Add.	测试日期：10-10-2016 Test Date	温度（℃）：20.5 Temperature	湿度（%RH）：42.3 Relative Humidity

本次检测所依据技术文件（名称和编号）： Test References

GB/T 3177-2009 光滑工件尺寸的检验

GB/T 1958-2004 产品几何量技术规范（GPS）形状和位置公差检测规定

本次测试所使用的主要设备：Main instruments used in this test

名称/型号 Description/Model	准确度/等级 Accuracy/Class	设备编号 S/N	证书编号/有效期 Certificate No./Due Date
三坐标测量机/UPMC S-ACC	±（0.6+L/600）μm	19125005	2016D33-10-002502/01-28-2017

测 试 结 果

Test Result

元素	测试结果
圆锥夹角	14.9952°
圆锥圆度 C1（40 点）	0.0647 mm
圆锥圆度 C2（40 点）	0.0693mm

等温时间：8 小时

测试人员： Tested By 333013A 0106	核验人员： Checked By 331925A 0106

第 1 页 共 1 页

Page of

(b)

图 3-4 1# 主轴检测报告

SAMC 52-9（2012-06）

测试结果通知单(3)
NOTICE OF TEST RESULT

接收日期：10-09-2016 Received Date	委托单位：设施保障部 Customer		图号：/ Part NO.
设备/样品名称：试切件 Description　（SSBZ-2016-007）	样品编号/炉批号：2 S.N/Lot. No.		型号/规格：/ Model
测试地点：长度室 Test Add.	测试日期：10-12-2016 Test Date	温度（℃）：20.4 Temperature	湿度（%RH）：49.0 Relative Humidity

本次检测所依据技术文件（名称和编号）：Test References

GB/T 3177-2009　光滑工件尺寸的检验

GB/T 1958-2004 产品几何量技术规范（GPS）形状和位置公差检测规定

本次测试所使用的主要设备：Main instruments used in this test

名称/型号 Description/Model	准确度/等级 Accuracy/Class	设备编号 S/N	证书编号/有效期 Certificate No./Due Date
三坐标测量机/UPMC S-ACC	±（0.6+L/600）μm	19125005	2016D33-10-002502/01-28-2017

测　试　结　果

Test Result

单位：mm

元素		实测值	元素		实测值
—	A	0.0042	—	E	0.0091
	B	0.0052		F	0.0070
	C	0.0052		G	0.0153
	D	0.0049		H	0.0109
A//C		0.0278	E//G		0.0220
B//D		0.0113	F//H		0.0199
A⊥B		0.0128	B∠E		44.9963°
B⊥C		0.0023	B∠F		44.9974°
C⊥D		0.0015	B∠G		44.9984°
D⊥A		0.0091	B∠H		45.0034°
○		0.0589	/		/
平面1∠基准面		4.9954°	平面2∠基准面		4.9944°

等温时间：>8小时

测试人员： Tested By　333013A　0126	核验人员： Checked By　331925A　0126

第 1 页 共 1 页

Page　of

(a)

图 3-5

SAMC 52-9（2012-06）

测试结果通知单(4)
NOTICE OF TEST RESULT

接收日期：10-09-2016 Received Date	委托单位：设施保障部 Customer		图号：/ Part NO.
设备/样品名称：试切件 Description (SSBZ-2016-009)	样品编号/炉批号：2 S.N/Lot. No.		型号/规格：/ Model
测试地点：长度室 Test Add.	测试日期：10-12-2016 Test Date	温度（℃）：20.4 Temperature	湿度（%RH）：49.0 Relative Humidity

本次检测所依据技术文件（名称和编号）：Test References

GB/T 3177-2009 光滑工件尺寸的检验

GB/T 1958-2004 产品几何量技术规范（GPS）形状和位置公差检测规定

本次测试所使用的主要设备：Main instruments used in this test

名称/型号 Description/Model	准确度/等级 Accuracy/Class	设备编号 S/N	证书编号/有效期 Certificate No./Due Date
三坐标测量机/UPMC S-ACC	±（0.6+L/600）μm	19125005	2016D33-10-002502/01-28-2017

测 试 结 果

Test Result

元素	测试结果
圆锥夹角	15.0004°
圆锥圆度 C1（40点）	0.0561mm
圆锥圆度 C2（40点）	0.0543mm

等温时间：8 小时

测试人员： Tested By 333013A 0126	核验人员： Checked By 331925A 0126

第 1 页 共 1 页

Page of

(b)

图 3-5 2# 主轴检测报告

SAMC 52-9（2012-06）

测试结果通知单(5)

NOTICE OF TEST RESULT

接收日期：10-09-2016 Received Date	委托单位：设施保障部 Customer		图号：/ Part NO.
设备/样品名称：试切件 Description (SSBZ-2016-008)	样品编号/炉批号：3 S.N/Lot. No.		型号/规格：/ Model
测试地点：长度室 Test Add.	测试日期：10-12-2016 Test Date	温度（℃）：20.4 Temperature	湿度（%RH）：49.0 Relative Humidity

本次检测所依据技术文件（名称和编号）： Test References

GB/T 3177-2009 光滑工件尺寸的检验

GB/T 1958-2004 产品几何量技术规范（GPS）形状和位置公差检测规定

本次测试所使用的主要设备：Main instruments used in this test

名称/型号 Description/Model	准确度/等级 Accuracy/Class	设备编号 S/N	证书编号/有效期 Certificate No./Due Date
三坐标测量机/UPMC S-ACC	±（0.6+L/600）μm	19125005	2016D33-10-002502/01-28-2017

测 试 结 果

Test Result

单位：mm

元素		实测值	元素		实测值
—	A	0.0052	—	E	0.0157
	B	0.0022		F	0.0109
	C	0.0030		G	0.0112
	D	0.0055		H	0.0174
A//C		0.0072	E//G		0.0151
B//D		0.0105	F//H		0.0213
A⊥B		0.0132	B∠E		45.0033°
B⊥C		0.0002	B∠F		45.0022°
C⊥D		0.0104	B∠G		45.0079°
D⊥A		0.0138	B∠H		45.0059°
○		0.0534	/		/
平面1∠基准面		5.0013°	平面2∠基准面		4.9998°

等温时间：>8 小时

测试人员： Tested By　333013A 0126	核验人员： Checked By　331925A 0126

第 1 页 共 1 页

Page of

(a)

图 3-6

SAMC 52-9（2012-06）

测试结果通知单(6)
NOTICE OF TEST RESULT

接收日期：10-09-2016 Received Date	委托单位：设施保障部 Customer		图号：/ Part NO.
设备/样品名称：试切件 Description (SSBZ-2016-010)	样品编号/炉批号：3 S.N/Lot. No.		型号/规格：/ Model
测试地点：长度室 Test Add.	测试日期：10-12-2016 Test Date	温度（℃）：20.4 Temperature	湿度（%RH）：49.0 Relative Humidity

本次检测所依据技术文件（名称和编号）：Test References

GB/T 3177-2009 光滑工件尺寸的检验

GB/T 1958-2004 产品几何量技术规范（GPS）形状和位置公差检测规定

本次测试所使用的主要设备：Main instruments used in this test

名称/型号 Description/Model	准确度/等级 Accuracy/Class	设备编号 S/N	证书编号/有效期 Certificate No./Due Date
三坐标测量机/UPMC S-ACC	±（0.6+L/600）μm	19125005	2016D33-10-002502/01-28-2017

测 试 结 果

Test Result

元素	测试结果
圆锥夹角	14.9955°
圆锥圆度 C1（40 点）	0.0621mm
圆锥圆度 C2（40 点）	0.0626mm

等温时间：8 小时

测试人员： Tested By	333013A 0126	核验人员： Checked By	331925A 0126

第 1 页 共 1 页

Page of

(b)

图 3-6 3# 主轴检测报告

（5）再制造后的评价

① 技术评价　5A3P 数控龙门铣床再制造是一项充分利用现有废旧机床资源，运用现代先进的制造工艺、信息技术、数控及自动化技术，对原即将报废的机床进行再制造。采用的新技术有以下几项。

a. 应用双电机直驱同步控制技术，大大提高了机床位置误差精度和机床运行移动速度。

原机床 Z 轴、B 轴采用一个直流伺服电机通过齿轮减速机构—万向联轴器传动机构，改为交流伺服电机直接连接滚珠丝杠，通过废弃原传动机构，大大减少了传动链各级之间的累积传递误差，同步驱动控制选用 Siemens 双轴电机控制模块，使之 X/X'、Z/Z'、B/B' 位置不对称误差控制在 0.5mm 以下，超越控制范围系统将自行修正，使得精度得到了较大的提高，同时配合增加液压蓄能器，使 Z 轴平衡缸平衡效果更加稳定，Z 轴移动速度从原先的 2500mm/min 提高到 5000mm/min。X 轴移动速度从原先的 5000mm/min 提高到 10000mm/min。

b. 高速电主轴的应用，提高了机床铣削加工的效率。

原机床主轴采用齿轮传动，通过液压推动拨叉实现变速，并且转速低、功率低、扭矩小。5A3P 数控龙门铣床改造选择了主轴与电机融为一体的 KESSLER 电主轴，其具有转速快（10000r/min）、恒功率（40kW）、大扭矩（119N·m）的特点。由于选用了高转速、大扭矩的电主轴，因此机床铣削加工的效率得到了较大的提升。

c. 全新的数控控制系统，提高了系统控制精度，运行更加稳定可靠。

西门子 Sinumerik840D-SL 数控系统是近年来应用较为成熟和广泛的数控机床控制系统，也是西门子目前为止顶级的数控系统，相对于之前的数控系统来说，它具有较快的处理性能及较完善的功能。

新系统与老系统比较，主要升级了以下几个方面。

• 硬件全面升级（集成化），集成度更高。部件更加模块化，从使用者的角度考虑，方便日后保养维护。

• 模块的连接全部通过以太网总线，提高抗干扰能力，最大的好处为模块的安装形式不再像以往一样局限在规定区域内的一排，而是用网线连接，极大地满足了现场装备在电气布局方面的要求。因为采用了网线连接形式以及新的软件算法，使得模块连接较以往更柔性化，外围硬件连接可通过软件配置，灵活性提高，极大地方便了调试人员的工作效率，也对今后日常维护提供了便捷的通道。

• 驱动系统为 S120 驱动，整合了电机功率模块与测量控制模块。

• 系统内置安全集成功能，该功能可以在设备还未发生故障的时候对设备进行检测，以减少故障甚至事故的发生，例如伺服电机抱闸磨损、机床防护门开关失效等。

• 具备 PROFINET 接口功能，可方便地与现场工业设备联机，提高整个生产现场的自动化程度。系统内置的 DNC 系统可以方便加工程序的管理。

• 可执行远程诊断，以极高的效率对机床情况进行勘察，快速处理故障，恢复生产。还可通过手机、PAD 等现代化智能控制，对设备进行远程无线操作。

d. 提高了机床各轴的移动速度，进而提高了铣削加工速率。

为适合铝合金高速切削加工和提高机床使用效率，结合 5A3P 数控龙门铣床的结构特点，综合考虑将机床移动速度由原来的 $X=5000$mm/min，$Y=5000$mm/min，$Z=2500$mm/min 提高到 $X=10000$mm/min，$Y=10000$mm/min，$Z=5000$mm/min。主轴转速由原来的 3600r/min 提高到 10000r/min。经对同一飞机平尾梁缘条进行加工所需时间对比，加工时间缩减了近 1/3。

② 经济评价　5A3P 数控龙门铣床是一台使用了近 30 年的老机床，长期三班 24 小时连续工作，近年来故障频发，维修备品备件供应匮乏，折旧后的残值为 52 万元。由于 5A3P 数控龙门铣床是在原有的废旧机床上进行改造，大部分材料是修复利用，因此维修成本仅是新购的 1/10。如果采购一台新 5A3P 数控龙门铣床（不包括床身），辛辛那提公司报价为 490 万美元，本次改造的费用为 450 万元。因此，5A3P 数控龙门铣床改造达到了低成本、高收益的经济目标。

③ 节能与资源评价　5A3P 数控龙门铣床的改造是对即将报废的机床进行全面升级改造，并充分运用现代先进的和成熟的高新技术，使原机床获得了优异的加工精度，提升了生产效率，使稳定性更为可靠，操作和维护维修更为便利。全部改造是利用设备原有的自身材料，对磨损机件进行修复或更换，原机床的材料利用率在 90%以上，改造消耗的能源与新购机床相比不足 10%，改造成本是新购机床费用的 1/10。因此，5A3P 数控龙门铣床的再制造实现了资源的循环利用，达到节约成本、节能、节材和保护环境的效果。

3.2 齿轮机床再制造 [重庆机床（集团）有限责任公司　李祥麒]

3.2.1 YKX3132M 齿轮箱基本情况

重庆机床（集团）有限责任公司下属的再制造公司，经过多年的努力，为国内多家企业实现了再制造工作。现以 2016 年 3 月份再制造公司承接大连创新齿轮箱制造有限公司一台 YKX3132M 齿轮箱再制造为例加以介绍，见图 3-7。

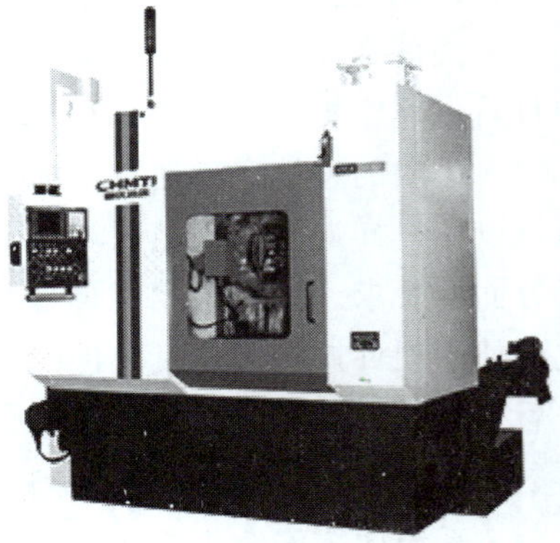

图 3-7　YKX3132M 齿轮箱

YKM3120M 齿轮箱的基本参数如下。

最大工件直径：320mm。

最大模数：8mm。

滑板行程长度：250mm。

刀架回转角度范围：±45°。

刀架回转角度最小读数：5′。

滚刀最大安装直径：160mm。

滚刀最大安装长度：200mm。

滚刀最大轴向移动量：150mm。

滚刀主轴锥孔：莫氏圆锥 5 号。

滚刀心轴直径：32mm、40mm。

工作台直径：320mm。

工作台孔径：100mm。

主轴转速级数：无级。

主轴转速范围：120～540r/min。

径向、轴向进给量级数：无级。

轴向进给量范围：0.1～5mm/r（工作台）。

YKX3132M 机床总功率：29kV・A/50Hz。

用户要求所有的静态几何精度和数控系统均恢复出厂精度的要求，这样既降低了企业的投入成本，又获得了经济效益。

3.2.2　YKX3132M 齿轮箱再制造方案

(1) 机械部分

① 基础件修复　该机床主要由床身、立柱、工作台、刀架组成，所以基础件经过拆卸、清洗后全部重新加工，并按出厂精度检验。

② 传动件　将轴承、滚珠丝杠、支承铜套全部更换；对传动齿轮、弧锥齿轮进行检测，所有丧失精度的全部更换，并重新调整啮合间隙；更换工作蜗杆及蜗轮；调整工作台蜗轮蜗杆间隙和壳体间隙；调整刀架活动托座间隙、主轴轴承间隙，见表 3-2。

表 3-2　刀架部分小托座关键点控制表

<table>
<tr><td colspan="2">质控 DJ-001</td><td rowspan="3">关键点控制卡</td><td>部组</td><td>刀架</td></tr>
<tr><td>产品名称</td><td>滚齿机</td><td>页码</td><td></td></tr>
<tr><td>产品型号</td><td>YKX3132M 系列</td><td>部位</td><td>小托座</td></tr>
<tr><td colspan="3" rowspan="8"></td><td>序号</td><td>关键工艺控制点及内容</td></tr>
<tr><td>1</td><td>装配前做好清洗，检查毛刺、倒角</td></tr>
<tr><td>2</td><td>两面平度要求达到 0.005mm</td></tr>
<tr><td>3</td><td>此面要求刮点子数达到 8 个点子</td></tr>
<tr><td>4</td><td>通过标准块量磨垫片，使其滑座移动平稳灵活，滚动块有一定负荷</td></tr>
<tr><td></td><td></td></tr>
<tr><td></td><td></td></tr>
<tr><td>备注</td><td></td></tr>
<tr><td colspan="3">制表人：</td><td colspan="2">审核：</td></tr>
</table>

(2) 液压、冷却、排屑部分

清理、疏通油路，更换损坏的液压阀体；修复冷却系统，更换排屑器总成，配齐防护装置，确保液压、冷却各部件功能正常，确保机床无渗漏现象产生，见表 3-3。

(3) 电气部分及外观

修复及更换电气控制系统元件，更新系统程序，重新布线，并对所有电气部件进行保养，重新整机涂装，见表 3-4。

表 3-3 刀架部分油路关键点控制表

质控 DJ-006		关键点控制卡	部组	刀架
产品名称	滚齿机		页码	
产品型号	YKX3132M 系列		部位	油路

序号	关键工艺控制点及内容
1	油管接线按照此标准
2	各处油管接线美观
3	油管接头无松动
4	做好螺钉紧固标记
5	检查箱体各油孔孔是否来油
备注	

制表人：　　　　　　审核：

表 3-4 电箱表格关键点控制表

质控 DX-001		关键点控制卡	部组	电工组
产品名称	滚齿机		页码	
产品型号	YKX3132M 系列		部位	电箱

序号	关键工艺控制点及内容
1	电气元件排列整齐
2	所有外观线路不得有打结情况
3	门开关、日光灯等自由电线长度超过1m，需安装固定线卡，并且线路沿壁、角固定
4	高低压线路要分区
5	各电气元件要标识清楚
6	电线长度超过 200mm 的多根自由线路需要用扎带固定
7	马达保护器需按照图纸整定电流值
8	驱动器电缆安装在线槽里
9	进、出线孔采用密封条等防护，预留的孔要堵塞
10	接完线路需要清洁电箱
11	所有螺钉必须压紧，紧固
备注	

制表人：　　　　　　审核：

(4) 最终大修结果

① 总装结果（表 3-5）。

表 3-5　数控机床总装验收标准　执行标准 GB/T 25380—2010

序号	检查项目及要求	检测结果	备注
1	大立柱底面支撑座定位，检查轴转动灵活。 支承孔轴线与立柱水平导轨平行度为 0.01/300 锥销接触面 70%，结合面 0.02 塞尺不得塞入 （如达不到要求，可修刮支撑座结合面，接触点为 8 点）	合格	
2	床身端面 0112026C 箱体定位，检查轴转动灵活 箱体孔中心线与床身导轨平行度为 0.01/300（如达不到要求，要精心刮研。接触点为 8 点。结合面 0.02 塞尺不得塞入）	合格	
3	工作台壳体定位。刮研床身与工作台壳体结合面 接触点为 8 点 工作台轴线对刀架滑板移动的平行度：a 为 0.018；b 为 0.012/250 分度蜗杆轴线对床身导轨平行度为 0.01/200 工作台轴线与刀架回转中心的相交度，以交点检具机床两边一致。锥销接触面为 70%	合格	
4	大立柱上分度轴接盘定位 检查轴转动灵活。锥销接触面为 70%	合格	
5	刮床身装饰花，应整齐、美观	合格	
6	清洗 011026C 箱体，应清洁	合格	
7	011026C 箱体上装好蜗轮副 蜗轮副接触适中。啮合侧隙为 0.05～0.08	合格	
8	清洗床身，应清洁，无污物 床身水平 0.03/1000	合格	
9	床身上装好立柱、箱体、滚珠丝杠、工作台、分度轴套等 立柱移动轻便、灵活、平稳。工作台转动轻便平稳。0.03 塞尺不得塞入结合面	合格	
10	精校大立柱滑板移动与工作台回转中心的平行度。滑板移动平稳、灵活。0.03 塞尺不得塞入结合面。床身与工作台结合面的接触点为 8 点。锥销接触面为 70%	合格	
11	精校小立柱 床身与小立柱结合面接触点为 8 点。 锥销接触面为 70%	合格	
12	机床合好护罩，应整齐美观。滑门滑动轻便灵活	合格	

② 机床精度与验收（表 3-6）。

表 3-6　数控机床精度与验收标准　执行标准 GB/T 25380—2010

序号	检查项目	允差	实测	检查员
1	工作台的径向直线度	0.015	0.010	
2	工作台回转轴线的径向跳动（a、b 向）	0.006	0.005	

续表

序号	检查项目		允差	实测	检查员
3	工作台的周期性轴向窜动		0.005	0.003	
4	工作台的端面跳动(a、b 向)		0.010	0.008	
5	外支架轴承孔对工作台回转轴线的同轴度(上、中、下三点检查)		0.022/711	上 0.013	
				中 0.009	
				下 0.012	
6	刀架滑板移动对工作台回转轴线的平行度	a	0.020/250	0.012	
		b	0.014/250	0.009/250	
7	滚刀主轴安装孔的径向跳动 1:近端　2:远端(a,b 向)	1	0.006	0.004	
		2	0.015/210	0.012/210	
8	滚刀主轴的轴向窜动		0.006	0.005	
9	活动托座的轴承孔与刀具主轴轴线的同轴度	a	0.017/455	0.010	
		b		0.011/455	
10	刀架切向滑座移动对刀具主轴回转轴线的平行度	a	0.012/150	0.007	
		b		0.006/150	
机床工作精度	直齿轮 P_1	周节偏差 Δf_{pt}	±0.010	0.014	
		周节累积误差 ΔF_p	0.040	0.018	
	斜齿轮 P_2	齿向误差 $\Delta F_\beta/\Delta f_{h\beta}$	0.017	0.017	

③ 用户齿检测(表 3-7)。

表 3-7　用户齿轮检测数据表　执行标准 GB/T 10095—2001

检查项目	$F_p/\mu m$		$F_{pB}/\mu m$		结果
$m=4$　$z=49$ $\beta=0$	左	右	左	右	合格
	18.4	16.7	13.5	14	合格
$m=3$　$z=44$ $\beta°=20°$　旋向:右	左	右	左	右	合格
	16.9	14.6	3.2	4.4	合格

(5) 效益评价

通过三个月的修理工作，满足了用户修理要求，从而产生的社会效益和经济效益有以下几个方面。

① 用户只需投入购置新机床价格的 1/3 资金，从而节约了固定资产投入成本。

② 节约钢铁材料达 98%；如用标准煤烧铸铸铁，每吨铸铁消耗标准煤 0.273t，该项目节约标准煤 2.73t(0.273t×10)，从而减少二氧化碳排放量 7.1526t(燃烧每吨标准煤产生 2.62t 二氧化碳)。

③ 因没有粗加工部分，基础件的加工修复费用节约 1/3 左右。

④ 如果该机床不进行再制造，那么就会闲置，既占用生产场地，又浪费公共资源。

综上所述，再制造对提高社会效益和经济效益起着举足轻重的作用。

3.3 磨削类机床再制造（宇环数控机床股份有限公司　李尤强）

3.3.1 宇环数控再制造基本情况

2007 年，宇环数控机床股份有限公司（以下简称宇环数控）对奇瑞汽车有限公司从国外引进的 7 台 20 世纪 80 年代美国 LANDIS 曲轴磨床进行再制造（图 3-8），将一条废弃的生产线通过再制造达到 6000 多万元生产线的价值，节约了大量的资源，创造了较高的经济效益；并实现了以下技术改造及技术升级。

(a) 再制造前　　(b) 再制造后

图 3-8　LANDIS 曲轴磨床再制造对比图

① 采用 RBF 神经网络预测切入深度、表面粗糙度，采用数控插补算法将原 LANDIS3200 系统升级为 SINUMERIK840D 数控系统。

② 将原 Marposs E39 量仪升级为 MarpossP7 和 XE5。

③ 增加美国 SBS7500 在线动平衡仪。

④ 修复机械精度，以达到加工零件工艺满足正常生产的精度要求。

⑤ 机床提升改造后满足加工多个曲轴品种的要求。

⑥ 重新设计砂轮隔套以及靠模工艺装备，以满足用户加工需求。

近 10 年来，宇环数控再制造事业规模不断扩大，先后对安庆帝伯格茨、安徽江淮汽车、南京飞燕以及陕西北方动力等公司引进的国外数控机床以及国产废旧机床进行再制造改造升级，经济效益明显，再制造产品技术性能均有较大提高，为企业节约了大量资源。

3.3.2 YHDM580B 立式双端面磨床再制造背景

(1) 产品基本情况

高精度数控立式双端面磨床 YHDM580B 为宇环数控主导产品之一，主要应用于各种外形异形和圆形的金属、非金属薄形零件（轴承、阀片、铝合金板、密封件、油泵叶片、活塞环等）的高精度双面磨削加工。该设备主要由滚珠丝杠上下磨头、变频调速机构、送料机构、修整机构等部分组成，具备如下主要特点。

① 采用三菱 E70 数控系统，性能稳定可靠，人机界面友好。

② 零件加工中，上、下两平面同时分层次进行磨削，加工精度高，不需要辅助定位。

③ 磨头进给采用高精密滚珠丝杠副，进给精度达到 0.001mm。

④ 采用自主研发的双端面磨削与砂轮控制程序，实现高精度磨削。

⑤ 磨头电主轴采用变频调速驱动，转速 150～950r/min。

⑥ 送料盘送料电机采用变频调速器驱动，转速 1～10r/min。

⑦ 冷却液经磁性分离、纸带过滤、沉淀过滤 3 级过滤，采用冷却机控制冷却液温度。

⑧ 采用铰链式圆盘送料机构，开启灵活，方便更换和修整砂轮。

⑨ 机身采用箱形结构，上下磨头立轴式配置，刚性和稳定性高。

机身主要技术参数如下。

a. 加工工件范围：最大加工工件外径 ϕ120mm。

b. 加工工件厚度：0.8～40mm。

c. 上、下磨头转速：100～960r/min。

d. 送料圆盘送料：分度送料，(1～10r/min) 无级调速。

e. 上、下磨头主轴电机功率：2×22kW。

f. 上、下磨头升降伺服电机转矩：2×2kW。

g. 液压系统电机功率：5.5kW。

h. 砂轮规格：ϕ585mm×50mm。

i. 修刀工具：金刚笔。

j. 磨头最小进给量：0.001mm。

k. 加工两端面的平面度、平行度：0.03mm。

l. 加工件表面粗糙度：Ra0.3μm。

m. 磨床主体尺寸（长×宽×高）：2700mm×2620mm×2650mm。

n. 整机质量：10000kg。

（2）再制造要求

近年来，市场对高精度数控立式双端面磨床 YHDM580B 的要求越来越高，主要体现在以下几方面。

① 加工对象需要拓展到加工手机显示屏玻璃、蓝宝石、陶瓷等超硬材料。

② 配置自动在线测量装置，实现工件厚度自动在线测量，以保证加工工件品质的稳定。

③ 配置自动上下料装置。

④ 提升加工效率和加工质量。

基于这一市场需求，宇环数控确立了两种应对方法：其一，开发新一代高精度数控立式双端面磨床；其二，对有需求的 YHDM580B 用户通过再制造手段，按照新一代高精度数控立式双端面磨床的技术要求进行产品升级，使再制造产品能够应对手机显示屏玻璃、蓝宝石、陶瓷等超硬材料的加工，具备在线测量功能及上下料装置，并且加工效率、加工质量得到较大提升。

本节以退役高精度数控立式双端面磨床 YHDM580B 为例，就磨床产品可再制造度、再制造设计、技术及工艺流程等方面进行介绍，最终达到再制造产品技术升级的目的。

3.3.3 YHDM580B 立式双端面磨床可再制造性分析

按照本书前文介绍的废旧机床零部件及整机可再制造综合评估技术方法，对退役

YHDM580B实施再制造所涉及的技术可行性、经济可行性、资源环境效益等方面进行分析，以此为基础，分析其可再制造性。

(1) 技术可行性

主要对再制造工艺过程的各个阶段，包括拆卸简易性、清洗可行性、检测与分类可行性、零部件再加工可行性、整机性能升级可行性、再装配简易性等进行评价。

① 易于拆卸性　拆卸是再制造过程的第一步，磨床再制造的拆卸不同于材料回收及再循环，应尽量减少拆卸过程中造成的零件损坏，提高拆卸效率。磨床床上存在各类螺栓、螺钉、卡销等连接，而这些连接具有不同的拆卸简易性。采用拆卸时间作为拆卸性定量评价指标，如式(3-1)、式(3-2) 所示。

$$\xi=\frac{\sum_{i=1}^{N}c_it_i}{T_d}(i=1,2,\cdots,N) \tag{3-1}$$

$$\mu_d=\begin{cases}1.00 & (\xi\leqslant 1.0)\\ 0.80 & (1.0<\xi\leqslant 1.2)\\ 0.60 & (1.2<\xi\leqslant 1.4)\\ 0 & (\xi>1.4)\end{cases} \tag{3-2}$$

式中　t_i——第 i 类连接零件的平均拆卸时间；

c_i——第 i 类连接零件的数量；

T_d——拆卸时间的一个参考值或标准值；

ξ——一个中间变量；

μ_d——拆卸简易性指标值。

式(3-2) 中的界限值主要根据专家经验来设定。

根据上述公式进行计算，YHDM580B的易于拆卸性指标 $\mu_d=0.8$。

② 清洗可行性　为了使回收的退役磨床及零部件具有较好的可再加工性，在检测与分类之前必须对拆卸的零部件进行清洗。如果退役磨床零部件易于清洗，可显著降低再制造成本，并可以提高再制造的环境友好性。

清洗可行性主要从零部件数量以及所采用清洗方法的难易程度进行评价。各种清洗方法的难易程度在进行统计分析的基础上分析确定。例如：吹，0.20；刷、擦或烘焙，0.40；化学洗涤剂喷洗，0.70；超声波清洗，0.90。清洗可行性指标值可通过式(3-3) 计算。

$$\mu_c=1-\frac{\sum_{j=1}^{4}L_j\theta_j}{\sum_{j=1}^{4}L_j}(j=1,2,3,4) \tag{3-3}$$

式中　L_j——采用第 j 类清洗办法的零部件的数量；

θ_j——第 j 类清洗办法的难易程度值。

根据上述公式进行计算，YHDM580B的易于拆卸性指标 $\mu_c=0.74$。

③ 检测与分类可行性　退役磨床零部件的性能检测是保证退役磨床再制造质量的非常关键的环节，目的在于检测废旧零部件适合用于再制造。基于零部件检测结果，可以将零部件分为三类：不需要再加工而直接重用、再加工后可重用及不可重用类。检测与分类可行性指标值主要通过平均检测时间进行评定，并由专家评判。评判结果 μ_i 可分为 $\{A,B,C,D\}$，

分别对应的指标值为 {0.95,0.80,0.65,0.40}。

YHDM580B 的检测与分类可行性 $\mu_i = 0.80$。

④ 修复与再加工可行性　再加工是将废旧零部件恢复到新品水平的关键环节，是磨床再制造工艺的重要过程。回收的退役磨床的质量水平越差、损坏程度越厉害，废旧零部件再加工过程失败的概率越高。不同的零部件采用不同的再加工工艺过程，每种再加工工艺具有不同的成本，也具有不同的成功比率。磨床废旧零部件的再利用率直接影响再制造成本，具有较好的零部件再加工可行性的退役机床，其再制造经济性将显著提高。零部件再加工可行性指标可由式(3-4) 计算。

$$\mu_r = \frac{\sum_{k=1}^{M} M_k \rho_k}{\sum_{k=1}^{M} M_k} (k = 1, 2, \cdots, M) \tag{3-4}$$

式中　M_k——拆卸及清洗后第 k 类零部件的数量；

ρ_k——第 k 类零部件修复与再加工的成功率（根据经验可获取，为一概率分布函数的期望值）；

M——零部件种类的数量。

通过统计计算，YHDM580B 的修复与再加工可行性 $\mu_r = 0.84$。

⑤ 整机性能升级可行性　随着客户对磨床加工精度、自动化及信息化水平、能效水平等性能要求越来越高，仅仅将退役磨床恢复精度已不能满足客户需求，而需要通过各类高新技术对再制造机床进行功能及性能提升。然而，由于退役磨床在结构、功能、材料等方面的限制，部分退役磨床不适合于升级改造。因此，对磨床整机性能升级可行性进行分析非常重要。

整机性能升级可行性指标 μ_u 的计算方法比较复杂，在此不作介绍。利用该计算方法，得出 YHDM580B 的整机性能升级可行性 $\mu_u = 0.92$。

⑥ 再装配简易性　易于再装配是将再制造零部件装配成再制造新机床而保证产品质量的关键因素，并直接影响再装配的时间以及成本。再装配简易性指标与连接结构、再装配精度、再装配联系的数量、标准件数量、再装配路径等因素密切相关。由于再制造工艺过程的高度不确定性，很难定量地评定再装配的简易性，而只能通过专家评定的方法来进行定性描述。将 μ_a 的评价结果分为 $\{A, B, C, D\}$，分别对应的指标值为 {0.95,0.80,0.65,0.40}。

YHDM580B 的再装配简易性 $\mu_a = 0.80$。

⑦ 技术可行性指标计算　基于以上对技术可行性各个指标的分析，退役 YHDM580B 立式双端面磨床再制造的技术可行性指标 T 可通过式(3-5) 计算而得，评价结果如下所示。

$$T = \mu_d \omega_d + \mu_c \omega_c + \mu_i \omega_i + \mu_r \omega_r + \mu_u \omega_u + \mu_a \omega_a$$

则

$$\begin{aligned} T &= 0.80 \times 0.266 + 0.74 \times 0.048 + 0.80 \times 0.048 + 0.84 \times 0.265 + \\ &\quad 0.92 \times 0.265 + 0.80 \times 0.108 \\ &= 0.840 \end{aligned} \tag{3-5}$$

式中　ω_d，ω_c，ω_i，ω_r，ω_u，ω_a——μ_d，μ_c，μ_i，μ_r，μ_u，μ_a 的权重值，通过专家评判法或层次分析法等权重确定方法得到 $\left(\sum_{l=1}^{m} \omega_l = 1\right)$，评价结果表明该磨床实施再制造的技术可行性较好。

(2) 经济可行性

下面主要对磨床再制造成本进行分析，判定机床再制造的经济可行性，为再制造提供决策支持。磨床再制造的成本 C_R 主要由退役机床回收成本 C_1、再制造过程费用 C_2、综合费用 C_3 三部分组成。其中，$C_2=C_{21}+C_{22}+C_{23}$，C_{21} 为再制造工时费用（包括拆卸、清洗、检测与分类、再加工、再装配等工艺过程），C_{22} 为外购更换件成本，C_{23} 为再制造过程中的消耗材料费用等；$C_3=C_{31}+C_{32}+C_{33}+C_{34}$，$C_{31}$ 为税费；C_{32} 为工厂管理费；C_{33} 为设计与销售项目费用；C_{34} 为其他费用等。YHDM580B 经济可行性分析结果见表 3-8。

表 3-8　YHDM580B 经济可行性分析

成本类别	计算值	计算过程
退役磨床回收成本 C_1	180000	$C_1=180000$
退役磨床再制造成本 C_2	200000	$C_2=C_{21}+C_{22}+C_{23}=50000+140000+10000$
综合费用 C_3	50000	$C_3=C_{31}+C_{32}+C_{33}+C_{34}=15000+15000+10000+10000$
总成本 C_R	430000	$C=C_1+C_2+C_3$
经济可行性 C	1.00	$C=1.00$
结论	计算表明再制造经济可行性较好	

(3) 资源环境效益

从材料节省、能源节约、排放减少效益等方面，分析再制造的资源环境效益。

① 材料节省　材料节省指标 μ_m 的计算见式(3-6)。

$$\mu_m=\begin{cases}1 & (\psi_m\geqslant 80\%)\\ 1.25\psi_m & (\psi_m<80\%)\end{cases} \tag{3-6}$$

$$\psi_m=\frac{M_r}{M_t}$$

式中　M_r——磨床再制造实现材料节省的总质量；

M_t——再制造磨床的总质量。

② 能源节约　能源节约指标 μ_s 的计算见式(3-7)。

$$\mu_s=\begin{cases}1 & (\psi_m\geqslant 75\%)\\ 4\psi_e/3 & (\psi_m<75\%)\end{cases} \tag{3-7}$$

式中　ψ_e——机床再制造的能源节约比率，可以通过式(3-8) 计算而得。

$$\psi_e=\frac{\sum_{g=1}^{L}M_g^rE_g-E_r}{E_m} \tag{3-8}$$

式中　E_g——回收重用的 g 类零部件中附加的能源；

E_r——再制造过程中的能源消耗；

E_m——再制造机床材料中所附加的能源的总量。

③ 污染排放减少　污染排放减少指标 μ_p 可分为 $\{A,B,C,D\}$，分别对应指标值 $\{0.95,0.80,0.65,0.40\}$。

基于以上对资源环境效益各个指标的分析，资源环境效益 E 为：

$$E=\mu_m\omega_m+\mu_s\omega_s+\mu_p\omega_p \tag{3-9}$$

式中 ω_m，ω_s，ω_p——μ_m，μ_s，μ_p 的权重值，该权重值可通过 AHP 方法计算而得。

YHDM580B 立式双端面磨床再制造的资源环境效益计算结果如表 3-9 所示。

表 3-9 资源环境效益

资源环境效益	计算值	评价结果	资源环境效益	计算值	评价结果
材料节省 μ_m	0.893	好	排放减少 μ_p	0.95	好
能源节约 μ_s	0.973	好	资源环境效益评定值 E	0.928	好

(4) 结果分析

综上所述，退役 YHDM580B 立式双端面磨床再制造具有较好的技术可行性、经济可行性以及良好的资源环境效益，具有较好的可再制造度。

3.3.4 YHDM580B 立式双端面磨床再制造工艺及设计

(1) 再制造工艺技术路线

再制造就是运用高科技的清洗工艺、修复技术或利用新材料、新技术进行专业化、批量化修复或技术升级改造，使再制造后的机床在技术性能和安全质量等方面达到或超过原同类新产品的标准要求，加之，再制造过程中废旧零件的尺寸变形和表面损伤程度各不相同，因此，必须采用更高技术标准的加工工艺，其工艺过程主要分为再制造性评价和设计、拆解、分类、清洗、检测、修复、装配、检测和试验等环节，见图 3-9。

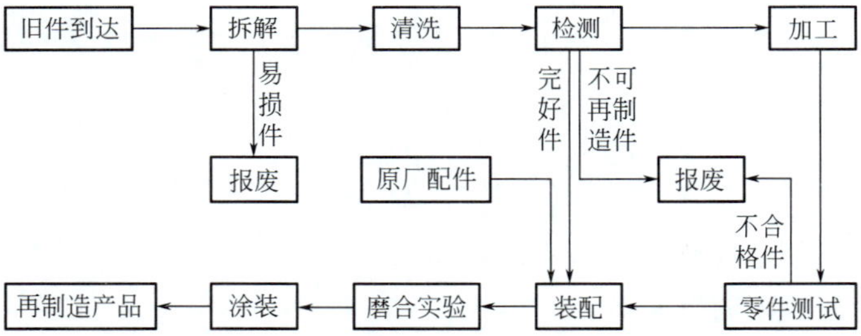

图 3-9 再制造工艺技术路线

(2) 再制造加工要求

再制造加工要求见表 3-10。

表 3-10 再制造加工要求

内　　容	指　　标	内　　容	指　　标
加工对象	铝硅酸盐玻璃	平面度	≤0.03mm
尺寸规格	156mm×75mm×1.10mm	表面粗糙度 Ra	≤0.3μm
最终厚度尺寸	(0.84±0.004)mm	碎片率	≤5%
TTV(厚度差)	≤0.008mm	节拍	20pcs/min

(3) 再制造设计技术原理及技术路线

高硬度手机触摸屏玻璃的磨削加工属于强力磨削，磨削面积大，切削深度大。对磨床的刚度值提出更高的要求，尤其是主轴的刚度，砂轮主轴轴承刚度需要达到 100kg/μm，现有的退役 YHDM580B 立式双端面磨床难以达到上述技术要求。因此，再制造设计过程中，需要在充分计算分析的基础上，采取相应措施，提高床身的动刚度、静刚度。其措施之一，就是提高大直径（ϕ205mm）滚珠丝杠的精度等级至 P2 级，并采用 FAG 高精度轴承，以保证主轴的刚度及稳定性。同时，配套设计自动送料装置、在线检测装置，提高装备的自动化程度，以达到提高生产效率、质量稳定性等目的。再制造设计技术路线如图 3-10 所示。

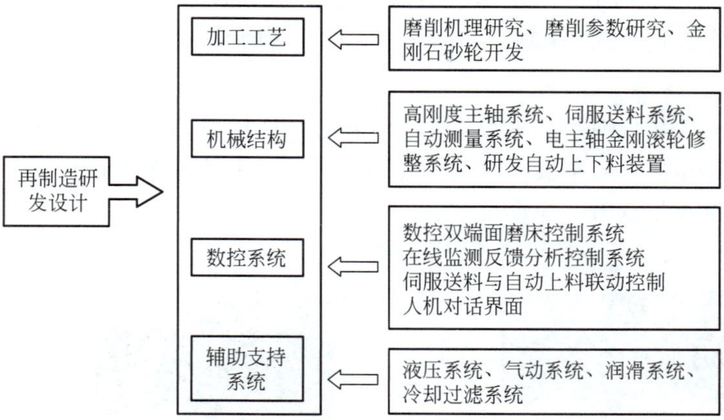

图 3-10　再制造设计技术路线

3.3.5　YHDM580B 立式双端面磨床再制造关键技术

（1）高精度高刚度主轴系统及高刚度箱体支撑系统的设计

① 双滚珠螺母主轴进给机构　针对退役产品 YHDM580B 立式双端面磨床的磨头主轴进给机构存在的不足，设计了一种双滚珠螺母主轴进给机构。一方面，这种双滚珠螺母可方便调整预紧量；另一方面，双滚珠螺母之间可实现微量偏摆，对由于制造或装配误差积累产生的螺母端面与滚珠丝杠轴线的垂直度误差进行补偿；从而减少丝杠的上下滑动套间隙，达到提高主轴的刚性和运行精度的目的。

图 3-11 为退役 YHDM580B 磨床的滚珠丝杠与第二代滚珠丝杠对比。

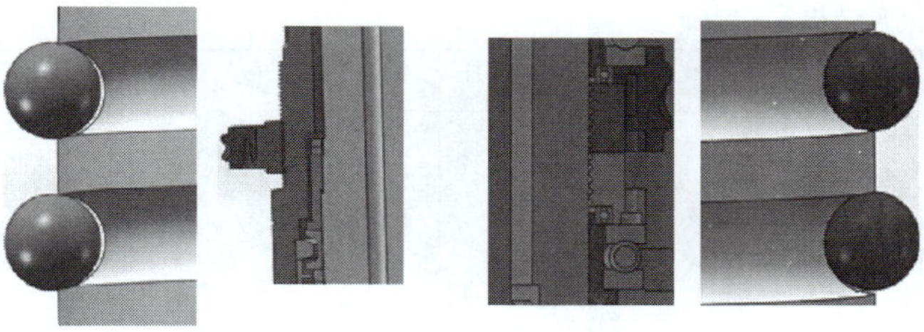

(a) 退役YHDM580B滚珠丝杠　　(b) 第二代滚珠丝杠

图 3-11　新旧滚珠丝杠对比

② 送料转盘座及箱体

a. 送料系统采用高精度伺服电机，可以实现定位磨削和进给磨削；送料支撑板的平面度从 5μm 提升至 3μm；材质支撑板采用 POM 材质，耐磨性好，对工件不产生损伤。

b. 送料进出口均装有高精度特殊压料装置，该结构使整机在热变形下均匀受力，保证了工件在磨削过程中进出口的平行度和稳定性。压料部分上装有自动报警停机装置，工件在加工过程中如出现异常现象，各有关部位会马上自动停机，增加了磨削过程中的安全性能，使整机运行更加安全可靠。

c. 上箱体部分采用四立柱结构，可自然任意调整磨头在对工件分层次磨削中所需要的任意角度，来保证加工工件精度的工况要求，使磨削过程中工件尺寸精度和表面粗糙度达到更加理想的效果。

d. 主轴皮带轮与主轴花键采用卸荷结构，此结构消除了电机的振动，将皮带的拉力等各种交变载荷进行隔离不传递到主轴上，保证了主轴旋转的高精度。

③ 刚度分析

a. YHDM580B 磨头轴向刚度为 344N·μm，径向刚度为 198N·μm；新结构磨头的轴向刚度为 761N·μm、径向刚度为 383N·μm。即通过上述升级改造设计后的磨头的轴向刚度及径向刚度均有大幅提升，见图 3-12。

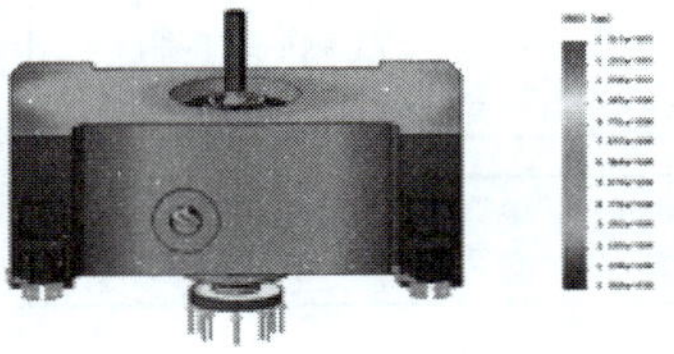

(a) 新结构磨头轴向刚度761N·μm

(b) 新结构磨头径向刚度383N·μm

(c) YHDM580B磨头轴向刚度344N·μm

(d) YHDM580B磨头径向刚度198N·μm

图 3-12　新旧磨头刚度对比

b. 再制造设计后的整机模态有较大提升，对应的动刚度也得到较大提升。表 3-11 为两种结构的频率对比。

表 3-11　两种结构的频率对比

原结构				新结构			
频率		模态		频率		模态	
一阶频率	191	一阶模态		一阶频率	235	一阶模态	
二阶频率	227	二阶模态		二阶频率	253	二阶模态	
三阶频率	264	三阶模态		三阶频率	324	三阶模态	

续表

原结构				新结构			
频率		模态		频率		模态	
四阶频率	274	四阶模态		四阶频率	350	四阶模态	
五阶频率	314	五阶模态		五阶频率	389	五阶模态	

（2）工件厚度尺寸全闭环精确控制技术的研发

影响工件厚度误差的关键因素是砂轮的磨损程度、刀具的锋利程度，工件厚度的误差值与砂轮的磨损程度为正相关关系。为将工件厚度尺寸的精度控制在厚度误差值 8μm 以内，研发了工件厚度在线测量技术。采用马波斯（Marposs）高精度量仪 P7 系统，针对超薄工件厚度进行在线精密检测；系统根据量仪反馈的工件厚度数据进行分析，实时对磨床主轴进给进行补偿，形成工件厚度尺寸的在线闭环控制，确保工件批量间的厚度尺寸公差。

厚度测量仪器放置在磨削出料口处，假设满足要求的理想尺寸为 h，当尺寸在 $h-0.004$ 至 $h+0.004$ 时视为合格尺寸。考虑到偶然误差，系统设定连续 3 件加工工件尺寸超出范围时，即进行砂轮修整。图 3-13 为 Marposs 高精度测量系统安装示意图。

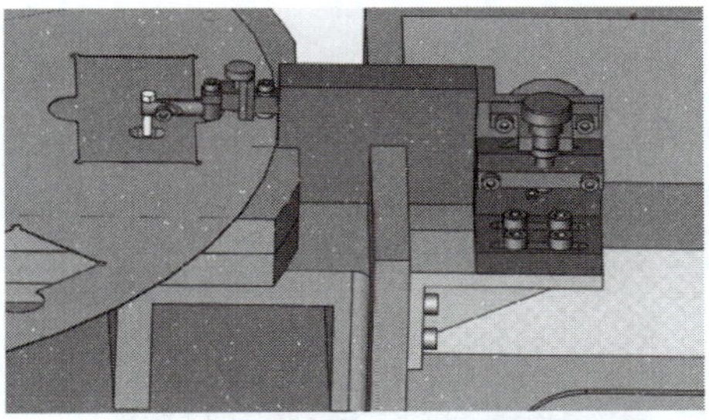

图 3-13　Marposs 高精度测量系统安装示意

（3）自动上料装置的设计

手机显示屏玻璃厚度在 0.8mm 左右，上料过程中易于破碎。研发的自动上料装置如图 3-14 所示。

该上料装置与送料盘实现联动，采用磁性位置感应系统，自动感应工件位置，反馈给系统，系统控制上料气缸推送玻璃至指定工位，实现玻璃与工位的无缝输送，保证每个工位能准确地输送玻璃。各输送线间使用传感器技术实现信号互锁，自动控制。

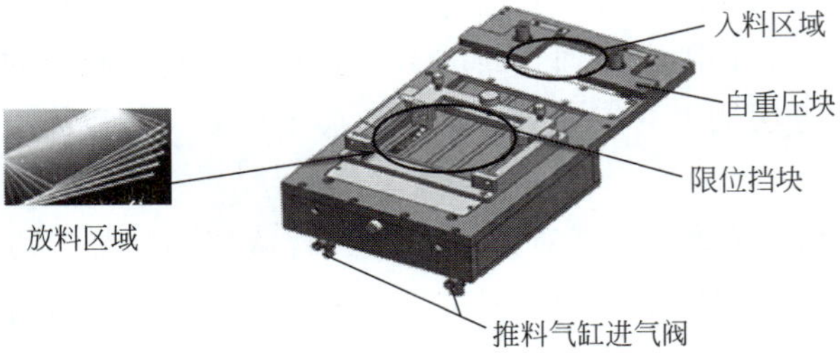

图 3-14　自动上料机构装置示意

图 3-15　磁性开关位置控制装置

图 3-15 所示为磁性开关位置控制装置。该装置结构简单，送料准确，送料节拍高；同

时，消除了人工操作的安全隐患，可以满足手机触摸屏玻璃的自动上料的技术要求。

（4）电主轴金刚石滚轮快速修整装置的设计

固结金刚石砂轮修锐的时间一般较长，如采用金刚笔修整需约 30min，修整后的砂轮磨粒锋利程度、砂轮的平面度参数是影响工件磨削效率、磨削质量的关键因素。修整刀具的材质、砂轮转速、修整机构运动速度、修刀量 4 个因素决定砂轮的修整时间。

金刚滚轮修整金刚石砂轮采用以硬修硬，用金刚滚轮大颗粒金刚石对金刚石砂轮的黏合剂实施强力磨削，剥离掉金刚石砂轮上最表层的磨粒，使新的锋利度高的磨粒露出来，达到快速修整的目的。金刚滚轮本身具有以下优点：①无需修整，使用方便；②使金刚石砂轮获得很高的几何与形状精度。

采用金刚滚轮修整金刚石砂轮时，金刚滚轮上的金刚石粒度需大于金刚石砂轮的粒度，粒度值为金刚石砂轮粒度的 2 倍。金刚滚轮的黏结剂材料与金刚石砂轮不同，硬度与强度均远高于砂轮。

研发的电主轴金刚石滚轮快速修整装置如图 3-16 所示，图 3-17 为金刚滚轮修整原理。修整时，金刚滚轮利用高速旋转修整臂往复摆动的复合运动方式对砂轮进行修整。金刚滚轮线速度为 62.8m/s，砂轮线速度为 6.12m/s，实现了金刚石砂轮的高效修整。

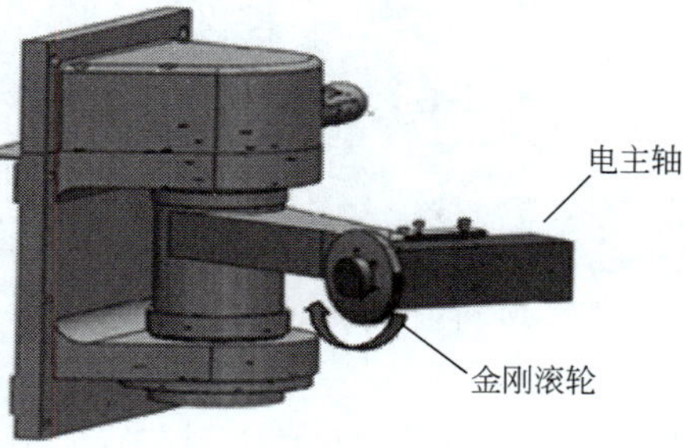

图 3-16 砂轮修整示意

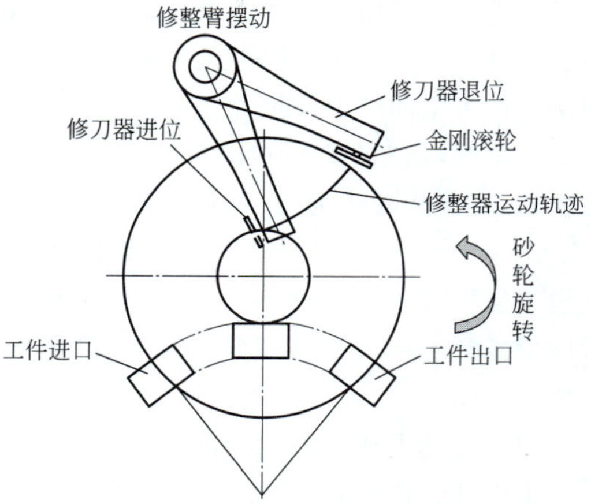

图 3-17 金刚滚轮修整原理

（5）高硬度玻璃双端面磨削新工艺研究

铝硅酸盐玻璃是一种高硬度玻璃，常用于手机触摸屏；主要成分为氧化铝和氧化硅，其莫氏硬度为 6.5～7.5，洛氏硬度为 65～67HRC。此种玻璃的减薄一般沿用传统的加工方法，即使用游离磨料进行精密、超精密研磨加工实现减薄。在磨粒的滚动和挤压下，被加工表面材料产生多次塑性变形及断裂并从表面脱离；随着表面材料的不断去除，在实现减薄的同时，轮廓表面愈趋平缓和光滑。这种减薄方法加工的工件具有良好的加工精度（如表面粗糙度低），但是，其加工效率相对较低。

双端面磨削减薄技术是一种采用固结金刚石微粒直接对加工表面进行微切削的加工方法。金刚石微粒具有很大的负前角和较大的切削刃钝圆半径，对加工工件表面材料直接进行微切削，发生微量材料去除。

砂轮转速、进给量、送料速度等诸多因素对双端面磨削减薄的加工效率、加工质量产生重要影响。

以工件的平行度和表面粗糙度 Ra 两个指标作为衡量标准，以砂轮转速、送料速度、进给量三个参数作为水平量设计正交实验。通过实验，分析各因素的影响规律以及各因素的最佳值范围，最终确定双端面磨削超硬手机玻璃的最佳磨削工艺参数。

图 3-18 为送料速度对平行度和表面粗糙度的影响，图 3-19 为砂轮转速对平行度和表面粗糙度的影响，图 3-20 为进给量对平行度和表面粗糙度的影响。试验表明：①送料速度对平行度和 Ra 的影响表现不明显；②砂轮转速越高，平行度越差，表面粗糙度越低；③进给量越大，平行度越差，表面粗糙度越高。

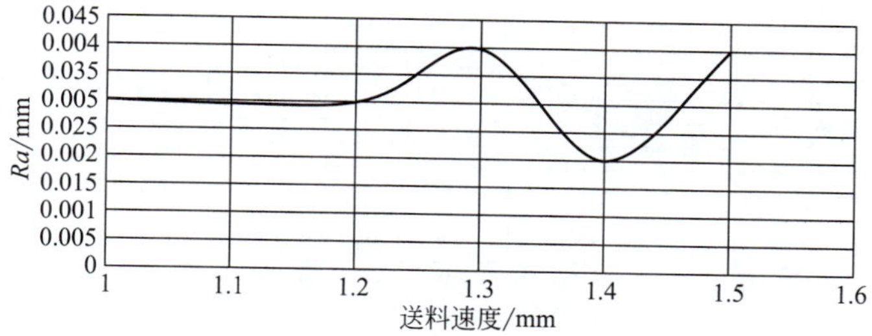

(a) 送料速度对工件平行度的影响

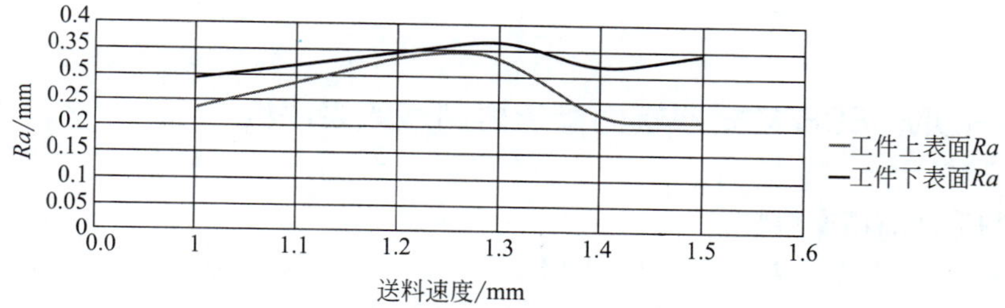

(b) 送料速度对工件表面粗糙度的影响

图 3-18　送料速度对平行度和表面粗糙度的影响

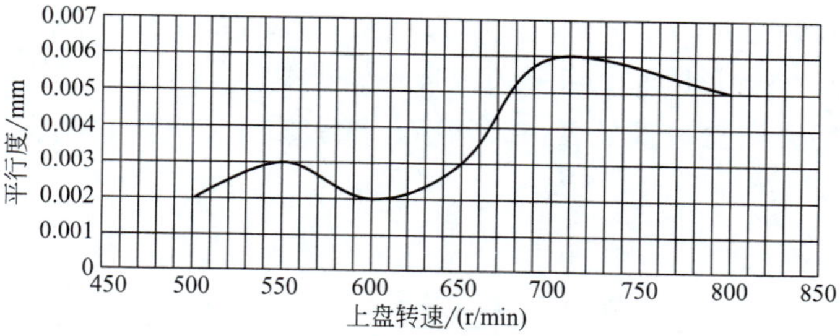

(a) 上盘转速对工件平行度的影响

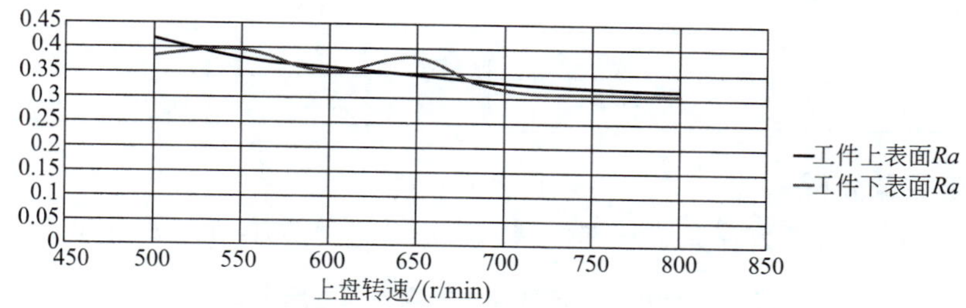

(b) 上盘转速对工件表面粗糙度的影响

图 3-19　砂轮转速对平行度和表面粗糙度的影响

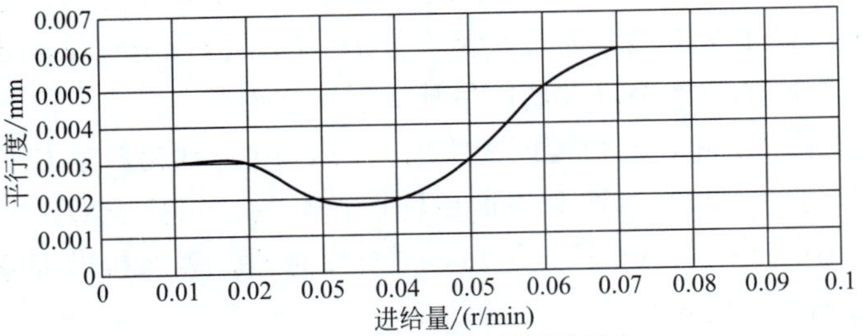

(a) 进给量对工件平行度的影响

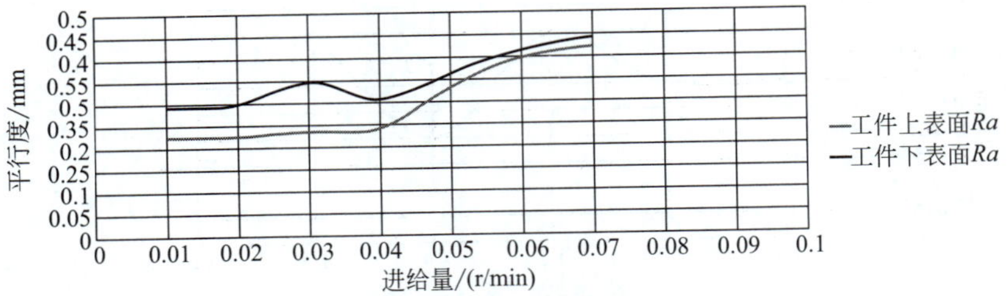

(b) 进给量对工件表面粗糙度的影响

图 3-20 进给量对平行度和表面粗糙度的影响

3.3.6 YHDM580B 立式双端面磨床再制造效果评价

(1) 再制造产品精度检验

① 检验标准及检验结果 执行 QVBLL001—2013《高精度数控立式双端面磨床》企业标准，经第三方检测，再制造产品完全达到同类设备的技术标准。

② 加工工件精度。

a. 试验设备。YHDM580B 高精度数控立式双端面磨床再制造产品。

b. 加工参数。上磨头转速：500r/min，下磨头转速：300r/min，冷却液：专用水基磨削液；切削量：粗磨 0.022mm（双面），粗磨 0.004mm/双面。

c. 试样工件参数。铝硅酸盐玻璃硬度：65～67HRC；数量：500 片；长×宽×厚度：135mm×65mm×1.1mm。

d. 加工数据见表 3-12。

表 3-12 加工数据

内容	指标	内容	指标
厚度差	≤0.008mm	碎片率	≤3%
平面度	≤0.03mm	节拍	20pcs/min
表面粗糙度 *Ra*	≤0.24μm	尺寸公差	±0.004mm

(2) 经济效益分析

YHDM580B 高精度数控立式双端面磨床再制造产品成本费用如表 3-13 所示。

表 3-13 YHDM580B 高精度数控立式双端面磨床再制造产品成本费用

成本类别	金额/元	内 容
退役磨床回收成本	180000	

续表

成本类别	金额/元	内　容
退役磨床再制造成本	200000	再制造工时费用＝50000；外购更换件成本＝140000；消耗材料费用＝10000
综合费用	50000	税费、管理费、设计销售费
总成本	430000	

YHDM580B 高精度数控立式双端面磨床的再制造总成本为 38 万元，与再制造产品同等技术指标的设备销售价格为 105 万元（不含税）。YHDM580B 再制造产品按同等新产品销售价格的 75％计算，市场可接受销售价格为 78.75 万元；毛利率为 45.4％，其经济效益相当可观。如果再制造能够形成批量生产，再制造总成本将显著下降，即毛利润有较大幅度上升。

实践表明，退役 YHDM580B 高精度数控立式双端面磨床的再制造拓展了产品的加工范围，实现了高硬度玻璃的磨削加工，提高了加工精度和加工效率，降低了工人的劳动强度，经济效益及社会效益明显。

3.4 重型机床再制造（武汉重型机床集团有限公司　田作新）

3.4.1 MPA-45120A 数控机床基本情况

（1）基本说明

客户有一台 MPA-45120A（R，NC）数控机床，是日本东芝公司 1986 年 7 月生产的重型工作台移动式数控龙门镗铣床。

该机床有一个垂直刀架，配备滑枕式铣头。机床的 *Y* 轴、*Z* 轴、*W* 轴采用滚珠丝杠传动机构，*X* 轴则采用静压蜗母条传动机构。机床原配数控系统因老化已改造为西门子 840Dsl，伺服电机采用 1FT6 系列产品。

机床的横梁升降方式采用单电机驱动，为了便于右侧丝杠对横梁进行调平控制，升降箱减速箱采用错位的双出轴结构；位于中部的伺服电机通过减速箱分别驱动两侧变距蜗轮副，从而可带动左、右丝杠驱动横梁升降。为了微量调平及平衡横梁重量，横梁两侧各配备了两套油缸，其中在两侧各一件的 1、2 号油缸采用电液比例阀控制油缸压力，起调平补偿作用；3、4 号油缸通过压力控制起卸荷作用。

该设备因结构及技术局限加之长期使用，使加工性能及精度不能满足客户关键产品加工所需的技术要求。为了节省新购机床费用，通过调研及技术评估，客户决定对机床进行再制造，通过改造、修理使其满足生产要求。

（2）数控坐标定义

① *X* 轴：工作台沿床身水平移动。

② *Y* 轴：刀架沿横梁水平移动。

③ *Z* 轴：滑枕垂直移动。

④ *W* 轴：横梁沿立柱垂直移动。

⑤ S 轴：镗铣主轴。

(3) 机床参数

机床参数见表 3-14。

表 3-14 机床参数

类型	参数	类型	参数
过立柱宽度	4500mm	垂直铣头电机功率	90kW DC440V 励磁 180V
工作台尺寸	4000mm×12100mm	X 轴电机	15.5/24.1kW 30/42
滑枕截面	500mm×500mm	Y 轴电机	11.8/14.9kW 24/27A
X 轴行程	12300mm	Z 轴电机	11.8/14.9kW 24/27A
Y 轴行程	5250mm	W 轴电机	11.8/14.9kW 24/27A
Z 轴行程	2300mm	S 轴电机	92/136kW 198A/389A
W 轴行程	3700mm	电源模块	160kW

(4) 修理前的设备状态

① 机床在加工过程中，W 轴、X 轴运行较平稳，但平面加工有接刀痕。

② W 轴、Z 轴垂直移动加工时，加工面振纹比较深。

③ Z 轴的导轨面磨损严重，Z 轴伸长后加工时摆动很大，滑枕漏油严重，静压没有刚性，间隙偏大。

④ W 轴现在采用半闭环方式，横梁在升降及溜板移动时有倾斜。

3.4.2 MPA-45120A 数控机床再制造方案设计

(1) 再制造目标

① 对横梁同步系统进行改造，使之满足工作时的水平精度要求。

② 对刀架滑枕进行修理，使其满足技术要求。

③ 对平衡油缸控制系统作相应的调整、改造。

④ 对机床相关精度进行调整，恢复其技术要求。

⑤ 通过修理使机床加工满足技术要求。

(2) 预勘检查

为了使维修过程有更好预案，更有效地解决设备存在的问题，对设备进行了预勘检查。

① 状态检查 设备改造、修理前，重点检查机床横梁承载的动态变化、运行状态、平衡系统的工作状态、升降时的压力变化，以及各坐标轴的低速性能、浮升数据等设备相关状态，并做好记录，以便进一步确定修理过程的控制要点。

② 精度检查 对设备的几何精度、主轴精度进行了全面检查，并做记录。

③ 加工观察 为进一步了解设备存在的问题，对设备的加工结果及机床动态精度、运行状态进行现场观察，进一步明确设备存在如下问题。

a. 接刀痕问题。W 轴、X 轴在进行平面加工时的接刀痕在靠近两边立柱的地方比较明显，在横梁的中间位置接刀痕比较浅。

b. 粗糙度问题。W 轴、Z 轴垂直加工导板面粗糙度还好，但加工面振纹比较深，手摸上去有波浪的感觉。

c. 溜板状态。Y 轴导轨副及传动系统间隙较大，低速移动时有爬行现象。

d. 滑枕磨损问题。通过对加工过程的观察，Z 轴的导轨面磨损严重，导轨副间隙较大，Z 轴伸长后加工时摆动很大，滑枕静压失去刚性；滑枕的 4 个角漏油严重，滑枕密封材料已坏损。

e. 横梁倾斜问题。W 轴采用半闭环方式，Y 轴在横梁上不同位置时，W 轴两侧立柱内的平衡油缸压力不均匀，使得横梁在运行时倾斜。横梁静止状态下，平衡油缸一边的压力有 5bar 的波动。刀架移动时横梁晃动，横梁水平补偿功能不理想，横梁同步性差。

f. 横梁丝杠问题。横梁上两根升降滚珠丝杠磨损较严重，需要更换。

图 3-21 为双方人员在现场对设备进行预勘。

图 3-21　设备现场勘测

(3) 制订计划

① 拆解计划　根据预勘及修理目标，编写设备的拆解计划，确定要拆除修理的部件，设计拆卸用的专用件图纸，列出装运清单，并制定出拆卸步骤。主要拆卸部件如表 3-15 所示。

表 3-15　主要拆卸部件

序号	零部件名称	备注	装运车辆
1	横梁体及压板、镶条、滚动块	设计制作横梁专用吊桩	第一车
2	横梁的升降滚珠丝杠副及支撑座	设计制作专用拆解扳手	
3	顶梁及减速箱、升降箱、电机等	—	
4	悬挂装置与操作箱	—	第二车
5	平衡油缸的液压站	—	
6	Y 轴的滚珠丝杠副及支撑座等	—	
7	刀架体与滑枕的整套部件	设计制作刀架专用吊杆 设计制作运输用支撑架	第三车
8	刀架体的镶条、压板、滚动块等	—	

② 施工计划 根据协议书规定的内容及预勘反映的问题，明确主要加工件及更换件，确定改造、修理、装配重点监控工序，进而编写项目的施工计划，以便使施工有计划、有步骤地进行。

3.4.3 MPA-45120A 数控机床再制造实施过程及评价

根据工作计划，对 MPA-45120A 数控机床再制造做了以下工作。

(1) 横梁同步改造

① 按预定方案，对原横梁升降驱动机构进行现场查核后，重新设计升降系统，采用现行新技术即双伺服电机左右同步驱动横梁升降，从而实现横梁动态水平自动控制。改造时，原横梁升降电机（1FT6134-6AB71-1FB0，75N·m，带制动器）保留，考虑到对称性因素及运动特性，新配电机不采用 1FT7 系列电机而选原同系列、同规格带制动器的电机，同时配备双光栅尺对横梁升降进行位置检测，实现全闭环控制。

② 为了匹配原横梁升降速度及原驱动扭矩，改造时按原减速箱的传动比（1/25）设计左、右进给箱。进给箱与电机一体位于升降丝杠顶端，两减速箱分别固定在新制作的支撑板上，两个支撑板均通过螺栓和销钉固定在顶梁的立柱上方。左驱动轴为主动伺服轴 W_1，右驱动轴为从动伺服轴 W_2。支撑板上预留与顶梁的定位销钉孔，现场找正后完成精确定位。

③ 重新设计制作 W 轴减速箱与滚珠丝杠的联接轴及联轴器。联轴器预先配装好。

④ 进行同步改造时，拆除原横梁升降箱、调平补偿电机及调平机构。取消横梁水平同步补偿用的原 Y 轴位置检测装置。

⑤ 在设备现场，立柱两侧增加海德汉光栅尺及其可调式安装座板。横梁在升降及静止状态下，由光栅尺提供位置反馈信号，数控系统通过伺服电机自动跟踪、调整，以控制其水平精度。

(2) 调平卸荷系统改造修理

① 因横梁改造时采用了同步升降、自动调平控制方式，施工时取消了原有的横梁调平补偿液压系统及相应的控制，仅保留横梁卸荷用液压系统。

图 3-22 密封压盖磨损严重

② 由于平衡油缸漏油、密封压盖磨损，经拆解发现其密封圈磨损，缸体磨损，为了保证机床性能，与业主沟通后，对液压缸进行常规大修。

③ 清洗液压控制油路、系统过滤器，安装调整修理后的油缸。监控横梁同步升降电机的力矩电流，对压力参数进行调试，使其功能正常，压力合适，工作平稳。

④ 油缸修理图。从图 3-22 中可以看出，密封压盖磨损严重。

从图 3-23 中可以看出，缸筒内的油呈黑色。

(3) 横梁升降丝杠更换

项目开始后，安排技术人员测绘、设计横梁左、右升降滚珠丝杠副。新丝杠制作完成后，在

图 3-23　缸筒内的油呈黑色

现场更换滚珠丝杠副，并对左、右新滚珠丝杠副进行三点找正安装，配磨调整垫，调整它们的预紧力。

(4) 横梁修理

① 检查横梁导轨扭曲、直线度、平行度等各项几何精度，其精度满足技术要求；检修时，除去高点及毛刺。

② 对横梁上的刀架水平移动丝杠进行三点找正、调整。

③ 更换丝杠支承座轴承，根据实际数据重配调整垫，对丝杠进行预紧调整。

④ 对横梁导轨润滑管路清洗检修、试油检查，确保各管路供油畅通。

(5) 滑枕修理

① 对磨损严重的滑枕进行检测，精度严重超标，故需对其进行精磨加工。

② 拆卸滑枕上的传动箱及其他妨碍加工的零部件。

③ 对滑枕主轴回转中心进行检测，确定磨削加工基准。

④ 制作滑枕两端的工艺防护罩，防止加工时冷却液进入滑枕内部锈蚀主轴。

⑤ 将滑枕安置在龙门导轨磨上，以回转轴为基准，对滑枕各导轨面进行加工，达到技术要求。

(6) 溜板及刀架体

① 以修复后的滑枕为基准，按尺寸链的技术要求重配刀架体导轨板并对其配研修刮，达到精度及接触要求。

② 配刮滑枕及溜板镶条，达到技术要求。

③ 重新装配润滑管路。

④ 滑枕与刀架体组装成套，并对 Z 轴传动系统进行调整。

⑤ 滑枕接油盘用新型材料做密封处理，确保滑枕不漏油。

(7) 电气同步改造

① 重新订购 840Dsl 同步轴的软件功能。

② 根据新增加同步轴电机参数增加伺服模块，并将之安装在原电柜的适当位置。

③ 敷设新增同步轴的动力电缆及半闭环反馈电缆，敷设新增的光栅尺电缆。

(8) 设备总装调试

① 设备总装　在修理件、更换件、改造件完成部装后，技术人员在现场对其按顺序安装升降丝杠、横梁、同步升降箱、刀架，恢复油路，连接动力及控制线缆。

② 电气调试　现场调试时，技术人员以机床原有 PLC 程序为基础，对改造部分的程序进行补充、完善。对机床的 CNC 配置及参数重新进行设置、调整，使其满足同步改造的要

求。对机床原有各操作进行恢复性调试。

③ 液压系统调试　对机床液压系统参数进行恢复性调试，使系统工作压力正常，供油稳定；对各润滑点进行检测，确保润滑可靠；监测横梁升降电流，调整横梁卸荷油缸压力，使其合理、稳定；检测工作台的浮升量，通过调整使其均匀、适当。

④ 精度调整

a. 几何精度。对项目规定的各项精度进行调整，使其达到规定的指标。

b. 位置精度。采用双频激光干涉仪，对数控坐标的位置精度进行检测，补偿反向间隙及螺距误差，使其满足技术要求。

(9) 项目验收

设备改造、修理工作完成后，客户对设备规定的项目进行验收，最终结果如下。

① 横梁升降爬行抖动现象得到修复。

② 改造后的横梁自动调平功能运行正常，并按机床原验收标准对横梁进行三点水平状态检测，符合验收标准。

③ 消除了 Z 轴滑枕过大的间隙，使加工状态恢复正常。

④ 平面加工接刀符合工艺要求。

⑤ 拆卸部件安装后的精度得到恢复。

⑥ 对客户指定关键工件进行加工检验，完全满足技术要求。

(10) 效益分析

本项目通过双方人员共同策划后，再实施科学设计、合理改造、精心施工，从而使一台不能满足加工要求的进口重型数控龙门镗铣床起死回生、焕发青春，最终能全面满足客户方关键件的加工。

据客户方介绍，其新进口一台加工该工件的重型数控龙门镗铣床，其价格不低于人民币7000 万元。目前客户每月至少要加工该工件 5 件以上，若外协加工，则每件需支付人民币40 万～50 万元，一年需外协费 2500 万元以上。通过科学规划，客户方选择了再制造的途径，实现了对现有设备的性能提升、精度恢复，从而节省了巨额的设备采购资金，也不必支付昂贵的外协费用，其经济效益十分显著。

从本案例可以看到，重型数控机床的再制造，可以充分利用已有的可用资源，采用新技术、新工艺，通过合理的改造、修复，实现机床功能的增加、性能的提升、精度的恢复，从而可以减少或避免环境的污染及能源的浪费，最终产生良好的经济效益、社会效益。

3.5 专用机床再制造

3.5.1 数控不落轮镟床优化改造实例

（青海重型机械制造有限公司　李忠杰，张军鹏，杨元，邢志宏）

近年来，高速铁路的快速发展及城市轨道交通的日益普及，致使列车的运行速度越来越快，列车在行进中的安全性、稳定性、舒适性的要求也越来越高，这就导致对列车轮对的技术要求及精度要求非常高。为了满足上述要求，不落轮对镟床也由机械仿型、液压伺服仿型发展到数控伺服插补阶段，以不断满足列车轮对的精度要求。然而，由于动车组及高铁与城市轨道交通的不同，客运与货运车辆的不同，进口车辆与国产车辆的不同，国内外标准的不同，轮缘厚度的不同等诸多因素造成轮对的形状各不相同且区别很大，在轮对镟修过程中，操作人员必须根据列车实际情况频繁调整轮对的相关参数，以满足不同轮形的镟修要求。

(1) 影响轮对精度的因素

影响轮对精度的主要因素有以下 3 个，即不落轮镟床的精度、测量系统的精度及操作人员频繁操作造成的随机误差。如能减小这 3 方面因素引起的误差，则能有效地控制轮对的镟修精度。而在大修改造过程中，主要采取提高机床的精度来控制轮的镟修精度。不落轮对镟床精度要求主要体现在以下 4 个方面。

① 轴向定位精度　由于轮对的内侧距 *AR* 存在公差，且轮对在机床上定位时也存在误差，即轮对的中心线与机床中心线不可能重合，这就必须通过技术手段来控制轮对在机床水平方向上的实际位置，这就是轴向定位精度，见图 3-24。

② 轮对的直径精度　为保证两个轮对之间及同一个转向架四个轮对之间对车轮直径公差的要求，必须控制轮对的直径精度，见图 3-25。

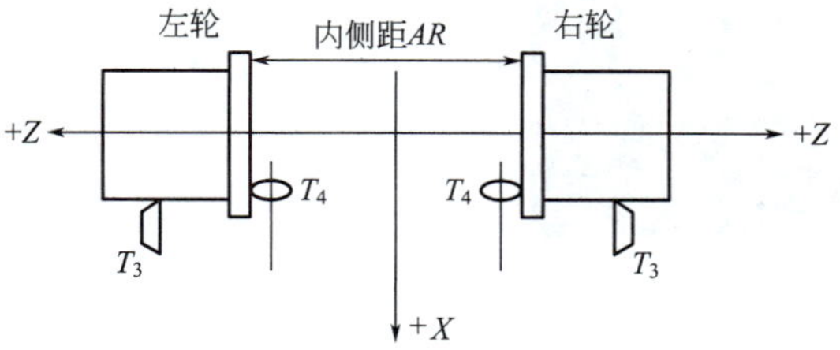

图 3-24　轴向定位示意

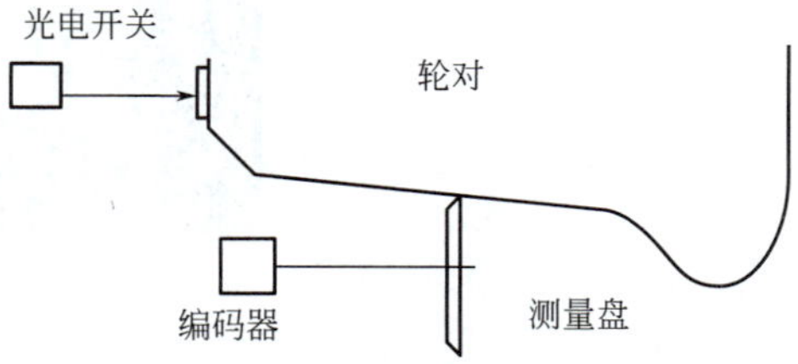

图 3-25　轮对直径检测点示意

③ 轮缘厚度及 *QR* 值的精度　不同的车体其轮对的轮缘形状有所不同，造成轮缘厚度和 *QR* 值不同，故必须对轮缘厚度及 *QR* 值的精度进行检测，见图 3-26。

④ 轮对的磨耗精度　由于轮对在列车行驶过程中所造成的磨损情况是随机的，在保证切削质量的情况下，为尽可能减小轮对直径方向的切削，同时为保证两个轮对之间及同一个转向架四个轮对之间对车轮直径公差的要求，必须进行轮对的磨耗检测，见图 3-27。

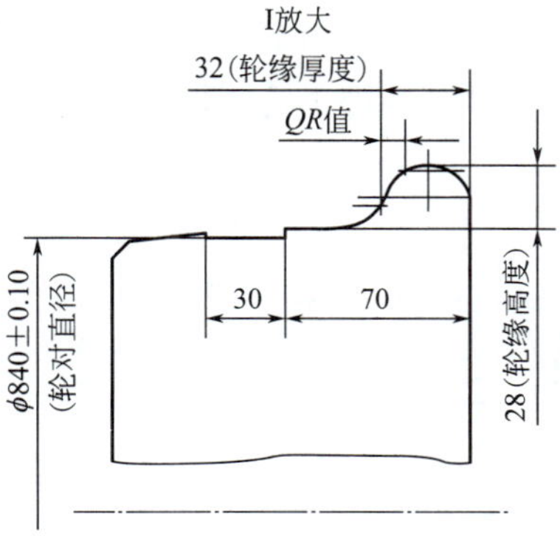

图 3-26　标准轮对图

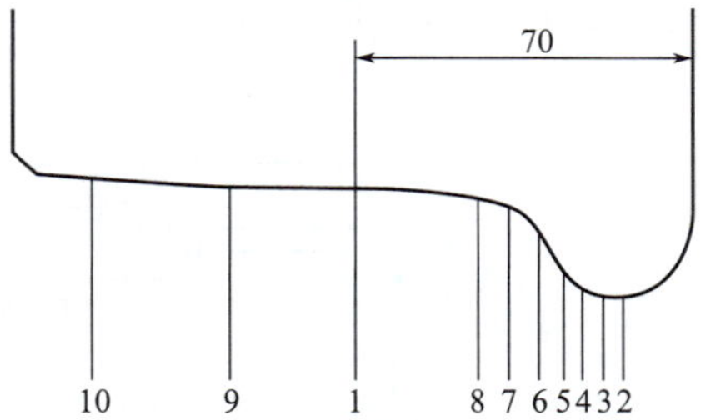

图 3-27　磨耗测量点位置示意图

轮对的仿真加工过程如图 3-28 所示。

为了确保列车行驶安全、快速、稳定、舒适的要求，在镟修前，要对轮对进行轴向定位精度、轮缘厚度、*QR* 值精度、轮对磨耗精度及轮对的直径精度进行检测。轮对加工完成

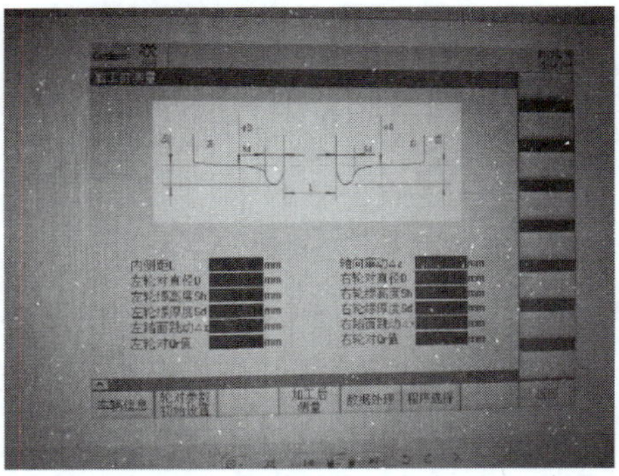

(a)

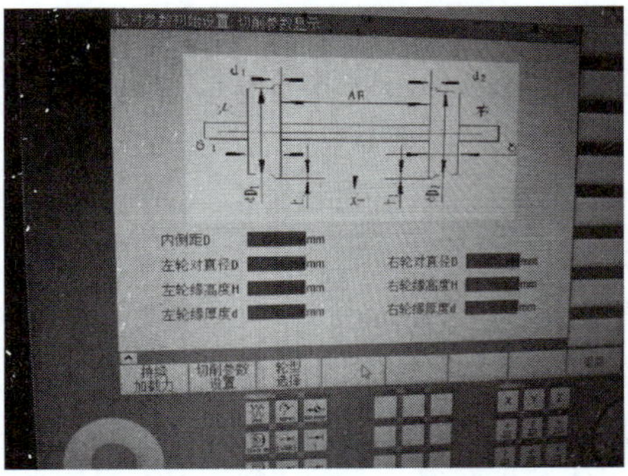

(b)

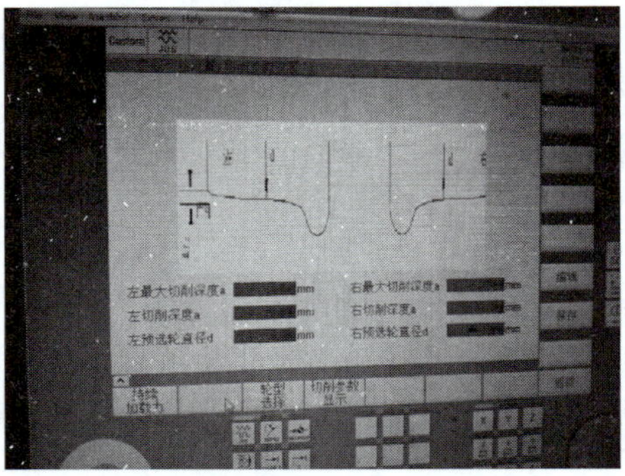

(c)

图 3-28 仿真加工

后，还要进行上述检测及测量，从上述检测及测量过程可以看出，列车轮对的制造、镟修技术要求非常高，轮对的加工精度直接影响着列车的运行安全及稳定。

（2）改造背景

青海重型机械制造有限公司的不落轮镟床采用西门子 802D 系统。机床存在的主要问题是：机床整体刚性不足，两个数控刀架的轴向定位精度差，轴窜问题严重，造成加工轮对的精度和轮形往往不能满足用户的要求，用户需反复装夹、定位轮对后，才能切削出合格的轮对，造成加工效率低、浪费严重、工人劳动强度高。不仅如此，有时还严重影响轮对的镟修计划，导致列车无法正常下线运行。不但给用户造成不便，更影响了公司的市场及信誉，为此，公司对机床原有的机械结构进行了下列优化设计，以提高机床的刚性、精度及稳定性。

优化设计前的机械结构如图 3-29 所示。

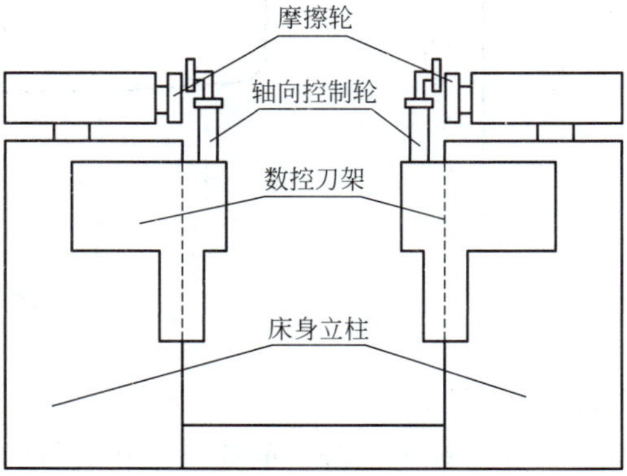

图 3-29 优化设计前的机械结构

(3) 改造方案

① 增加钢梁。将原分离的两个床身立柱通过钢梁连接成一体，从而克服了机床刚性不足的缺点，有效地提高了机床的刚性及稳定性。

② 将原有的轴向控制轮由 4 个改成 2 个。改造前左右刀架各两个轴向控制轮，垂直运动左右两个刀架分别由一个电磁阀控制，轴向运动左右两个刀架也各由一个电磁阀分别控制，即左右刀架轴向轮控制相互独立。改造后左右刀架各一个轴向控制轮垂直运动改为同一个电磁阀控制，轴向运动左右刀架也改为一个电磁阀控制。如此改造的目的就是提高轴向控制轮的动作一致性，保证轴向控制轮的轴向控制精度。

③ 将独立的两个数控刀架改为一个整体刀架，共用一条 Z 轴导轨，不仅提高了机床的轴向定位精度，同时也增加了刀架部分及机床整体刚性。

④ 将原钢导轨改为直线导轨，提高轴的定位精度。

⑤ 将 802D 系统升级为 828D 系统，提高了系统的控制精度及稳定性。

⑥ 定期或不定期的使用标准轮对来校正校验测量系统的精度，减少和避免轮对精度不符合要求的情况，使轮对的加工及精度的检验检测过程简单、高效，不但控制了轮对的加工精度，还降低了操作人员的劳动强度。

⑦ 重新编制装配工艺，调整工艺路线和方法，控制各部件精度及机床整机的精度要求。

⑧ 完善出厂检验程序，严格把关，确保整机及各功能部件达到工艺及设计要求。

优化设计后的机械结构如图 3-30 所示。

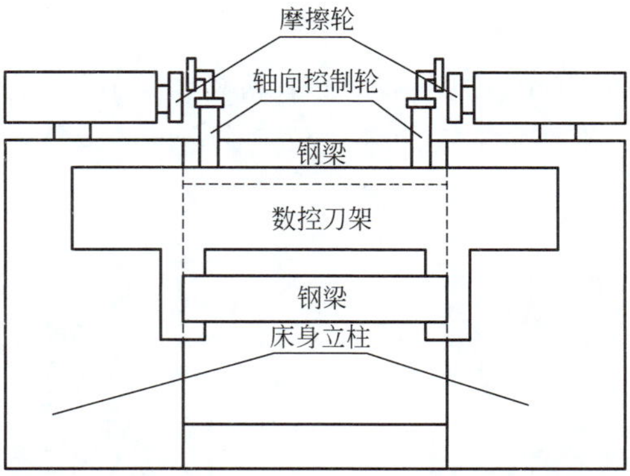

图 3-30　优化设计后的机械结构

(4) 改造结果

通过上述一系列措施，经过改造后的镟床首先安装调试的周期进一步缩短，机械精度调整的复杂程度大大降低，使得安装调试变得更加容易，且机床整机的刚性、稳定性提高。尤其是影响轮对精度的主要指标——轴向定位精度和直径测量精度大幅提升，达到了大修改造所预期的目标。

随着铁路市场的不断扩大，轮对磨损后的修正并保持较高的精度是目前亟待要解决的关键难题。为使现有标准化列车轮对能够更快捷、高效地进行校正、检测、修复，公司在原有机床的基础上进行的大修改造从根本上实现了准确、高效、快速的加工、检测及修复，其结构简单、精度高、安装调试方法便捷的改造设计使不落轮镟床的加工精度有了质的提升。

不落轮镟床的机械改造成功不但为企业赢得了信誉，而且在获得良好的经济效益同时，也得到了较好的社会效益。

3.5.2 高速铁路轨道道叉专用数控打孔机改造

（北京圣蓝拓数控技术有限公司　张福祥，孙越）

（1）项目背景

2015 年我公司承接了国内某合资企业——高铁“道叉钻孔机床的再制造”项目，原机床是德国制造，数控系统是 NCT 公司生产的，见图 3-31、图 3-32。

图 3-31　原数控系统

图 3-32　道叉打孔加工中心（自动换刀）

高铁道叉长度从 20m 至 60m，通过辅助送料机构运送到机床 X 轴工作台上（图 3-33），运送机构有两副 4 个卡钳，工作台上有两个，与工作台同步运行（走 X 轴坐标）。工作台外端有两个卡钳——步进送料，见图 3-34。

图 3-33　辅助送料装置

图 3-34　辅助送料卡钳

工艺过程：①辅助送料机构送料到位；②工作台卡钳卡紧，X 轴移动坐标打孔；③打孔完成后，工作台继续将导轨移动到一端（出料端）；④辅助送料卡钳卡紧，工作台卡钳松开，X 轴工作台移动到另一端（入料端）；⑤工作台卡钳卡紧，辅助送料卡钳松开，X 移动整行程（孔距超过 X 轴行程）或定位打孔。

(2) 再制造原因

由于部分轨道坯料直线度差，特别是 30m 长的道叉，在 X 轴工作台卡钳、辅助卡钳相互 N 次步进送料，直线累计误差超差，道叉全长误差超过 2mm，而数控系统理论定位是 0.001mm 精度。初步分析，是由于两套卡紧机构相互送料，特别是在两套卡钳卡紧松开过程中，道叉窜动造成的累计误差导致尺寸超差。

钢轨钻孔过程中，要执行夹紧钻孔、松开移动的反复过程的状态转换。为保证夹得紧，移动时无机械干涉，钢轨在这两种状态切换时要有一定的受力变形。如果变形较大，产生的应力就较大，从而在释放应力时产生的“释放应力”，也会造成钢轨移动，这种移动在目前数控系统的反馈装置同样“感知不到”。但随着设备机械、液压系统的磨损、老化，上述移动越来越大，造成的误差达到不能接受的程度。

因此，用户希望再制造企业通过结构改进，彻底解决此问题。

(3) 再制造方案

本再制造方案设计了一套钢轨打孔机误差测量补偿机构，包括更新了数控系统，采用西门子 840D-SL 最新数控系统，伺服驱动及电机采用西门子 SINAMICS 120，辅助送料机构进行了彻底改进，采用了直线导轨＋气动夹爪、球珊尺，在辅助送料移动中，通过球栅实时记录位移，对于辅助送料装置作为一个“并联轴”来处理，因此在 840D-SL 中设置虚拟轴 U 轴，并将球栅记录的数据送入数控系统 840D-SL 中进行实时补偿。

本再制造方案的特色是：通过球珊尺测量钢轨实际移动量，并将信息传输给数控加工中心，产生补偿变量，达到打孔准确的目的。

其结构框图如图 3-35 所示。

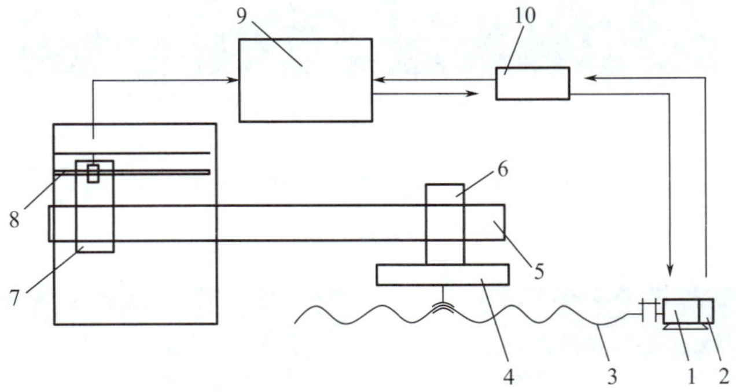

图 3-35　新送料装置机构

1—伺服电机；2—编码器；3—滚珠丝杠；4—机床工作台；5—钢轨；6,7—气动夹爪；8—球珊尺；9—数控加工中心（840D-SL）；10—数控数据分析中心

辅助送料主要机构如图 3-36 所示，磁栅位置如图 3-37 所示。

新的解决方案提供了一种通过球珊尺测量钢轨实际移动量，并将信息传输给数控加工中心 840D-SL 系统中，作为虚拟轴 U 轴，与 X 轴进行补偿变量，达到打孔准确的目的钢轨打孔机误差测量补偿机构。

为了便于操作者监控辅助装置送料位移数据，以及及时调整数据，工程师利用西门子

840D-SL 特有的 Easy Screen 功能，编辑了操作者工艺参数画面，见图 3-38。

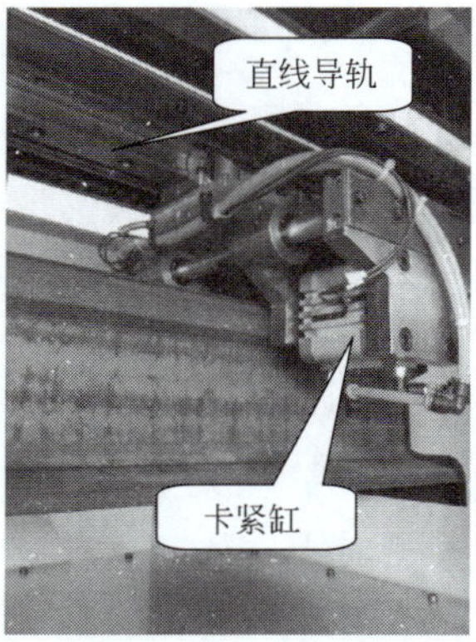

图 3-36 辅助送料主要机构

图 3-37 磁栅位置

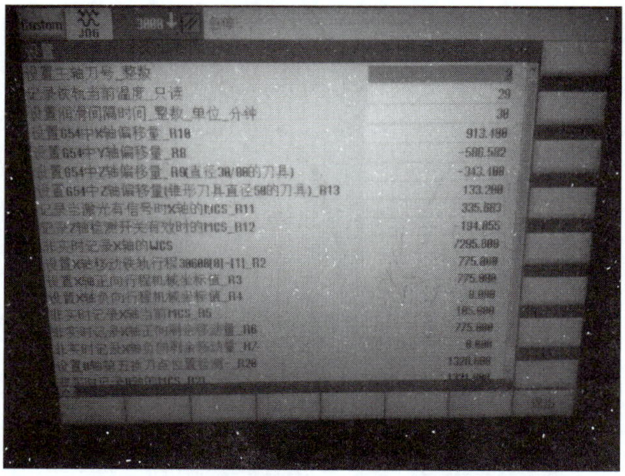

图 3-38 Easy Screen 操作者工艺参数调整画面

其中，虚拟轴有效操作界面如图 3-39 所示，虚拟轴 $U1$ 轴设置操作界面如图 3-40 所示。

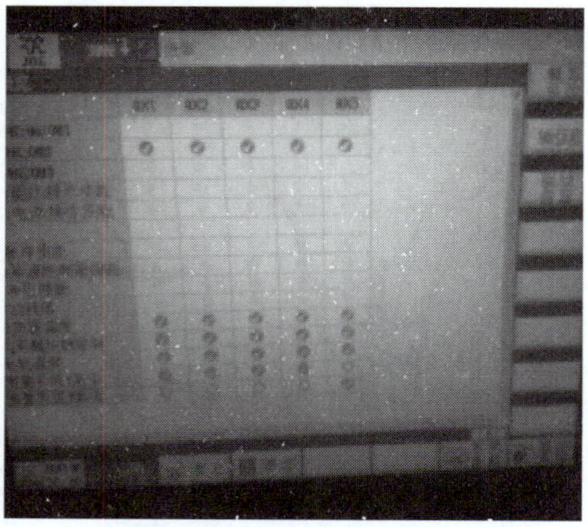

图 3-39 虚拟轴有效操作界面

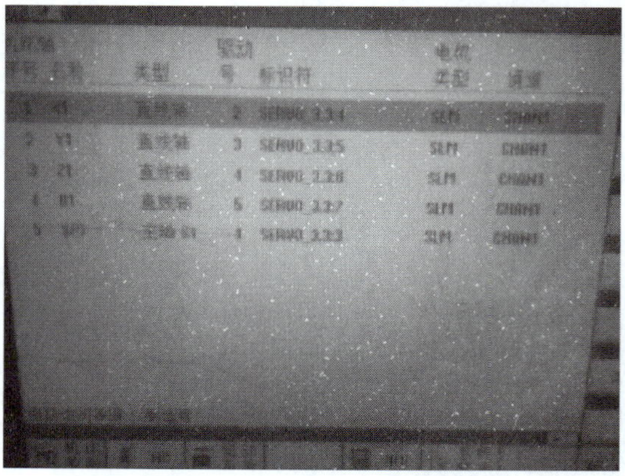

图 3-40 虚拟轴 $U1$ 轴设置操作界面

为了将辅助送料装置“磁栅”记录的数据送入数控系统 840D-SL 进行处理，工程师编辑了大量的 *R* 参数程序，用于计算累计误差量，并给予合理的补偿。

由于篇幅有限，仅列举几个装卸轨和换刀判断的 *R* 参数程序。

进轨程序：

```
PROC JINGUI SAVE SBLOF DISPLOF
M80                                             ;静止夹紧
M83                                             ;移动松开
G75 FP=1Z0                                      ;Z 轴换刀后位
G75 FP=1Y0                                      ;Y 轴换刀上位
G75 FP=1X0                                      ;X 轴移动到最右侧
N400
IF $ A_IN[9]==1 GOTOF N500                      ;移动右侧有铁轨
MSG("移动右侧铁轨检测开关无信号,请把铁轨向左推")
GOTOB N400
N500
M71                                             ;激光测试关闭
M68                                             ;激光打开
N550
M82                                             ;移动夹紧
M81                                             ;静止松开
G75 FP=2X0                                      ;X 轴移动到最左侧
M80                                             ;静止夹紧
M83                                             ;移动松开
G75 FP=1X0                                      ;X 轴移动到最右侧
IF(($ A_IN[9]==1)OR($ A_IN[16]==1))GOTOB N550   ;移动右侧有铁轨或者激光被遮挡
N600
G75 FP=3X0                                      ;X 轴移动到中间
IF $ A_IN[16]==0 GOTOFN 800                     ;激光没有被遮挡的话
M82                                             ;移动夹紧
M81                                             ;静止松开
G75 FP=2X0                                      ;X 轴移动到最左侧
M80                                             ;静止夹紧
M83                                             ;移动松开
GOTOB N600
N800
M90                                             ;静止移动全部松开
M69                                             ;激光关闭
G75 FP=3X0                                      ;X 轴移动到中间
MSG("移进铁轨程序结束")
N1000
RET
```

出轨程序：

```
PROC CHUGUI SAVE SBLOF DISPLOF
M80                                                    ;静止夹紧
M83                                                    ;移动全部松开
G75 FP=1Z0                                             ;Z 轴换刀后位
G75 FP=1Y0                                             ;Y 轴换刀上位
M71                                                    ;激光测试关闭
M68                                                    ;激光开
N400
G75 FP=2X0                                             ;X 轴移动到最左侧
IF(($ A_IN[16]==0)AND($ A_IN[12]==0))GOTOF N800 ;激光/静止左侧无铁轨
IF(($ A_IN[16]==0)AND($ A_IN[12]==1))GOTOF N500 ;激光无铁轨和静止左侧有铁轨
G75 FP=2X0                                             ;X 轴移动到最左侧
M82                                                    ;移动 3 夹紧
M81                                                    ;静止松开
G75 FP=1X0                                             ;X 轴移动到最右侧
M80                                                    ;静止夹紧
M83                                                    ;移动全部松开
GOTOB N400
N500
MSG("静止左侧有铁轨/移动左侧无铁轨,请把铁轨向右移动,使移动左侧开关有信号")
GOTOB N500
N800
M69                                                    ;激光关
M90                                                    ;静止移动全部松开
MSG("移出铁轨程序结束或者静止左侧铁轨检测开关无效")
N1000
RET
```

磁栅尺气缸控制程序:

```
PROC HJCBC SAVE SBLOF DISPLOF
GOTOF LX3
M50                                                    ;气缸压下
M72                                                    ;测头伸出
G04F2
LX1:
;M74                                                   ;R16--POS
STOPRE
R18=R16                                                ;记录运动前位置
IF((0< R18)AND(R18< 8))GOTOF LX2
MSG("X 轴位置传感器位置错误,请检查传感器")
GOTOB LX1
LX2:
STOPRE
R19=R18-R17
```

```
;IF $ A_IN[13]==1 GOTOF LX3                         ;移动夹紧静止松开
;$ P_UIFR[1,X,TR]=$ P_UIFR[1,X,TR]-R19
G54
LX3:
M73                                                 ;测头缩回
M51                                                 ;气缸抬起
RET
```

卡钳夹紧程序：

```
N10 PROC JIAJING SAVE SBLOF DISPLOF
M52                                                 ;静止左侧夹紧
IF $ A_IN[12]==1 GOTOFN200                          ;静止左侧有铁轨
M54                                                 ;静止右侧夹紧
N200
RET
```

刀具判别程序：

```
N10 PROC TCHANGE SAVE SBLOF DISPLOF
N20 DEF INT T_SP,T_ORDER
N21 M05
N22 G04F1
N23 S10
N25 M12                                             ;将主轴刀号写入缓存区
N26 G04F1
N30 T_SP=$ A_DBW[0]                                 ;主轴刀号
N50 T_ORDER=$ C_T                                   ;获得预选的刀号
N60 IF(($ P_SIM==1)OR($ P_ISTEST==1))GOTOF END1
N70 IF(($ P_SEARCH< > 0)OR($ P_DRYRUN==1))GOTOF END1
N80 IF(($ P_SEARCH==0)AND(T_SP==T_ORDER)AND(T_SP> 0)AND(T_ORDER> 0))GOTOF INFO1
                                                    ;主轴等于预选刀号
N90 IF(($ P_SEARCH==0)AND(T_SP==T_ORDER)AND(T_SP==0)AND(T_ORDER==0))GOTOF INFO1
                                                    ;主轴等于预选等于 0

N100 IF((T_SP< > 0)AND(T_ORDER==0))GOTOF ONLY_HUANDAO
N101 IF((T_SP==0)AND(T_ORDER< > 0))GOTOF ONLY_ZHUANGDAO
N102 IF((T_SP< > 0)AND(T_ORDER< > 0))GOTOF HUANDAO_ZHUADAO
ONLY_HUANDAO:
G75 FP=1 Z0                                         ;Z 轴换刀后位
G75 FP=1 Y0                                         ;Y 轴换刀上位
CASE T_SP OF 1 GOTOF PS1 2 GOTOF PS2 3 GOTOF PS3 4 GOTOF PS4 5 GOTOF PS5 DEFAULT GOTOF PS6
                                                    ;主轴刀号为 1 定位到 PS1-------
PS1:G75 FP=1 U0
GOTOF JH1
PS2:G75 FP=2 U0
```

```
GOTOF JH1
PS3:G75 FP=3 U0
GOTOF JH1
PS4:G75 FP=4 U0
GOTOF JH1
PS5:G75 FP=4 U0
M11                                  ;U 轴增量移动 500 到达第五个刀位
GOTOF JH1
PS6:MSG("主轴刀号错误/刀号大于 5")
GOTOF END1
JH1:
M19
G75 FP=2 Z0                          ;Z 轴换刀前位
OVRRAP=30
G75 FP=2 Y0                          ;Y 轴换刀下位
$ A_OUT[7]=1
M64                                  ;主轴松刀
$ A_OUT[7]=0
$ A_DBW[0]=0                         ;缓存区主轴刀号清 0
M13                                  ;PLC 数据块主轴刀号清 0
T_SP=0                               ;NC 程序主轴刀号清 0
T0
G75 FP=1 Z0                          ;Z 轴换刀后位
$ A_OUT[7]=1
M65                                  ;主轴拉刀
$ A_OUT[7]=0
OVRRAP=100
$ P_UIFR[1,U,TR]=0                   ;U 轴回零点
G0G90G54U0
D0                                   ;取消刀补
GOTOF END1
ONLY_ZHUANGDAO:
G75 FP=1 Z0                          ;Z 轴换刀后位
G75 FP=2 Y0                          ;Y 轴换刀下位
CASE T_ORDER OF 1 GOTOF PS11 2 GOTOF PS12 3 GOTOF PS13 4 GOTOF PS14 5 GOTOF PS15 DEFAULT
GOTOF PS16                           ;主轴刀号为 1 定位到 PS1-------
PS11:G75 FP=1 U0
GOTOF JH2
PS12:G75 FP=2 U0
GOTOF JH2
PS13:G75 FP=3 U0
GOTOF JH2
PS14:G75 FP=4 U0
GOTOF JH2
```

```
PS15:G75 FP=4 U0
M11                                    ;U 轴增量移动 500 到达第五个刀位
GOTOF JH2
PS16:MSG("编程刀号错误/刀号大于 5")
GOTOF END1
JH2:
M19
$ A_OUT[7]=1
M64                                    ;主轴松刀
$ A_OUT[7]=0
OVRRAP=30
G75 FP=2 Z0                            ;Z 轴换刀前位
$ A_OUT[7]=1
M65                                    ;主轴拉刀
$ A_OUT[7]=0
$ A_DBW[0]=T_ORDER                     ;将命令的新刀具给缓存区
M13                                    ;PLC 读取缓存区中已经更新的刀具号
T_SP=T_ORDER                           ;更改 T_SP 的值
T=$ C_T                                ;更新 T 代码=编程刀具号
G75 FP=1 Y0                            ;Y 轴换刀上位
OVRRAP=100
G75 FP=1 Z0                            ;Z 轴换刀后位
$ P_UIFR[1,U,TR]=0                     ;U 轴回零点
G0G90G54U0
GOTOF END1
HUANDAO_ZHUADAO:
G75 FP=1 Z0                            ;Z 轴换刀后位
G75 FP=1 Y0                            ;Y 轴换刀上位
CASE T_SP OF 1 GOTOF PS21 2 GOTOF PS22 3 GOTOF PS23 4 GOTOF PS24 5 GOTOF PS25 DEFAULT
GOTOF PS26                             ;主轴刀号为 1 定位到 PS1-------
PS21:G75 FP=1 U0
GOTOF JH3
PS22:G75 FP=2 U0
GOTOF JH3
PS23:G75 FP=3 U0
GOTOF JH3
PS24:G75 FP=4 U0
GOTOF JH3
PS25:G75 FP=4 U0
M11                                    ;U 轴增量移动 500 到达第五个刀位
GOTOF JH3
PS26:MSG("主轴刀号错误/刀号大于 5")
GOTOF END1
JH3:
```

```
M19
G75 FP=2 Z0                                        ;Z 轴换刀前位
OVRRAP=30
G75 FP=2 Y0                                        ;Y 轴换刀下位
$ A_OUT[7]=1
M64                                                ;主轴松刀
$ A_OUT[7]=0
$ A_DBW[0]=0                                       ;缓存区主轴刀号清零
M13                                                ;PLC 数据块主轴刀号清零
T_SP=0                                             ;程序主轴刀号清 0
G75 FP=1 Z0                                        ;Z 轴换刀后位
G75 FP=2 Y0                                        ;Y 轴换刀下位
OVRRAP=100
CASE T_ORDER OF 1 GOTOF PS31 2 GOTOF PS32 3 GOTOF PS33 4 GOTOF PS34 5 GOTOF PS35 DEFAULT
GOTOF PS36                                         ;主轴刀号为 1 定位到 PS1-------
PS31:G75 FP=1 U0
GOTOF JH4
PS32:G75 FP=2 U0
GOTOF JH4
PS33:G75 FP=3 U0
GOTOF JH4
PS34:G75 FP=4 U0
GOTOF JH4
PS35:G75 FP=4 U0
M11                                                ;U 轴增量移动 500 到达第五个刀位
GOTOF JH4
PS36:MSG("编程刀号错误/刀号大于 5")
GOTOF END1
JH4:
M19
$ A_OUT[7]=1
M64                                                ;主轴松刀
$ A_OUT[7]=0
OVRRAP=30
G75 FP=2 Z0                                        ;Z 轴换刀前位
$ A_OUT[7]=1
M65                                                ;主轴拉刀
$ A_OUT[7]=0
$ A_DBW[0]=T_ORDER                                 ;将命令的新刀具给缓存区
M13                                                ;PLC 读取缓存区中已经更新的刀具号
T_SP=T_ORDER                                       ;更改 T_SP 的值
T=$ C_T                                            ;更新 T 代码=编程刀具号
G75 FP=1 Y0                                        ;Y 轴换刀上位
OVRRAP=100
```

```
G75 FP=1 Z0                                   ;Z 轴换刀后位
$ P_UIFR[1,U,TR]=0                            ;U 轴回零点
G0G90G54U0
GOTOF END1
N870 INFO1:
MSG("主轴刀号等于预选刀号,没有换刀动作")
T=$ C_T
N890 G4F3
N910 M17
N1000 END1:
N1001 M05
N1010 M17
```

(4) 使用效果

对原机床及辅助送料机构进行了再制造——机床主要对控制系统进行了升级（图 3-41)，对辅助送料机构进行了二次设计、改进，并通过对西门子 840D-SL 设置虚拟轴 *U*1 轴，将辅助送料机构磁栅尺检测的位移量送入西门子 840D-SL 系统（图 3-42)，再通过 *R* 参数程序进行计算补偿处理，最终实现了机床、送料机构在线实时动态补偿。

图 3-41 改进后辅助送料整机

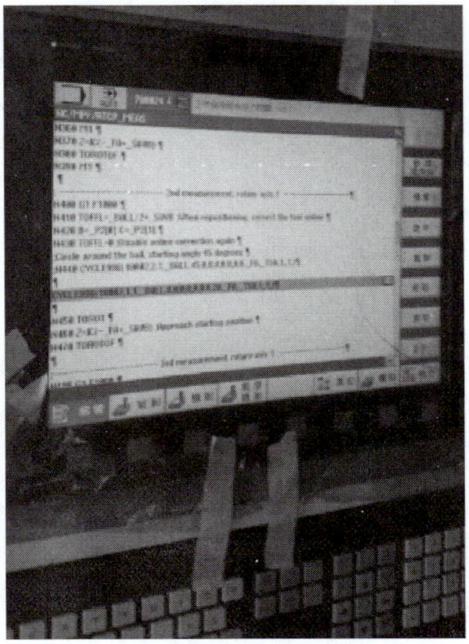

图 3-42 840D-SL 数据处理

改进后的机床分别加工了国产原材料的道叉。规格从 3～4m 道叉、16m 道叉、30m 道叉，每个道叉打孔、镗孔间距约 500mm，孔径从 ϕ9～80mm（图 3-43)，通过 PLC 程序和 *R* 参数程序，实现了自动换刀、自动补偿，最终精度累计误差不超过 0.2mm，是允差要求的 1/10，实现了高铁道叉加工的工艺要求，这项在德国原机床都没有很好解决的问题，通过再制造工程，将一台德国进口二手道叉打孔机升级了系统，并提高了精度和稳定性，见图 3-44。

图 3-43 打孔测试中

图 3-44 新送料机构在生产线中

3.5.3 数控专机六轴联动升级改造实例（北京凯奇数控设备成套有限公司　刘景元）

(1) 基本情况

随着工业技术的发展，具有复杂空间曲面的特型零件和复杂形状的中大型模具加工市场需求迫切。其典型的零件如压缩机及增压器叶轮零件加工，一般都需要具有五轴，甚至六轴联动功能的数控镗铣床，由于国内没有该类产品，用户则不得不惜重金从国外进口。

为适应这一市场需求，北京凯奇数控设备成套有限公司利用公司产品优势——高档数控系统，成功地将俄产 1250 型数控镗铣床改造成为一台可控六轴联动的数控专机。

其主要规格如下。

① 主轴。

外伸镗杆：ϕ110mm。

行程：500mm。

最大扭矩：1700N·m。

额定功率：22kW。

② 工作台。

面积：1250mm×1400mm。

承重：5000kg。

③ 行程。

X 轴：1600mm。

Y 轴：1200mm。

Z 轴：1000mm。

W 轴：500mm。

C 轴：360°。

B 轴：360°。

A 轴：0°～270°。

④ 定位精度。

X、Y、Z 轴：(±0.02)mm。

C、A 轴：±0.005°。

B 轴：±0.002°。

⑤ 重复定位精度。

X、Y、Z 轴：(±0.01)mm。

C、A 轴：±0.003°。

B 轴：±0.01°。

(2) 改造方案

原机床是俄罗斯依万诺夫工厂生产的定型产品。整台机床布局合理、结构刚性强，机床重约 15t，动力柱移动 1000mm，镗杆直径 ϕ110mm，可伸出 500mm，是一种中大型镗铣加工制造的理想设备。只是原电气特别是数控系统老化，功能低下，机械结构做简单改造就能充分满足 500mm 以下的叶轮加工，因此要将之改造为叶轮及腔体零件的专用加工机床。

我公司技术人员对该设备的机械结构和电器进行了重新设计，为提高机床精度，在 X、Y、Z 三个直线轴加装了 FAGOR 高精度光栅尺，B 轴加装了 FAGOR90000 线圆光栅。在此基础上，我们与南京二机床共同开发了 A、C 轴联动的数控转台，从而实现 X、Y、Z(W)、A、B、C 的六轴联动。

作为五轴或六轴联动的机床，有下列几种形式：一种形式是工作台工件实现 X、Y、Z 三轴直线运动，主轴摆动，工作台上加装 A 轴转台；第二种为主轴既能摆动又能转动形成 A、C 轴。近几年为了适用于叶轮类零件加工，又开发出第三种形式，即用 A、C 轴联动工作台代替矩形直线运动工作台的新模式。

而我们采取的是在充分利用原机床 X、Y、Z、B 轴的基础上加装特殊附件——A、C 轴联动数控转台的方案，不但可以实现六轴联动加工，而且在用户不需要六轴联动的情况下，卸下 A、C 联动数控转台，可以进行三轴或四轴数控加工。比起专用的 A、C 轴工作台的数控机床，扩大了使用的范围，用户使用起来更加灵活、机动。

经改造后的数控专机，在 2003 年顺利地通过了北京市科委组织的专家验收组验收。

(3) 具有自主知识产权的 NC-110 数控系统

该系统基于嵌入式 PC 机，采用模块化设计，开放式硬软件结构，使数控系统的性能可以跟随 PC 机的技术发展和 NC 技术自身的硬软件发展不断更新使其数控系统的全面技术性能保持在高端状态。

NC-110 型号的高档系统主要用于控制多坐标（联动）机床、大型机床和多个过程。完善的硬软件设计，可用于控制各类型机床，如镗铣床类、车床类、磨床类。系统经过严格生产工艺控制和严格的检查测试。产品可靠性高，得到了国内外用户的广泛好评。它与国外的高档系统相比较，具有较好的性价比。

NC-110 数控系统的主要特点如下。

① 最大可控轴数为 16 轴，最多联动轴数为 8 轴。

② 可以同时控制 5 个过程，即 2 台机床同时加工零件。

③ 最大可编程尺寸为 9 位数，整数位 5 位（100m），小数位 4 位，最小编程和反馈当量 0.1μm。

④ 在 1μm 当量时时速 24m/min。

⑤ 具有直线型、指数型和 S 型加减速三种方式供选择。

⑥ 可以进行半闭环（用编码器或旋变）和全闭环控制（感应同步器、光栅）或者半闭环和全闭环混合型控制。

⑦ 可以实现 C 轴控制。

⑧ 虚拟轴坐标变换（极坐标插补和圆柱插补）。

⑨ 具有图形显示和后台编辑功能。

⑩ 断点的自动和手动返回功能。

⑪ 刀具管理功能。

⑫ 具有主从轴同步控制功能。

⑬ 测量循环功能，检测工件尺寸和刀具尺寸。

⑭ 具有英制和公制编程。

⑮ 直径和半径编程。

⑯ 可视图形编程和丰富的固定循环。

⑰ 高级语言（GTL 语言）编程。

⑱ 参数编程。

⑲ 程序存储容量可根据用户需要配置。

⑳ 内置式 PLC。

㉑ 输入点最大点 192 点，输出点最大 128 点。

㉒ 丰富的 PLC 编程语言。

㉓ 实时监控 PLC 输入输出信号。

㉔ 对 PLC 程序内的信号和某些参数进行波形显示（示波器功能），这对机床调试和试加工是非常重要的。

㉕ 可对参数的波形数据存储。

㉖ 可接两个手摇进给的手摇脉冲发生器。

㉗ 系统配备有多种接口。

㉘ 标准 R232 接口。

㉙ FDD 软盘驱动接口。

㉚ USB 接口，可直接用 U 盘与程序进行零件加工。

㉛ 标准网口，可通过局域网进行 CNC 方式的零件加工。

以上这些功能是新的大型机床数控机床和多坐标联动数控机床，以及类似机床改造所必需的。

该机床经过 3 年多生产实用，取得良好经济效果和技术效果，通过这台机床的改造，走出了一条用国产高档数控系统改造老机床的新路，打破了高档数控系统都要依赖国外系统的现实。

（4）经济分析

购买一台同类五轴数控加工机床要 500 多万元，而且国外对我国进口该类机床要进行审批，条件苛刻。对该专机的升级改造总价只要 120 万元就全部完成，原机械部分价值 30 万元；机械改造 10 万元；电气部分 40 万元（含数控系统、伺服及反馈元件）；数控转台 8 万元；人力成本 20 万元。大部分采用国产产品，如高档数控系统凯奇 NC110、数控转台与南京二机床合作研发。在社会效益方面，打破了国外技术垄断。节省资金 200%。改造后的数控专机在生产实践中成功地加工出了铝质 ϕ270mm 叶轮、不锈钢材料的 ϕ520mm 压缩机叶轮（图 3-45），以及大型轴承座、各种泵体等多种零件。质量稳定，合格率高，节约了大量资金，见图 3-46。

图 3-45　ϕ520mm 不锈钢压缩机叶轮

图 3-46　升级后的数控机床

3.6 机床功能部件再制造的新工艺运用（上海乔特机电设备工程有限公司　潘陈强，朱树德）

上海乔特机电设备工程有限公司与上海交通大学材料学院合作，运用新技术“激光表面处理技术”进行机床功能部件的再创造。

3.6.1 激光表面技术简介

激光表面处理技术的处理过程如图 3-47 所示。

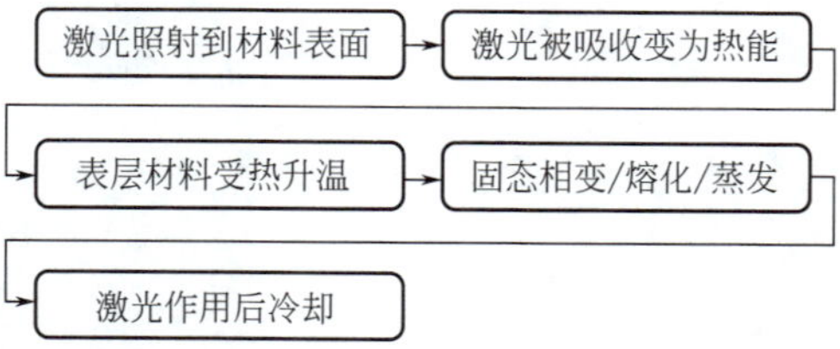

图 3-47　激光表面处理技术过程

激光表面处理分为激光淬火技术和激光熔覆技术。

(1) 激光淬火技术

激光淬火技术又名激光相变硬化，是指金属在固态下经激光辐射，其表层被迅速加热到奥氏体温度以上，并在激光停止辐射后快速淬火得到马氏体组织的一种工艺。

技术特点：

① 加热和冷却速度快（105～109℃/s），借助金属热传导自行淬火（无需任何冷却介质），淬硬层组织细化，相变硬度层深度为0.1～1.0mm。

② 变形小，变形量仅为高频淬火的1/5～1/3。

③ 激光处理过程由计算机控制，容易实现自动化。

④ 可对大型零件进行局部处理，或对形状复杂零件的特殊部位进行处理，如深孔、沟槽等。

⑤ 激光淬火的材料表面基本上不发生氧化（不影响表面粗糙度），也不产生液体、气体等公害物质。

激光淬火硬层的力学性能：

① 硬度。激光淬硬层的硬度比常规淬火（如感应淬火）大5%～20%。常用碳钢、合金钢激光淬火硬度：T12钢为1050HV；T8钢为980HV；40Cr钢为780HV；W19Cr4V高速钢为1000～1100HV。

② 残余应力。对钢进行激光表面强化以后，能够造成表面残余压应力。例如，对42CrMo钢激光互搭扫描后，表面残余压应力可达19.6～68.6MPa。表面残余压应力的存在，有利于提高钢的疲劳强度，推迟钢铁零件在工作过程中裂纹的萌生和发展。

激光淬火应用实例之一锥套、缸套激光淬火：采用激光硬化主轴锥套或缸套内壁，比氮化处理生产效率提高，且所得到的硬化层（约0.6mm）比经过氮化处理的硬化层厚度大，几乎无变形，见图3-48。

（2）激光熔覆技术

激光熔覆（laser cladding）是指在被涂覆基体表面上放置选择的熔覆材料，经激光辐照使之与基体一薄层同时熔化，并与基体实现冶金结合，在基体表面形成与基材具有完全不同成分和性质的合金层，见图3-49。

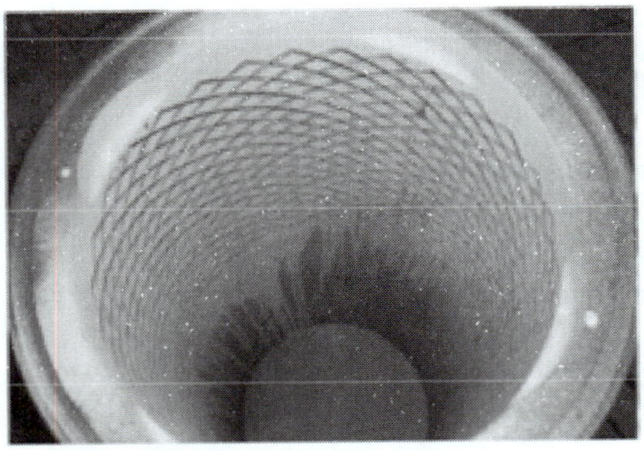

图3-48 激光淬火应用实例

图3-49 激光熔覆技术

激光熔覆合金层工艺特点如下。

① 激光熔覆冷却速度远大于常规铸造工艺，容易获得超饱和固溶体组织。

② 激光熔覆极高过冷度造成的高形核率，生成比常规材料低几个数量级的细晶组织。

③ 熔覆过程中，在很大的过冷度下，会出现亚稳相，使中间相的亚稳浓度范围扩大。

④ 熔覆过程中的非平衡凝固造成很大的热应力和组织应力，使得熔覆金属内产生高密度的位错堆积和缠结。

激光熔覆涂层的主要性能：

① 具有高硬度；

② 抗剥落；

③ 抗疲劳性能；

④ 高耐磨性；

⑤ 网基体界面为冶金结合；

⑥ 高耐蚀性、抗氧化涂层。

图 3-50 和图 3-51 说明：激光熔覆铁基合金层 65～66HRC，原轴表面硬度 62～63HRC。原轴板条束或针状马氏体束群，新型激光熔覆铁基合金层编织网状的超细针状马氏体，从而说明采用高强韧性铁基合金的激光覆熔后的主轴表面的特性比传统淬火工艺有质的提高。

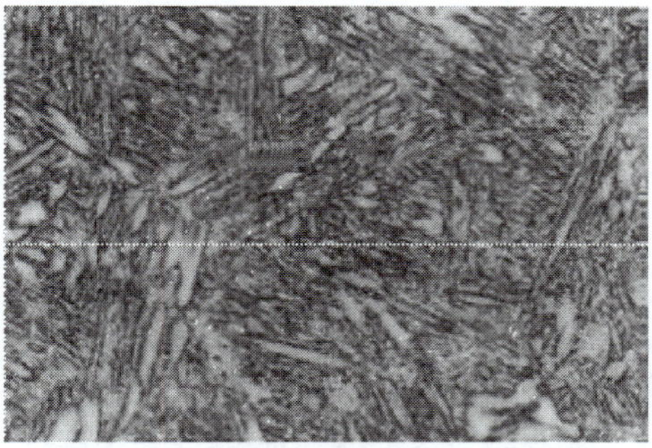

图 3-50　传统淬火板条马氏体金相照片

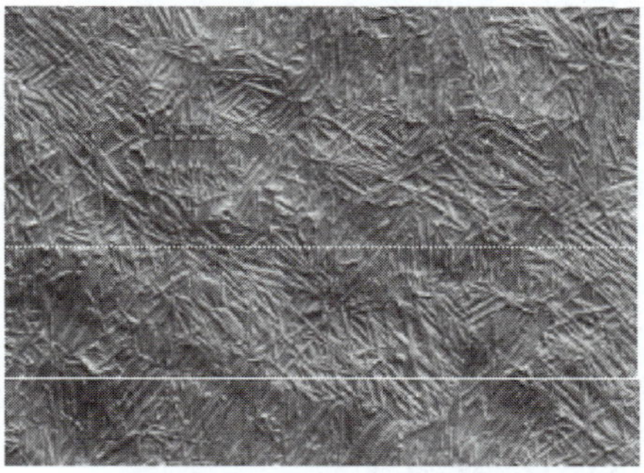

图 3-51　超细针状马氏体编织状分布，高强韧性

激光熔覆技术实例——主轴锥孔、主轴外圆修复：采用细长深孔内壁激光熔覆特殊合金，可实现 $\phi 5$mm 的内壁自动连续熔覆，传统技术只能实现 $\phi 50$mm 以上内壁堆焊，见图 3-52。

图 3-52　激光熔覆技术实例

3.6.2 机床功能部件再制造案例

① 机床功能部件再制造案例一——斯柯达落地镗万能铣头再制造，见图 3-53。

(a) (b)

图 3-53 斯柯达落地镗万能铣头再制造前后对比

② 机床功能部件再制造案例二——德国科堡龙门铣直角铣头再制造、德国 KOLB 卧式加工中心直角铣头再制造，见图 3-54、图 3-55。

图 3-54 德国科堡龙门铣直角铣头再制造

图 3-55 德国 KOLB 卧式加工中心直角铣头再制造

③ 机床功能部件再制造案例三——德国希斯龙门铣加长铣头再制造，见图 3-56。

④ 机床功能部件再制造案例四——上海印钞厂设备弗兰德精密蜗轮蜗杆减速箱再制造，见图 3-57。

⑤ 机床功能部件再制造案例五——PAMA 减速箱、进口弗兰德蜗轮箱，见图 3-58。

功能部件的再制造较重新制造新部件可以大大简化节省制造工艺。据统计，对于附加价值很高的功能部件，通过再制造充分利用其原有零部件（如壳体、主轴、传动轴等），节约制造这些零部件的成本，平均可比购置同样性能级别的新部件节约成本 60%～65%，再制

图 3-56　德国希斯龙门铣加长铣头再制造

(a)

(b)

图 3-57　上海印钞厂设备弗兰德精密蜗轮蜗杆减速箱再制造

(a)

(b)

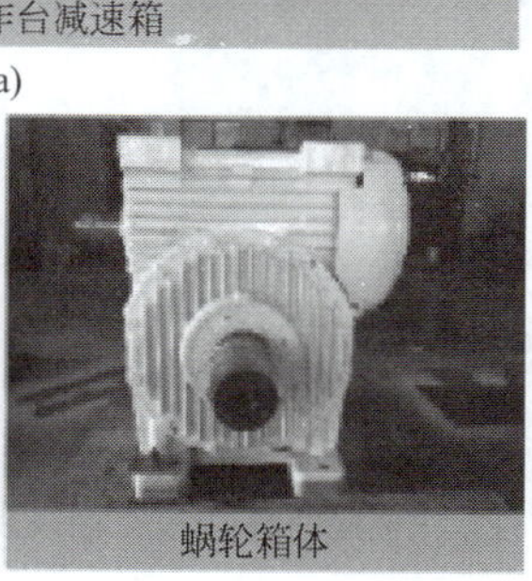

(c)

图 3-58　PAMA 减速箱、进口弗兰德蜗轮箱

造后的功能部件可基本达到原有设计的性能水平。轴承、传动齿轮、密封圈及垫圈等零部件，如果损坏，则需要用同参数或同型号的新零部件进行更换。功能部件的再制造优点如下。

① 投资额小、交货期短。与购置新部件相比，一般可以节省60%～65%的费用，再制造费用低。

② 性能更稳定。功能部件的各基础件经长期时效，几乎不会产生应力变形，从而影响精度，功能稳定性、可靠性好。

3.7 数控系统在机床再制造中的应用（广州数控设备有限公司 苏伟峰）

广州数控作为数控行业的领军企业，凭借着与机床行业的战略合作基础，一直致力于机床再制造的实践，主要体现在两大领域上：一是普通机床数控化改造，二是老旧进口数控机床的数控系统升级。

3.7.1 普通机床数控化案例一

某机械公司CY-VMC850立式加工中心，用于电机座生产。在数控化改造前，采用多工序的传统加工方法，先用车床进行轴承及外圆加工，再以加工好的面进行定位加工底面的平面及钻孔攻螺纹。

应用广州数控的GSK 983MA-H数控系统改造后，该款加工中心利用第四轴功能和专用夹具，只需要一次装夹就可以完成上述的多工序加工，效率和加工精度得到很大提高，并有效地降低劳动强度和生产成本。相对改造前，具有显著的经济效益。

改造后整机及生产电机座工件如图3-59、图3-60所示。

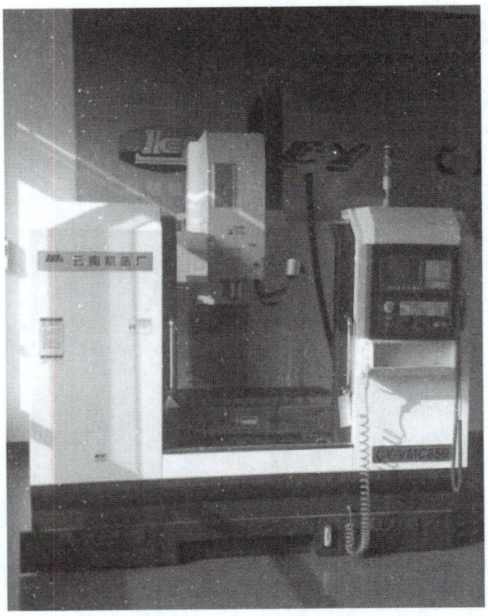

图3-59 整机结构

图3-60 电机工件

3.7.2　普通机床数控化案例二

长沙某仪器厂 C6132、C6140、C6150 类普通车床，通过数控化改造升级后，机床 2 轴定位精度均能达到 0.02mm 以内，重复定位精度小于 0.01mm；斜床身结构、双矩形导轨带来的高刚性，尤其适合短轴类、法兰类零件的批量加工，适应粗加工、半精加工、精加工等各种工艺要求；全防护的设计提升了数控滑台的使用寿命。

GSK CT-L 系列精密数控滑台配套 GSK 980TD 系列数控系统，是其重要的数控化改造结构部件。广州数控在改造过程中，仅利用 3～4 天即完成了改造，为客户赢得了宝贵的时间。改造后整机示意图如图 3-61 所示。

图 3-61　普通机床 C6132 数控化改造

3.7.3　普通机床数控化案例三

石家庄某链轮厂滚齿机，通过配套广州数控 GSK 218M 数控系统进行数控化改造。改造后，采用 GSK 滚齿机专用软件能够实现滚齿加工零编程模式；输入工件参数后，即可自动生成加工程序，与改造前手动操作相比，更为便捷；可实现不同类型、不同规格齿轮工件的批量加工。

改造前后及工件产品图片如图 3-62～图 3-65 所示。

图 3-62　普通滚齿机（改造前）

图 3-63　数控滚齿机（改造后）

图 3-64 加工工件

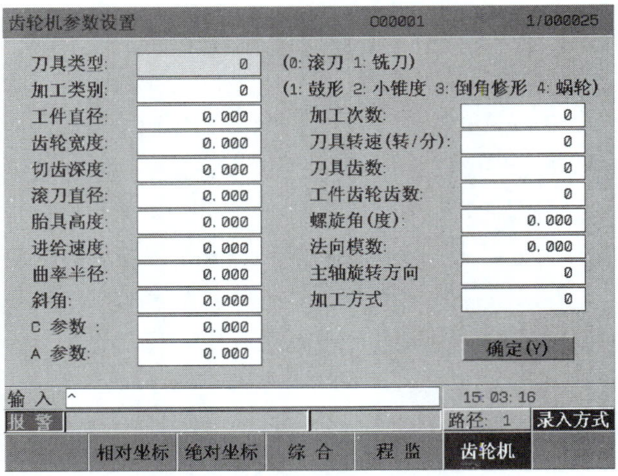

图 3-65 滚齿机操作界面

3.7.4 数控机床数控系统升级案例

沈阳某机床公司美国哈斯 VF6 加工中心带有自动测量功能，但原数控系统已老化，无法继续使用，见图 3-66。

采用广州数控 GSK 27MC 数控系统进行系统更换改造，成功与原机床自动对刀仪器对接，恢复原机床自动对刀仪器使用功能。GSK 27MC 数控系统属于五轴五联动高档数控系统，最高可以支持八轴五联动，在该数控系统升级案例中，相比进口数控系统，具有很高的性价比，见图 3-67。

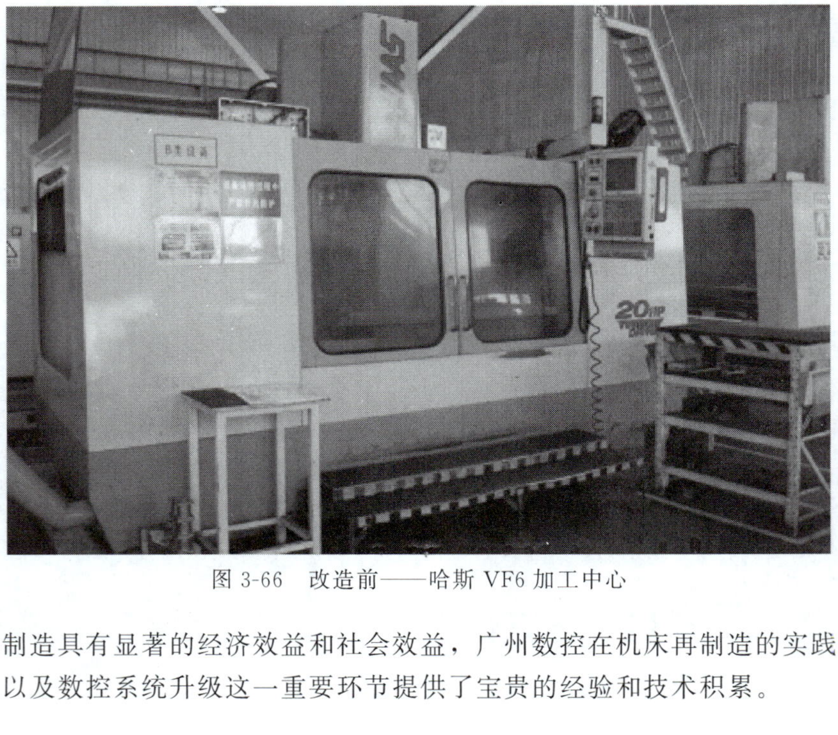

图 3-66 改造前——哈斯 VF6 加工中心

机床再制造具有显著的经济效益和社会效益，广州数控在机床再制造的实践上，为普通机床数控化以及数控系统升级这一重要环节提供了宝贵的经验和技术积累。

图 3-67　改造后——哈斯 VF6 加工中心配 GSK 27MC 加工中心数控系统

附 录

机床再制造相关政策

附录1 关于推进再制造产业发展的意见

关于推进再制造产业发展的意见

发改环资〔2010〕991号

各省、自治区、直辖市、计划单列市及新疆生产建设兵团发展改革委、经贸委（经委、经信委、工信委、工信厅）、科技厅（委、局）、公安厅（局）、财政厅（局）、环境保护厅（局）、商务厅（局）、国税局、地税局、工商局、各出入境检验检疫局、质量技术监督局，海关总署广东分署、天津、上海特派办，各直属海关，国务院有关部门：

为全面贯彻落实《循环经济促进法》，培育新的经济增长点，促进我国循环经济尽快形成较大规模，建设资源节约型环境友好型社会，现提出推进我国再制造产业发展的意见：

一、推进再制造产业发展的重大意义

再制造是指将废旧汽车零部件、工程机械、机床等进行专业化修复的批量化生产过程，再制造产品达到与原有新品相同的质量和性能。再制造是循环经济“再利用”的高级形式。

加快发展再制造产业是建设资源节约型、环境友好型社会的客观要求。再制造与制造新品相比，可节能60%，节材70%，节约成本50%，几乎不产生固体废物，大气污染物排放量降低80%以上。再制造有利于形成“资源—产品—废旧产品—再制造产品”的循环经济模式，可以充分利用资源，保护生态环境。

加快发展再制造产业是培育新的经济增长点的重要方面。我国汽车、工程机械、机床等社会保有量快速增长，再制造产业发展潜力巨大。2008年汽车保有量达4957万辆（不含低速汽车），机床保有量达700多万台，14种主要型号的工程机械保有量达290万台。其中大量装备在达到报废要求后将被淘汰，新增的退役装备还在大量增加。发展再制造产业有利于形成新的经济增长点，为社会提供大量的就业机会。

加快发展再制造产业是促进制造业与现代服务业发展的有效途径。再制造是制造与修复、回收与利用、生产与流通的有机结合。汽车零部件再制造产品主要用于维修，既能提高维修技术质量，又能提高维修效率和效益。国外经验表明，当再制造零部件占维修配件市场的65%时，汽车维修速度将增加8倍。发展再制造产业还能使制造企业有能力投入更多精力进行新产品研发和设计，形成良性循环，对推动我国制造业的产业结构调整、产品更新换代、技术进步和人员素质提高十分有利。

二、我国再制造产业发展现状

2005年，国务院在《关于加快发展循环经济的若干意见》中明确提出支持发展再制造。2005年，经国务院批准，国家第一批循环经济试点将再制造作为重点领域。2008年，《循环经济促进法》将再制造纳入法律范畴进行规范。目前，我国汽车零部件再制造试点取得了初步成效，到2009年底，已形成汽车发动机、变速箱、转向机、发电机共23万台套的再制造能力，并在探索旧件回收、再制造生产、再制造产品流通体系及监管措施等方面取得积极进展。再制造基础理论和关键技术研发取得重要突破，开发应用的自动化纳米颗粒复合电刷镀等再制造技术达到国际先进水平。工程机械、机床等再制造试点工作也已开展。

目前我国再制造产业发展面临的突出问题是：再制造产业发展尚处于起步阶段，再制造作为新的理念还没有被消费者及社会广泛认同；再制造旧件来源及再制造产品销售渠道不够畅通；再制造技术和管理水平不高，产品质量良莠不齐；报废汽车回收管理等相关法规亟待修订，有关管理制度急需健全，技术标准还不完善；缺乏政策激励。

三、推进再制造产业发展的指导思想和基本原则

（一）指导思想。以邓小平理论和“三个代表”重要思想为指导，深入贯彻科学发展观，落实节约资源和保护环境的基本国策，紧紧围绕提高资源利用效率，从提高再制造技术水平、扩大再制造应用领域、培育再制造示范企业、规范旧件回收体系、开拓国内外市场着手，加强法规建设，强化政策引导，逐步形成适合我国国情的再制造运行机制和管理模式，实现再制造规模化、市场化、产业化发展，努力将再制造产业培育成为新的经济增长点，推动循环经济形成较大规模，加快建设资源节约型、环境友好型社会。

（二）基本原则。一是坚持政府引导与市场机制相结合。通过法规规范、政策引导，发挥市场配置资源的基础性作用，调动市场主体的积极性。二是坚持统筹规划与重点突破相结合。加强规划指导，防止低水平重复建设，继续推进再制造试点示范，由点到面，有序推进。三是坚持科技创新与体系建设相结合。鼓励科技创新，解决再制造共性、关键技术问题，加强再制造标准体系、旧件回收体系、再制造产品流通体系等建设。四是坚持严控质量与加强监管相结合。不断提高产品质量，降低产品成本，加强对再制造产品和市场监管，维护消费者权益。

四、推进再制造产业发展的重点领域

（一）深化汽车零部件再制造试点。以推进汽车发动机、变速箱、发电机等零部件再制造为重点，加大资金投入，消除制度瓶颈，完善回收体系，规范流通市场，努力做大做强。在此基础上，将试点范围扩大到传动轴、压缩机、机油泵、水泵等部件。同时，继续推进大型旧轮胎翻新。

（二）推动工程机械、机床等再制造。组织开展工程机械、工业机电设备、机床、矿

采机械、铁路机车装备、船舶及办公信息设备等的再制造，提高再制造水平，加快推广应用。

五、加强再制造技术创新

（一）加快再制造重点技术研发与应用。加强再制造产品设计技术和产品剩余寿命评估、经济环保的拆解和清洗、微纳米表面工程、无损检测等技术的研发，开展旧件性能评价、再制造产品安全检测等方面的技术攻关。鼓励生产企业、研究设计单位开展有利于再制造的环境友好设计。

（二）加强再制造技术研发能力建设。依托国内有基础的技术研发单位和企业，加快建立再制造国家工程研究（技术）中心和再制造产品质量检验检测中心，鼓励科研院所和企业开展联合攻关和产业化示范。做好国外先进技术与国内成熟适用技术的衔接，形成再制造关键设备生产研发体系。

六、加快再制造产业发展的支撑体系建设

（一）完善再制造旧件回收体系。加快完善有利于再制造产业发展的废旧汽车零部件、工程机械、机床等的逆向回收物流体系，加强有效分类和回收管理，形成与再制造规模相匹配的旧件收集能力。

（二）建立再制造产业发展标准体系。研究建立再制造标准体系，制定再制造技术标准和规范，包括再制造技术通则、旧件检测与评价技术标准、再制造工艺技术规范和再制造管理标准等。

（三）规范再制造环保安全保障体系。根据国家相关标准和技术规范，对再制造过程中产生的各类废物分类储存管理，提高后续废物再利用潜力，减少废物的处理处置量，消除再制造产品的安全环保隐患。

（四）推动再制造服务体系建设。在部分定点维修网点（含汽车“4S”店）设立再制造产品专柜，建立再制造产品连锁示范店和售后服务点。选择若干制造企业和维修企业，开展再制造产品生产与售后服务一体化试点。

七、完善再制造产业发展的政策保障措施

（一）编制再制造产业发展规划。按照《循环经济促进法》的要求，组织编制再制造产业发展规划，明确近期中期发展目标和重点，提出促进再制造产业健康发展的政策措施，分步骤、分阶段组织实施。

（二）完善促进再制造产业发展相关法规。尽快修订《报废汽车回收管理办法》，适当取消对报废汽车“五大总成”强制回炉的限制。根据再制造产品原料自身的安全环保风险及国内实际需要，建立鼓励、限制、禁止进口的分类管理制度，制定再制造旧件和再制造产品的进出口管理目录及管理办法，并规范再制造企业管理，强化企业社会责任意识。

（三）完善促进再制造产业发展的经济政策。制定发布《再制造产品目录》，研究对列入目录的再制造产品的财政税收优惠政策；推动银行业金融机构为再制造提供信贷、担保等投融资服务。循环经济专项资金要将再制造技术研发、示范和推广项目作为支持重点，推动再制造产业发展。鼓励政府机关、事业单位优先采用再制造产品。

（四）建立再制造监督管理制度。完善再制造产品标识制度，有效保护知识产权和消费者权益，建立再制造信息管理系统，加强对拆解企业的监管，防止可再制造的旧件流失，加

强进出口旧机电产品检验和监管。

（五）培养专业人才。鼓励在高等院校和职业技术学校有关专业课程中设立再制造课程，通过校企合作、订单式培训、在岗人员技能培训等多种模式，加快培养技术人才，为再制造产业发展提供人才保障。

（六）加大宣传力度。广泛宣传再制造在节约资源、保护环境中的重要意义。通过编写针对不同用户和消费群体的宣传资料，设立再制造产品体验馆，举办再制造技术、产品、工艺设备展览会和再制造发展论坛，召开现场会、经验交流会等多种形式，普及再制造知识，引导用户和消费者使用再制造产品。

八、加强对再制造产业发展的组织领导

（一）建立协调机制。各级循环经济发展综合管理部门要充分发挥牵头作用，切实履行循环经济组织协调、监督管理的职责，工信、科技、公安、财政、环保、商务、海关、税务、工商、质检等各有关部门要按照各自职责，密切配合，建立再制造产业发展协调机制，及时解决再制造产业发展中的问题，促进再制造产业健康发展。

（二）充分发挥行业协会和中介组织的作用。要充分发挥行业协会和中介组织在政府与企业之间的桥梁和纽带作用，开展再制造产业发展预测分析、法规政策研究、提供咨询服务、加强技术推广、宣传培训和国际交流与合作。

国家发展改革委
科技部
工业和信息化部
公安部
财政部
环境保护部
商务部
海关总署
税务总局
工商总局
质检总局
二〇一〇年五月十三日

附录 2 再制造产品认定实施指南

关于印发《再制造产品认定实施指南》的通知

工信厅节〔2010〕192 号

各省、自治区、直辖市及计划单列市、新疆生产建设兵团工业和信息化主管部门：

为加强再制造产品认定管理，明确认定要求，规范认定程序，按照《关于印发〈再制造产品认定管理暂行办法〉的通知》(工信部节〔2010〕303 号）要求，我部组织编制了《再制造产品认定实施指南》(以下简称《实施指南》)。现印发你们并就认定相关工作通知如下：

一、请各地工业和信息化主管部门组织相关企业根据《再制造产品认定管理暂行办法》和《实施指南》要求，提出认定申请，并对申报材料进行初始审查，出具审查意见后上报。

二、为稳妥推进再制造产品认定工作，认定工作启动初期，优先受理再制造试点企业的认定申请。首批认定申请受理截止时间为2010年10月29日。

三、联系方式：

联系人：曹　妍　　　王孝洋

电　话：010-66013058　68205357

传　真：010-68205337

邮　箱：jns@miit.gov.cn

地　址：北京市西长安街13号（100804）

二〇一〇年九月三十日

再制造产品认定实施指南

工业产品再制造是制造业的一个重要组成部分，是落实《循环经济促进法》和推动经济发展方式转变的重要措施，是促进资源节约型、环境友好型社会建设的有效手段。开展再制造产品认定工作有利于规范再制造产品生产、引导再制造产品消费，推动再制造产业健康有序发展。

根据《再制造产品认定管理暂行办法》的规定，为明确再制造产品认定管理工作中各相关单位的职责，明晰各认定环节的具体要求，确保认定管理工作规范、高效地开展，特制定《再制造产品认定实施指南》(以下简称《实施指南》)。

《实施指南》所涵盖的再制造产品认定范围包括通用机械设备、专用机械设备、办公设备、交通运输设备及其零部件等。

各相关单位应依据《再制造产品认定管理暂行办法》，结合《实施指南》及相关的法律法规、标准和其他要求，开展再制造产品认定申报、推荐、认定评价等管理工作。

一、组织管理

工业和信息化部负责再制造产品认定工作的管理和监督，制定相关制度、标准及实施方案，组织开展认定工作，发布《再制造产品目录》。

省级工业和信息化主管部门负责认定申请的初始审查，向工业和信息化部推荐符合条件的认定申请。

工业和信息化部委托具有合格评定资质的机构具体承担认定评价工作，包括组织进行文件审查、现场评审、产品检验，以及出具认定报告等工作。

二、认定程序

再制造产品认定包括“申报、初审与推荐、认定评价、结果发布”四个阶段（认定流程见附件一，略)。

（一）申报

申请企业应按照《再制造产品认定管理暂行办法》的要求，自愿提出认定申请。

1. 基本条件。申请企业应符合《再制造产品认定管理暂行办法》规定的基本条件要求，具体包括：

（1）在中国境内注册，具有独立法人资格；

（2）产品符合国家法律、法规及相关产业政策要求；

（3）国家对产品有行政许可要求的，应获得相应许可；

（4）具备再制造产品批量生产能力，采用的再制造技术、工艺先进适用、成熟可靠；

（5）产品质量达到或超过原型新品，且符合国家相关的安全、节能、环保等强制性标准要求。

2. 提交申报材料：申请企业按属地化原则向省级工业和信息化主管部门提出认定申请，并按要求提交申报材料。申报材料一式五份（含纸质及电子版），具体包括：

（1）再制造产品认定申报书（见附件二，略）；

（2）有效的法人营业执照副本（复印件）；

（3）再制造产品的产品生产许可证、强制性产品认证证书复印件（适用时）；

（4）执行的产品标准；

（5）产品型式试验报告和（或）相关质量证明文件；

（6）产品生产工艺流程及再制造技术说明；

（7）质量管理体系文件；

（8）其他需提供的材料。

（二）初审与推荐

省级工业和信息化主管部门负责对本地区申请认定产品进行形式审查和汇总。符合要求或整改后满足要求的，向工业和信息化部推荐；不符合要求的，则不予推荐。

初审的重点包括：

1. 申报材料的完整性、有效性；

2. 近三年内，是否受到重大行政处罚和投诉，包括产品质量、节能环保和安全等方面；

3. 再制造过程管理的规范性、工艺技术水平的先进性等方面。

省级工业和信息化主管部门应在30个工作日内完成对申报材料的初审，出具认定推荐意见。同时，向工业和信息化部提交产品申报材料。

（三）认定评价

再制造产品认定评价包括以下六个环节：

——标准确认；

——受理；

——文件审查；

——现场评审；

——产品检验；

——综合评定。

1. 标准确认

为保证申请企业明示的产品标准符合再制造产品认定要求，在认定活动中将对申请企业明示的产品标准进行确认。

认定机构在收到申报材料后，应在3个工作日内组织专家完成再制造产品认定的标准确认工作。

标准确认专家应对申请企业明示的产品标准与相关质量、节能、环保和安全等标准进行比较分析，确认申请企业所明示的产品标准是否符合相关的要求。

标准确认合格后方可进入受理环节；标准确认不合格的，则不对申请企业的申报材料进行受理。

经确认的标准发生变更时，申请企业应及时向再制造产品认定机构通报并提供新版本。认定机构将根据情况决定是否重新进行标准确认工作。

2. 受理

标准确认符合要求后，认定机构应及时对申报书和相关资料进行审查，并提出受理意见：

（1）申报材料齐全、符合要求的，应在3个工作日内予以受理，并书面通知申请企业受理结果；

（2）申报材料不齐全或不符合要求的，应在3个工作日内告知申请企业需要补充的材料；

（3）存在不符合认定要求且无法整改的申请事项，不予受理。

3. 文件审查

认定机构在完成受理申请后，应于4个工作日内，安排具有专业能力的人员进行文件审查，并出具文件审查报告，对文件审查不符合要求的应通知申请企业进行整改。

文件审查的重点包括：

（1）产品型式试验报告和（或）相关质量证明文件；

（2）产品生产工艺流程及再制造技术说明；

（3）质量管理体系文件；

（4）再制造产品用途与质量状况说明；

（5）再制造产品节能减排效益分析等。

文件审查的结论包括：

（1）符合要求，可以安排现场评审工作；

（2）不符合要求，补充整改后方可安排现场评审工作。

4. 现场评审

文件审查合格或经过整改合格后，由认定机构组织专家组实施现场评审工作，现场评审应在文件审查合格后的20个工作日内实施。

现场评审过程的要求包括：

（1）专家评审组应编制评审计划，并于现场评审实施日前5个工作日通知申请企业；

（2）专家评审组应按相关要求对申请企业再制造工艺过程和质量保证能力进行现场评审，重点是关键再制造过程的现场确认及所采用再制造技术的可靠性评价；

（3）现场评审结束后10个工作日内，专家组应向认定机构提交“现场评审报告”，并对现场评审结论负责。

现场评审结论包括：

（1）通过；

（2）整改后通过；

（3）不通过。

现场评审存在不符合要求的，评审组应书面通知申请企业进行整改，如现场评审发现企业存在严重不符合及违法等问题，评审组应报告认定机构并立即结束对其产品的认定工作。

5．产品检验

再制造产品认定检验主要采用型式试验报告确认、抽样检验、现场检验等形式进行。认定机构对申请企业所提交产品型式试验报告和（或）相关质量证明文件进行审查，根据再制造产品特点，必要时结合现场评审情况，决定产品检验方式：

（1）型式试验报告确认：依据所确认标准，对申请企业提交的型式试验报告进行符合性评价和确认。

（2）抽样检验：按所确认标准规定的相关要求，对认定产品和（或）关键过程的产品，由认定机构制定产品抽样检验方案，安排人员进行抽样，委托具有相应资质的第三方检验机构进行检验。

（3）现场检验：对认定产品必须在生产或使用现场进行检验时，认定机构应按照所确认标准规定的相关要求制定现场检验方案，安排人员进行现场产品检验工作。

认定机构收到检验报告后，应在5个工作日内完成对检验结果的判定，判定结论分为合格与不合格两种形式。

6．综合评定

认定机构在组织完成文件审查、现场评审和产品检验后，应安排对申请企业全部材料进行综合评定。重点是对认定过程活动的公正性、规范性、现场评审结论和检验结果的符合性进行评定，基本要求：

（1）所有受理、文件审查、现场评审、检验结果必须完成且经专业人员审核后，方可进行认定综合评定工作。

（2）认定综合评定人员必须具备相应的专业能力。

（3）综合评定人员不能是所评定项目的现场评审人员。

认定机构应在10个工作日内完成综合评定，提出认定意见，完成认定报告，并提交工业和信息化部。认定意见包括：

（1）推荐；

（2）不推荐。

（四）结果发布

工业和信息化部根据认定报告意见，对再制造产品认定过程及意见等进行审批，符合要求的形成《再制造产品目录》并向社会公告。同时，通过工业和信息化部及认定机构网站发布。

再制造产品认定结果不设有效期，当认定的再制造产品生产和管理等发生重大变化时，申请企业应及时向工业和信息化部及认定机构报告。对不再符合认定条件的产品，由工业和信息化部取消产品认定资格，予以公告。

三、认定标志与信息明示

（一）认定标志

（1）标志样式

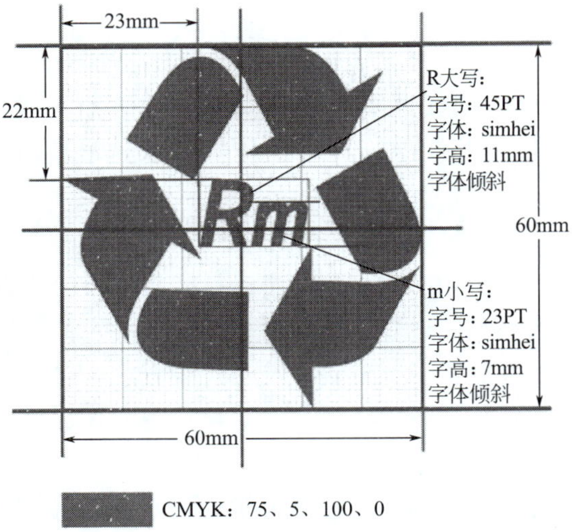

图 再制造产品标志样式及尺寸

（2）认定标志使用

通过认定的再制造产品，应在产品明显位置或包装上使用再制造产品标志。被取消认定资格的产品不得继续使用再制造产品标志。

使用认定标志时，应保证认定标志的完整，可按比例放大或缩小，但应确保认定标志的颜色一致并清晰。

（二）信息明示

经认定的再制造产品应在产品明显位置或包装上明示再制造产品的生产厂名称、产品识别代码、执行标准等相关信息。

四、异议处理

任何对再制造产品认定过程和结果有异议的单位和个人，可向工业和信息化部提出异议，工业和信息化部根据情况进行调查处理，反馈结果。认定机构按工业和信息化部的要求协助进行相关情况调查。

五、专家管理

认定机构应建立专家库并进行动态管理。

（一）专家资格条件

1. 中级以上技术职称；

2. 具有再制造领域相关专业背景和实践经验；

3. 具有良好的职业道德，坚持原则，办事公正；

4. 了解国家能源资源节约及再制造产业政策，熟悉再制造产品认定工作有关要求。

（二）专家库及专家选取办法

1. 认定机构应建立专家聘任制度，建立专家库，实行动态管理。

2. 认定机构根据认定产品所属行业领域，选择相关专家参与认定工作。

（三）专家职责

1. 按照《再制造产品认定管理暂行办法》及本指南的要求参加标准确认、文件审查、现场评审、产品检验、综合评定等工作，并填写相关记录和完成有关报告。

2. 为认定机构提供技术支持。

（四）专家纪律

1. 独立、客观、公正的进行认定评价。

2. 不得披露、使用申请企业的技术、经济信息和商业秘密，不得复制保留或向他人扩散评审材料，不得泄露评审结果。

3. 不得采取非正常手段为申请企业提供便利。

4. 不得以再制造产品认定名义擅自进入申请企业调查。

5. 不得收受申请企业给予的任何好处和利益。

附录 3　机电产品再制造技术及装备目录

关于印发《机电产品再制造技术及装备目录》的通知

工信部联节〔2012〕198 号

各省、自治区、直辖市及计划单列市、新疆生产建设兵团工业和信息化、科技主管部门：

为引导再制造技术装备研发，推动先进适用工艺技术及装备的示范应用和推广，加快提升再制造产业技术水平，在各地推荐、专家评审基础上，我们组织编制了《机电产品再制造技术及装备目录》(以下简称《目录》)。现印发你们，请据此指导和支持有关企业、科研院所等加强研发攻关，推进示范应用和推广。有关要求如下：

一、加强组织领导。各级工业和信息化、科技主管部门要密切协调配合，切实加强对机电产品再制造技术及装备研究开发和应用推广工作的组织领导，积极支持搭建产学研用合作机制和平台，充分发挥行业协会及科研院所等单位支撑作用，进一步促进再制造技术进步，提升再制造装备水平，为再制造产业发展奠定坚实的技术基础。

二、强化分类指导。对研究开发类，要紧紧围绕企业再制造工艺装备需求，强化供需对接，引导各方面科技资源加大投入；对产业化示范类，要积极组织实施产业化示范项目，加强技术验证和评估；对应用推广类，要进一步加大推广力度，扩大应用范围和领域。

三、加大支持力度。优先支持再制造相关科技创新项目及企业技术中心等建设。支持和鼓励建设再制造技术开发平台和产业创新战略联盟，联合攻克关键共性再制造技术。各级工业和信息化主管部门要积极引导企业实施再制造技术装备产业化示范和应用推广技术改造项目，优先纳入技术改造等资金渠道予以支持。各级科技主管部门要大力支持再制造领域重大关键共性技术装备研发，择优列入相关科技专项予以支持。支持再制造领域相关企业、单位积极研究起草相关标准，完善再制造标准体系。

四、加强技术交流。结合再制造产业发展及技术装备应用情况，搭建技术交流平台，推进再制造技术交流。组织召开重点再制造技术现场交流会、推介会，鼓励再制造企业及科研院所举办或参与展览展示活动，推动广泛应用先进适用再制造技术装备。

《机电产品再制造技术及装备目录》见附件。

工业和信息化部　科学技术部

二〇一二年四月二十八日

附件

机电产品再制造技术与装备目录

中华人民共和国工业和信息化部
中华人民共和国科学技术部
二〇一二年四月

目　录

一、再制造成形与加工技术

序号	名称	适用领域	主要内容	解决的主要问题	类别
1	激光熔覆成形技术	汽车工业、机械工业、石化工业、冶金工业等领域铁基零部件裂纹、掉块、腐蚀、磨损、变形等部位	在被涂覆基体表面上，以不同的填料方式放置选择的涂层材料，经激光辐照使之和基体表面薄层同时熔化，快速凝固后形成稀释度极低、与基体金属成冶金结合的涂层，从而显著改善基体材料表面的耐磨、耐蚀、耐热、抗氧化等性能，实现金属零部件表面或三维损伤的再制造成形	解决激光三维成形的尺寸精度控制以及性能提升技术问题。对比换件维修而言，三维损伤激光熔覆再制造成形只需消耗可以弥补三维损伤部位等体积的材料，节材效果显著，成本较低，具有良好的经济、资源和环境效益	产业化示范
2	等离子熔覆成形技术	汽车工业、机械工业、石化工业、冶金工业等领域金属零部件裂纹、掉块、腐蚀、磨损、变形等部位	利用高温等离子体电弧作为热源，熔化由送粉器输送的合金粉末，在被修复工件表面重新制备一层高质量、低稀释率，具有优异耐高温、耐磨、耐腐蚀的强化层，实现金属零部件表面或三维损伤的再制造成形	通过等离子熔覆成形技术制备的工作层，在恢复零件尺寸的同时进一步提升零件的表面服役性能，实现产品的再制造。设备简单可靠，成形效率高	产业化示范
3	堆焊熔覆成形技术	工业机械重载装备的中型、大型金属结构件	堆焊熔敷再制造成形技术的关键是根据零部件的失效特征设计合适的堆焊材料和自动化成形工艺，并且结合工业机器人的高精度、高灵活性，以及优质高效的数字化脉冲焊接设备，有效地保证了再制造产品的质量	堆焊熔覆再制造成形技术制备的高性能堆焊层，在恢复零件尺寸的同时进一步提升零件的表面服役性能，使再制造后零部件服役寿命不低于新品。再制造的成本仅为新品的1/10左右，且节能、节材效果明显	产业化示范

续表

序号	名称	适用领域	主要内容	解决的主要问题	类别
4	高速电弧喷涂技术	汽车工业、机械工业、石化工业、冶金工业等领域金属零部件腐蚀、磨损、变形等部位	通过机器人夹持高速电弧喷涂枪，控制喷枪在空间进行各种运动，使得喷枪能够按照设定的程序自动实现喷涂作业，采用高压空气流作雾化气流，获得性能优异的喷涂涂层	采用机器人自动化高速电弧喷涂技术对报废的零部件实施再制造，根据零件表面的失效特征设计合适的喷涂材料及工艺，在零件表面制备的高性能涂层，恢复了零件尺寸的同时进一步提升零件的表面服役性能，使再制造后零部件服役寿命不低于新品	产业化示范
5	高效能超音速等离子喷涂技术	汽车工业、机械工业、石化工业、冶金工业等领域金属零部件腐蚀、磨损、变形等部位	以高温的超音速等离子射流为热源，借助等离子射流来加热、加速喷涂材料，使喷涂材料达到熔融或半熔融状态，并高速撞击经预处理的零件表面，经扁平凝固后形成性能优异的喷涂涂层	根据零件表面的失效特征设计合适的喷涂材料及工艺，使零部件表面得到强化，恢复零件尺寸并提高零件表面的耐磨损、耐腐蚀、耐高温氧化等性能，提高零件的使用寿命	产业化示范
6	超音速火焰喷涂技术	冶金工业、石化工业、造纸等领域需耐磨、耐腐蚀、耐高温设备	经过高温、高速将金属及其合金、金属陶瓷粉末熔化成熔融状冲击经预处理的零件表面，使其表面能致密、均匀地附着一层喷涂涂层，且涂层与基体结合强度高	超音速火焰喷涂制备在涂层厚度、耐磨性、耐蚀性方面均优于电镀硬铬层，而且性价比也高于电镀硬铬层，是替代电镀硬铬技术的优先技术	应用推广
7	纳米复合电刷镀技术	坦克、舰船、飞机、汽车、机床等军用装备和民用装备重要零部件	金属离子在电场力的作用下扩散到工件表面，形成复合镀层的金属基质相；纳米金属颗粒沉积到工件表面，成为复合镀层的颗粒增强相，纳米颗粒与金属发生共沉积，形成复合刷镀层	将纳米技术与传统的电刷镀技术结合起来，在金属基镀液中加入纳米陶瓷颗粒，制备了纳米颗粒复合电刷镀液及镀层，研究其使用性能发现，该技术在耐磨损、耐腐蚀、耐高温、抗疲劳性能等方面相对于传统电刷镀技术都有大幅提升，可用于装备损伤零部件的再制造及产业化应用	应用推广
8	铁基合金镀铁再制造技术	各种类型的柴油机及相关机械的曲轴、直轴等贵重零部件	在无刻蚀镀铁技术的基础上，在单金属镀铁液中加入适量的镍、钴等合金元素，获得Fe、Ni、Co合金镀层，使其比单金属镀铁层具有更好的力学性能。并在镀铁前后采取有效的处理方法，保证修复后工件的使用寿命，达到再制造标准要求	可实现铁、镍、钴三元合金共沉积，得到铁基合金镀层。一次镀厚能力强，并能反复施镀，解决了大型零部件一次镀厚能力的难题，提高生产效率，大大降低了生产成本，首次在国内外实现了舰船、机车大型曲轴等关键零部件的铁基合金镀铁的批量再制造，使用安全可靠，且工期短，费用低	应用推广
9	金属表面强化减摩自修复技术	各类机械设备的发动机、减速器、轴承及使用润滑油的机械摩擦磨损部位，适用处于边界润滑条件下的齿轮传动装置	主要是以润滑油、脂为载体，将自主开发的微纳米减摩自修复材料输送到摩擦副表面，利用摩擦过程中产生的瞬间高温、高压作用，使自修复材料表面的不饱和键与摩擦表面的金属离子形成化学键结合，形成一层类金属陶瓷表面改性强化修复层，实现金属磨损表面的原位修复，并可显著降低摩擦表面的粗糙度，改善设备的润滑状态	主要解决机械设备运行中的磨损自修复问题，以及我国机械设备精度不高、噪声较大、渗漏油等问题，提高和保持机械设备的使用精度，延长其使用寿命，降低维修费用，节约资源和能源，提高机械设备的可靠性。该技术可广泛用于机械摩擦磨损部位，实现金属零部件运行中的不解体修复，减少机械设备运行能耗5%～15%	产业化示范

续表

序号	名称	适用领域	主要内容	解决的主要问题	类别
10	类激光高能脉冲精密冷补技术	机械零部件划伤、点蚀等表面微区损伤，沟槽、薄壁等特型表面以及裂纹、缺损等部位	该技术利用瞬时高能量集中的电脉冲在电极和工件之间形成电弧，在氩气保护下，使焊补材料和工件迅速熔结在一起，实现热影响区相对较小的冶金结合	解决机械零部件表面微区损伤、特型表面，以及特种失效的再制造难题，是一种高精度、高结合强度、热影响区较小的新型焊补技术，其焊补质量可达到激光焊的效果。特别适用于划伤点蚀、沟槽薄壁、裂纹缺损，以及形状复杂、位置特殊的表面失效再制造	产业化示范
11	金属零部件表面粘涂修复技术	各类金属零部件内外沟槽、内孔磨损，以及难以焊补的诸多零部件各种缺陷	表面粘涂技术是将填加特殊材料的胶黏剂涂敷于零件表面，以赋予表面特殊功能（如耐磨损、耐腐蚀、绝缘、导电、保湿、防辐射）的一项表面新技术。表面粘涂是在零件表面形成功能涂层，达到并超越原技术性能指标	对设备零部件出现的磨损、沟槽、不良划痕等进行粘涂修复，可以恢复零部件精度，还使其性能大大提高，使用寿命增加2～3倍	应用推广
12	再制造零部件表面喷丸强化技术	承受交变载荷，主要指疲劳失效或腐蚀疲劳失效的再制造零部件表面	喷丸强化就是高速运动的弹丸流连续向零件表面喷射过程。弹丸流的喷射如同无数小锤向金属表面捶击，使金属表面产生极为强烈的塑性形变，形成表面硬化层	具有强化效果显著，成本低、能源消耗少，适应性好、用途广泛等特点。此技术已被公认为最经济、有效的防治金属零部件过早疲劳失效的技术	产业化示范

二、再制造拆解与清洗技术

序号	名称	适用领域	主要内容	解决的主要问题	类别
1	拆解信息管理系统	工程机械	通过先进的信息化手段，解决拆解过程中物流信息难于管理的问题，从而提高生产效率	解决拆解过程中物流信息难于管理的问题，实现拆解物料的信息化管理及跟踪	研究开发
2	工程机械结构件销轴与轴套无损拆解技术	工程机械结构件	通过使用专用接头连接销轴注油孔和油泵油管，采用油泵产生压力并形成油膜，实现拆卸工作，并使用托架支撑被拆工件，避免被拆件掉落发生危险或工件损坏	可避免因人工用钢管或拉马冲击拆解而导致轴套及销轴表面拉伤或端面尺寸变形，降低劳动强度，并可保证零件尺寸不发生变化	研究开发
3	液压油缸活塞杆无损拆解技术	液压油缸	通过研究拆卸时无冲击、拆卸后不损伤螺纹的拆卸技术与装备，实现保护活塞杆螺纹的无损拆解	避免因手工拆解造成的活塞杆螺纹损伤	研究开发
4	泵车支腿、转塔无损拆解技术	混凝土泵车	可实现泵车支腿和转塔连接轴的拆解，泵车臂架系统中各连接轴的拆解，支腿油缸与支腿连接轴的拆解	解决泵车支腿和转塔连接处因锈蚀、变形等原因无法正常拆解的难题，并提高拆解效率	研究开发

续表

序号	名称	适用领域	主要内容	解决的主要问题	类别
5	电机轴承拆解技术	电机轴承	采用专业的拆解设备，将轴上的轴承完好拆解，防止轴承的损坏	可避免因电机轴承拆解不当等原因而造成的轴承报废，实现电机轴承无损拆解	研究开发
6	高效喷砂绿色清洗与表面预处理技术	工程机械	基于传统喷砂技术原理，通过机器人或变位机夹持（或手持）喷枪按照设定路径行走，在压缩空气的作用下，磨料（或磨料与水的混合物）通过喷枪以高速喷射到待处理表面，通过改变磨料成分、组成、粒径、配比和喷砂工艺，可分别或同时实现待处理表面的污染物去除、表面粗糙度控制、残余应力优化、润湿性改善和表面适当强化等预处理过程	实现废旧零部件表面清洗、预处理和强化过程的一体化，提高再制造的质量和效率，降低再制造成本。同时减少预处理过程对环境、人员和清洗表面的负面作用，具有显著的经济和环境效益	产业化示范
7	废旧工程机械零部件高温高压清洗技术	工程机械	高温高压清洗技术利用电机带动的柱塞泵经加压至高压后，最后由高压喷枪喷出。在整个清洗过程中能够将零部件表面的水泥垢、油垢等脏污通过冲蚀、剥蚀、切除、打击进行去除	高温高压清洗技术为物理清洗技术，采用了半自动化清洗设备，减轻了工人的劳动强度	研究开发
8	废旧工程机械零部件超声清洗技术	工程机械	超声清洗技术是将高频电能转换成机械能之后，产生振幅极小的高频震动并传播到清洗槽内的溶液中，在换能器的作用下，清洗液的内部将不断地产生大量微小的气泡并瞬间破裂，每个气泡的破裂都会产生数百度的高温和近千个大气压的冲击波，从而清理零件表面以及狭缝中存在的污垢，达到零件所需要的清洁度要求	超声清洗技术采用水基溶液清洗，循环利用清洗液，减轻了工人的劳动强度，消除了煤油清洗作业过程中易燃易爆的安全隐患	研究开发
9	废旧工程机械零部件表面油漆清除技术	工程机械	研究废旧工程机械零部件再制造适用的物理清除油漆的工艺，让再制造毛坯达到再制造加工需求的表面状态，以利于后续零件的检测、修复或再制造加工，研究适合废旧工程机械零部件的油漆清洗工艺和设备，实现油漆的高效去除	根据再制造产品生产流程，旧件回收、拆解以后需要对零件表面有油漆的零件进行油漆清除工作，让零件回归毛坯原本状态，以利于后续零件的检测、修复和重新涂装，防止由于表面油漆存在而引起检测不准确，妨碍修复工序及影响再制造零件的外观质量	研究开发

三、再制造无损检测与寿命评估技术

序号	名称	适用领域	主要内容	解决的主要问题	类别
1	再制造毛坯缺陷综合无损检测技术	装备机械零部件表层和内部缺陷	基于材料与声、电等能场的作用原理，利用涡流和超声无损检测理论和方法，实现零件材料的表层及内部缺陷检测。涡流检测零件表层缺陷，零件无需前处理，操作工艺简单，可实现自动化作业。超声检测借助表面耦合剂或水浸方式检测零件内部缺陷，可实现自动化作业	涡流/超声波综合无损检测技术的关键是在零部件失效分析基础上设计合适的检测探头及检测方法，并结合检测信号的分析处理，有效保证再制造毛坯质量性能的评价，最终为毛坯能否再制造提供确切的参考依据	产业化示范
2	再制造零件表面涂层结合强度评价技术	装备机械零部件表面涂层	实现在复杂的工厂现场对外形各异的再制造零件表面涂层进行便捷的、高可靠度的结合强度检测	解决压入过程中声发射信号随机性和易受干扰性的难题，在大样本空间下，探索涂层界面开裂与声发射信号反馈的特征关系	研究开发
3	再制造零件服役寿命模拟仿真综合验证技术	装备机械再制造零部件	基于有限元分析和热力学理论耦合建立高仿真、高普适度的有效模型，实现通过模型对再制造零件服役安全寿命的估算和控制；结合已有条件建立具有针对性的典型零件实车验证平台	解决不同材料性质和载荷条件下再制造零件服役平台的仿真能力问题，解决不同性质再制造零件的融合和耦联所带来的材料学、动力学和热力学相关问题	研究开发
4	再制造零件动态健康监测技术	装备机械再制造零部件	针对不同的再制造零件的本体结构和服役工况，解决合理布置传感器和信号接收装置的问题，同时保证实时信号在传输过程中最大程度的减小衰减和散射，确保断裂信号可以实时准确的反馈出再制造零件的服役状态和损伤水平	实现对再制造零件服役过程的在线健康监测，捕捉再制造零件的临界失效状态，并给出实时的预警信息，有效避免再制造零件突然失效的发生	研究开发
5	发动机曲轴疲劳剩余寿命评估技术	中重型车辆发动机曲轴	通过特型专用探头均速采集曲轴R角部位金属磁记忆信号，并提取特征参量，经专用软件处理，获得评价结果	可检测出无裂纹但存在过度疲劳损伤的曲轴，避免该类曲轴作为再制造毛坯件而造成再制造质量的安全隐患	产业化示范

附录　典型机电产品再制造技术及装备

序号	名称	适用领域	主要内容	解决的主要问题	类别
1	发动机缸体等离子熔覆技术	汽车发动机缸体	发动机缸体经过长里程数的运行之后，缸壁的行磨纹支撑率等参数会过度磨损，使得发动机性能和机油消耗等无法达到正常指标。在此，我们可以通过等离子涂覆技术，修复发动机缸体表面，使其恢复原始的设计尺寸，再进行镗缸、珩磨，使缸体得到重复的利用	等离子涂层表面物理性能稳定，耐磨性能好，完全可以满足工艺的原始设计要求。采用等离子喷涂技术，还可以避免在再制造过程中，采购昂贵的非批量的特殊尺寸的活塞和活塞环，从而节省再制造的成本	研究开发

续表

序号	名称	适用领域	主要内容	解决的主要问题	类别
2	发动机曲轴激光再制造技术	汽车发动机曲轴	常规修复工艺如堆焊、电刷镀、热喷涂等工艺方法存在变形量大或结合强度不理想等缺陷，采用激光熔覆从理论上可以弥补上述工艺方法的不足，达到熔覆层与机体的冶金结合，并通过新材料的优选实现曲轴使用性能和寿命的提高，恢复曲轴轴颈原标准尺寸，以实现曲轴再制造	主要解决曲轴轴颈修理尺寸达到极限或局部超过极限尺寸造成曲轴报废的问题，满足曲轴使用要求的激光熔覆材料的选择和研发，确定激光熔覆最佳工艺参数，控制激光熔覆时曲轴变形和熔覆层裂纹，制定了激光熔覆后的精加工工艺	研究开发
3	发动机内孔电刷镀技术	汽车发动机内孔零部件	通过数字控制器将电镀刷伸入到发动机孔内，然后在发动机孔内上下运动，电镀刷喷出电镀液，在电镀刷盒发动机加载正负极电压，就可以均匀将镀液刷在缸孔内	通过数控方法，在发动机内孔表面制造出纳米晶镀层，使废旧的发动机或其他零件在综合性能上达到原型新品件	研究开发
4	CVT无级变速器再制造技术	汽车CVT无级变速器	开发针对CVT无级变速器再制造的拆解、清洗、装备及检测的专用工具及设备，制定了一套完善的再制造作业指导书和相关的企业标准	针对故障及废旧CVT无级变速器进行再制造。整个工艺主要分为拆解、零件性能检测、清洗、损坏零件修复、装配、测试这六大环节。再制造产品的质量和性能可达到新品的质量要求	应用推广
5	汽车转向器再制造技术	汽车电液转向助力泵	通过对国外转向助力泵技术的消化吸收、自主研发，对废旧转向泵进行拆解、清理、整形、部件测试或自产ECU替换方式，使废旧转向器性能提升	汽车电液转向助力泵主要原材料由铝材、铜材、钢材、永磁材料、塑料件等材料构成，每年可直接重新利用有色金属材料约50t，填补了国内电控液压转向助力泵的空白	应用推广
6	柴油机典型零部件再制造技术	柴油机零部件	采用电焊、电镀、配轴瓦、金属扣合等方法，使修理后的零部件性能恢复，尺寸满足图纸的技术要求，保持整机良好的工作状态	主要用于船用设备的修理，经过多年生产实际证明，同时也适用于在民用设备及其他大型设备部件的再制造方面推广，并可以在用户现场进行维修，使用户可以缩短维修周期、降低成本、最大程度的提高设备紧急修理价值	应用推广
7	汽车起动机和发电机再制造技术	汽车起动机和发电机	主要是通过对偶发故障期的废旧的汽车起动机和发电机部件进行拆解后，运用先进的表面处理、修复以及过程的检测匹配等技术，使其达到甚至超过新产品的性能。在售后市场进行销售，减少新配件的制造量	废旧汽车起动机和发电机的回收再利用，减少浪费、减少环境污染，有效降低资源能源消耗、减少废弃物排放。发电机循环再利用的配件比例约72%，起动机循环再利用的配件比例约68%，资源综合利用量在70%以上	应用推广

续表

序号	名称	适用领域	主要内容	解决的主要问题	类别
8	大型发电机再制造技术	大型发电机	通过对已损坏发电机进行检测，制定合理的修复方案，运用先进的维修设备及工艺工装技术，将损坏的绕组及零部件进行更换或修复，使其产品性能和质量达到甚至超过新产品。主要工艺有绕组修复、机械零部件修复，加强绕组绝缘工艺以及性能检测	使用大型发电机再制造技术修复的发电机的性能质量可达到或超过新品，但其生产周期较短，节约原材料，并可在原有基础上通过加强绝缘和提高机械强度等工艺增强发电机的安全性和使用寿命	应用推广
9	废旧油管再制造技术	油田油管	把报废油管预处理后，利用自主知识产权的发明专利技术，用金属冶金结合填充腐蚀、磨损的油管内壁，内衬陶瓷层防腐、耐磨，提高油管使用寿命5倍以上	将80%的报废油管再制造，解决油管在油田生产中的腐蚀、磨损问题	应用推广
10	轮式通井机再制造技术	油田轮式通井机	研究石油通井机再制造总体方案、车架、井架、分动箱、绞车再制造工艺技术	主要解决产品正常使用过程中，出现的机械磨损、密封件老化和电路系统老化等障碍。可以实现废旧轮式通井机的性能恢复	研究开发
11	重型支承辊堆焊再制造技术	冶金工业	利用埋弧堆焊工艺，将已使用后失效的轧辊工作层进行恢复，并通过选择适当的堆焊工艺及材料，恢复工作层的性能，使轧辊恢复原有的工作性能	轧辊通过堆焊修复，可以重复堆焊5次左右，大大节省了新备件的制造工作，节省大量金属资源及备件制造过程中的能源消耗，社会效益和环境效益明显	应用推广
12	板坯连铸扇形段辊子明弧焊复合工艺技术	冶金工业	将工作表面已失效的辊子采用明弧焊工艺进行堆焊重新制作新的工作层，使其恢复到新产品的性能，可以实现通过选择合适的焊接材料使辊子工作层的性能大大提高，使之更加符合工作要求，既延长辊子使用寿命，又节省了制造新辊所需的材料和能耗	由于实现了废旧辊子的再生利用，大大节省了新备件的制造工作，节省大量金属资源及备件制造过程中的能源消耗，社会效益和环境效益明显	应用推广
13	冷轧辊类热喷涂再制造技术	冶金工业	采用超音速火焰喷涂或者等离子喷涂技术，将满足于工况需求的粉体材料加热至熔融或半熔融状态，以极高的速度冲击到经过预处理的表面，形成保护层，实现辊子的再制造	热镀锌锌锅沉没辊涂层突破了涂层结合强度、抗锌渣黏附能力、耐磨性能等关键技术瓶颈，使得带钢质量大大提高。涂层具有良好的抗Mn积瘤、抗Fe积瘤性能和高温耐磨性能。冷轧工艺辊涂层具有良好的耐磨性能以及粗糙度保持性能，解决了辊面黏附异物的难题，且使用寿命长	产业化示范

续表

序号	名称	适用领域	主要内容	解决的主要问题	类别
14	连铸结晶器再制造技术	冶金工业	采用电镀、热喷涂等方法对结晶器表面进行改性处理，经过表面处理再制造的结晶器不仅是对结晶器尺寸上的修复，使之重复使用，而且赋予了结晶器表面高强度、高韧性、优越耐腐蚀性能、抗磨损性能和抗热疲劳性能，大大提高结晶器表面性能，使得结晶器的寿命大大延长	该技术自主创新开发了连铸结晶器电镀Co-Ni镀层技术、电镀Ni-Co镀层技术、热喷涂涂层技术、涂层高结合力表面前处理技术。再制造连铸结晶器的使用寿命提高了3～5倍，大大提高了连铸作业率和连铸坯质量、降低炼钢运营成本	产业化示范
15	冶金轴承再制造技术	冶金工业	冶金轴承，预定的时间周期结束后，部分零件已达到寿命，虽然仍有大部分零件可继续使用，但可能导致轴承的精度降低、游隙将变大，甚至超出规定的指标，轴承的性能已经不能满足装备的要求，因此必须进行轴承更换，换下的轴承可返厂修复，进行再制造	利用磨削磨损零件进行修复加工，使原产品60%的零件得到了再利用，节约了大量的原材料，并降低了能源消耗，减少了污染物的排放	产业化示范
16	冶金装备备件热喷涂再制造技术	冶金工业	利用热源将喷涂材料加热至溶化或半溶化状态，并以一定的速度喷射沉积到经过预处理的基体表面形成涂层。具备防腐、耐磨、抗高温、抗氧化等一系列特殊功能，使其达到延长使用寿命，节约材料、能源的目的	它是实现备件长寿化的一项重要工艺技术，大大节约了备件用量。同时使得废旧备件可再生利用，其经济效益和社会效益较为明显	应用推广
17	液压支架立柱再制造技术	矿山采煤机械设备	主要是修复矿用液压支架双伸缩立柱外缸、中缸和活柱表面。采用激光熔覆技术或高温旋压的工艺对矿用液压支架双伸缩立柱缸筒内覆不锈钢的方法对立柱进行全面修复	激光熔覆再制造技术、工艺及配套装备已趋于成熟，可实现支架立柱的批量化再制造。精选覆合材料，在缸筒的两端找平、缸口附近倒角、高温旋压等操作工艺已基本成熟，产品修复试验获得了初步的成功，使用该工艺修复液压油缸成本大约可节约2/3，油缸寿命比原油缸可延长2～3倍	产业化示范
18	煤机重载元件再制造技术	矿山采煤机械设备	以锚杆钻车重载元件——链轮和钻箱输出轴为研究对象，采用理论计算与试验相结合的方式，并应用先进表面工程技术，实现重载元件再制造，同时也为后续其他元件的再制造积累宝贵的实践经验	元件表面处理、表面修复等先进表面工程技术的应用研究。表面覆层裂纹控制技术的研究，必须保证再制造后的元件没有裂纹出现。元件缺陷检测技术的研究。根据缺陷的形成原因、位置、尺寸等实际情况，建立不同的修补方法	研究开发

续表

序号	名称	适用领域	主要内容	解决的主要问题	类别
19	矿用链轮再制造技术	矿山采煤机械设备	研究制造废旧、磨损链轮修复的堆焊焊丝,试验堆焊焊丝的各项性能直至符合要求。使用专用设备对使用过的废旧、磨损链轮的疲劳情况进行评估,确定最终的修理方案,改进并进行工业性试验	以恢复尺寸、提升性能的堆焊技术为依托,产学研相结合,引入堆焊新材料,对影响使用可靠性和使用寿命等因素进行了综合分析、实验及改进	研究开发
20	矿用刮板输送机再制造技术	矿山采煤机械设备	通过对煤矿刮板输送机刮板、链轮、中部槽等零部件磨损失效分析,选择一系列耐磨堆焊焊条,对磨损失效部位提供硬度HRC20～62的耐磨层,修复部件使用寿命达到或超过原部件使用寿命	修复成本为新部件的三分之一,价格为新部件的二分之一,解决了煤矿机电设备部件更换成本高,新部件供货不及时的矛盾,为检修单位增加就业机会和经济效益,为国家节约了钢铁资源,减少了环境污染	应用推广
21	工程机械齿轮再制造技术	工程机械混凝土机械	泵车回转支承长期使用后,外齿轮部分局部断齿,无法与主动轮齿轮正常配合,泵车整车再制造时,如果将齿轮报废,回转支承整件无法使用,通过研究与试验,采取合适的工艺修复断齿	恢复齿轮的断齿的尺寸及性能,实现废旧齿轮再制造,节约了大量的原材料,并降低了能源消耗,减少了污染物的排放	研究开发
22	混凝土泵车油缸、销轴等零部件再制造技术	工程机械混凝土机械	采用电刷镀技术、冷焊技术、堆焊技术及退铬并重新镀铬技术实现油缸、销轴等轴类零部件的再制造,探索油缸和轴类零件再制造工艺路线,完成油缸及轴类零件再制造工艺规范	恢复油缸、销轴等的尺寸及性能,实现油缸、销轴等轴类零部件的再制造,节约了大量的原材料,并降低了能源消耗,减少了污染物的排放	研究开发
23	混凝土泵车传动件激光熔覆再制造技术	工程机械混凝土机械	利用高能激光束辐照到待加工材料(涂层材料和基材)表面,使之迅速熔化、扩展及快速凝固,在基材表面形成具有特殊性能(如耐磨、耐腐蚀、耐疲劳、抗氧化等)的冶金结合层的工艺,它可形成与常规性能不同的优质合金熔覆层	运用该技术对失效齿轮进行再制造后,可挽救分动箱、回转支承、回转减速机的整体使用寿命,经激光再制造的齿轮在耐磨性和强度等指标方面均不低于同类新品	研究开发
24	混凝土泵车关键耐磨件高速电弧喷涂再制造技术	工程机械混凝土机械	它是在原始电弧喷涂技术的基础上,通过改进喷涂设备和材料而形成的。该技术以电弧为热源,将熔化的金属丝用高速气流雾化,熔滴以高速的飞行速度喷射到零件表面形成高质量的涂层。涂层组织结构致密,在耐磨、防腐等方面表现优越	研制一种具有高耐磨性能的材料,用于混凝土泵车混凝土缸内表面修复。运用该技术,在修复受损混凝土缸内表面镀铬层的基础上,可大幅提高其耐磨、防腐性能	研究开发

续表

序号	名称	适用领域	主要内容	解决的主要问题	类别
25	大型机床滑动导轨再制造技术	大型机床	机床导轨通常与床身一体，通过实际试验证明，可将磨损导轨面机加工去除，镶嵌机械性能较好的铸锡锌铅青铜板，加工恢复至原先导轨高度，可恢复机床使用性能	采用镶嵌铸锡锌铅青铜板代替原铸铁导轨，可以大大降低修复及生产的成本，并可达到与原机床产品相同的机械使用性能	产业化示范
26	大型镗杆副再制造技术	大型落地镗床	在保证镗杆副硬度的前提下，通过重磨镗轴或铣轴，并更换与其配合的静压轴承套，恢复镗杆副的精度	对于落地镗床因为磨损、研伤造成镗杆副精度下降，无需更换新的镗杆副，只要对原有镗杆副修复加工，便可恢复其精度，节约成本和时间	产业化示范
27	铁路重载货车轴承再制造技术	铁路重载货车轴承	按照再制造理念，初步建成了重载轴承大修磨装线和配套的磷化线，按照相关文件和产品图样的要求编制了相关技术文件和管理规章，已完成首批再制造产品并通过铁道部台架试验	铁路重载货车轴承再制造利用磨削、超精工艺对磨损零件进行修复加工，使原产品85%的零件得到了再利用，节约了大量的原材料，并降低了能源消耗，减少了污染物的排放	应用推广
28	打印机硒鼓再制造技术	打印机硒鼓	通过修复技术对其塑胶件、感光鼓、充电辊、磁辊、显影辊等部件进行物理性能恢复后，确定配件间及与碳粉的兼容影响关系，制定合理匹配后，所生产的产品完全能够达到并在某些性能指标上超过原有水平。硒鼓再制造过程是指通过对用毕硒鼓拆解、清洗、喷涂、装配、检测，对磁辊、充电辊、感光鼓等核心部件进行再生修复达到新品性能，从而实现再利用的过程	硒鼓再制造过程的管理严格按照再制造产品的生产要求及技术要求进行，从工艺流程及操作规范入手进行科学管理，每一道工序都形成了完整可靠的制度管理文件或标准手册，以保证再制造产品的质量及成本控制合理化	产业化示范
29	大型水压机模具的再制造技术	大型铸造材料模具	通过合理改制淘汰模具，以达到用于新规格产品的压制。修复和加固报废模具，恢复其功能，重新投入使用，延长其使用寿命。主要采取焊接方式修复裂纹，并对模具进行适当加固，提高其强度	通过合理改制淘汰模具，以达到用于新规格产品的压制，满足生产要求。修复和加固报废模具，恢复其功能，重新投入使用，延长其使用寿命。采用对铸铁模具用镍基焊材冷焊形式进行修复，而对铸钢模具进行预热采用高韧性超低氢的碳钢焊条补焊修复，由于该焊接材料韧性好，扩散[H]含量低，成功解决了以前铸钢件补焊只能采用镍基或不锈钢焊材难以用碳钢补焊的难题	应用推广

续表

序号	名称	适用领域	主要内容	解决的主要问题	类别
30	压缩机转子再制造技术	轴流压缩机、离心压缩TRT、汽轮机、增压机、往复式压缩机曲轴及离心泵的转子	综合采用等离子表面喷焊、微弧等离子、冷金属过渡及激光技术等多种表面工程领域的新技术，使制备的熔覆层与母材达到完全冶金结合，实现转子尺寸恢复和性能提升，可以抵抗冲击载荷和交变载荷的作用	对失效和报废的压缩机转子进行再制造，使其恢复或超过原技术性能和应用价值的工艺技术	研究开发
31	胶辊再制造技术	印刷、皮革、印染、造纸、钢铁、纺织等领域胶辊	再制造技术采用重复利用旧胶辊轴芯，更换或部分更换胶辊表面橡胶层	采用适用不同环境的胶辊配方及旧胶层的粘合技术，解决胶辊表面修复问题，实现系列胶辊再制造	应用推广
32	电站高温高压阀门等离子喷焊再制造技术	机械、电力、石油化工等行业	利用高温等离子体电弧作为热源，在损坏的高温高压电站阀门密封面上重新制备一层高质量、低稀释率，具有优异耐高温性能、耐冲刷的强化层，使报废的阀门重新恢复到可用状态的再制造工艺方法	和常规的手工堆焊方法相比，等离子喷焊再制造技术得到的焊层质量优异，可以用较少的粉末消耗得到满足质量要求的密封面，节省大量贵重的钴基合金。全机械化操作，生产效率高，工人劳动强度低	应用推广

附录4 再制造产品“以旧换再”试点实施方案

关于印发再制造产品“以旧换再”试点实施方案的通知

发改环资〔2013〕1303号

各省、自治区、直辖市及计划单列市、新疆生产建设兵团发展改革委、财政厅（局），经信委（工信委、工信厅），商务厅（委、局），质量技术监督局，各再制造试点单位，各有关行业协会：

为贯彻落实循环经济促进法和国家“十二五”规划《纲要》精神，按照《循环经济发展战略及近期行动计划》(国发〔2013〕5号）的要求，支持再制造产品的推广使用，促进再制造旧件回收，扩大再制造产品市场份额，国家发展改革委、财政部、工业和信息化部、商务部、质检总局决定组织开展再制造产品“以旧换再”试点工作。为规范推进有关工作，特制定《再制造产品“以旧换再”试点实施方案》，现印发你们，请按照执行。

国家发展和改革委 财政部 工业和信息化部

商务部 国家质量监督检验检疫总局

2013年7月4日

附件

再制造产品“以旧换再”试点实施方案

再制造是指将旧汽车零部件、工程机械、机床等进行专业化修复的批量化生产过程，再制造产品达到与原有新品相同的质量和性能。本方案所指的再制造产品是指境内旧品经过再制造过程并达到再制造要求，重新上市销售的产品。与制造新品相比，再制造可大幅节约能源、原材料和生产成本，降低污染物排放，有利于实现充分利用资源、保护生态环境的目的。

“以旧换再”是指境内再制造产品购买者交回旧件并以置换价购买再制造产品的行为。国家牵头选择汽车零部件等再制造产品，通过“以旧换再”的方式开展补贴推广试点，不仅有利于促进再制造旧件回收，拓展旧件来源，而且有利于扩大再制造产品影响，支持再制造产品市场推广，实现再制造产业规模化、规范化发展。

一、实施范围和补贴方式

再制造产品“以旧换再”试点推广工作遵循“手续简便、直接补贴、安全高效”的原则。

国家发展改革委、财政部会同工业和信息化部、商务部、质检总局将再制造试点企业生产的部分量大面广、质量性能可靠、节能节材效果明显的再制造产品纳入财政补贴推广范围。补贴种类由国家发展改革委、财政部会同工业和信息化部、商务部、质检总局确定，具体企业和产品型号采取公开征集方式确定。2013 年，以汽车发动机、变速箱等再制造产品为试点，以后年度视实施情况逐步扩大试点范围。

对符合“以旧换再”推广条件的再制造产品，中央财政按照其推广置换价格（再制造产品销售价格扣除旧件回收价格，下同）的一定比例，通过试点企业对“以旧换再”再制造产品购买者给予一次性补贴，并设补贴上限。具体补贴比例、补贴上限和推广补贴数量在“以旧换再”推广企业资格公开征集公告中明确。中央财政对每类推广再制造产品的补贴，原则上不超过 5 年。

二、推广产品应具备的条件

（一）出厂再制造产品质量达到原型新品标准，具备由依法获得资质认定（CMA）的第三方检测机构（或原型产品制造授权方）出具的性能检测合格报告，产品合格证的质保期不低于原型新品；

（二）价格竞争力强，产品扣除旧件后的置换价格不超过原型新品的 60%；

（三）节能节材效果良好，再制造产品的再制造率（按重量计）达到 65%以上；

（四）质量性能可靠，再制造产品有明确的生产标准和规范，已发布国家标准的，应当执行不低于国家标准的生产标准；

（五）符合法律要求，使用明确的再制造产品标识；

（六）具有唯一可识别且不可消除涂改的物品编码等可追溯标识，外包装和本体上按要求加贴“再制造‘以旧换再’推广产品”标识和字样（见附件 1）；

（七）公开征集公告规定的具体产品其他要求。

三、“以旧换再”回收旧件应具备的条件

（一）旧件来源须为消费者自用等清晰可查来源，符合国家法律法规要求，并有相关证明；

（二）交回旧件需与回收推广企业再制造试点验收公告目录公布产品的型号一致。

四、推广企业应具备的条件

（一）在中国大陆地区注册，具有独立法人资格；

（二）在中国大陆地区具备独立再制造生产线并规模化生产；

（三）推广企业作为再制造产品质量的责任主体，应通过国家发展改革委或工业和信息化部组织的再制造试点验收及ISO9001质量体系认证，符合国家发展改革委、财政部、工业和信息化部、质检总局制定的《再制造单位质量技术控制规范》(发改办环资〔2013〕191号)，售后服务网络完善，具有履行约定的生产及服务的能力；

（四）推广企业对再制造产品实行联单管理（格式样表见附件2），建立再制造产品销售及用户信息管理系统，能按要求提供相关信息；

（五）推广企业及其产品授权方应在特约经销商处设立特殊标志，并有义务向消费者明示再制造产品和国家补贴金额，保障消费者知情权；

（六）试点企业需签署“以旧换再”推广企业承诺书（格式见附件4），并向社会主动公开。

五、推广方式

再制造产品“以旧换再”工作由国家发展改革委、财政部会同工业和信息化部、商务部、质检总局组织实施，中央财政按照预拨和清算相结合的方式通过试点企业对“以旧换再”再制造产品购买者给予补贴。

（一）“以旧换再”试点企业的确定。国家发展改革委、财政部会同工业和信息化部、商务部、质检总局通过参照招标的公开征集方式确定再制造产品推广企业，签订推广承诺书，并向社会公布各推广企业再制造产品特约经销商名单、产品推广数量、中央财政补贴标准、试点企业承诺书等信息。

（二）试点企业再制造产品的销售。推广企业及其经销商对交回旧件的购买者，按照扣除中央财政补贴资金后的推广置换价格销售再制造产品，进行联单记录，同时按有关规定开具增值税发票。开具的增值税发票必须注明产品型号和数量。

（三）再制造产品推广数据的审核。循环经济发展综合管理部门、工业和信息化主管部门负责推广企业再制造产品推广数据（旧件回收数据、再制造产品销售数据，下同）的审核，推广企业对自身数据的真实性负责。每季度开始后的10个工作日内，推广企业汇总有关“以旧换再”推广情况（格式见附件3），报送所在地市级循环经济发展综合管理部门、工业和信息化主管部门、财政部门审核；每季度开始后的第1个月底前，推广数据经省级循环经济发展综合管理部门、工业和信息化主管部门、财政部门审核后上报国家发展改革委、工业和信息化部、财政部。

（四）“以旧换再”补贴资金的拨付。中央财政“以旧换再”补贴资金每年年初预拨到省，由试点企业所在地的市级财政部门在收到同级循环经济发展综合管理部门、工业和信息化主管部门审核结果后的10个工作日内拨付试点企业。每年3月底前，市级循环经

济发展综合管理部门、工业和信息化主管部门、财政部门形成“以旧换再”再制造产品推广数量审核情况和补贴资金清算情况的报告，经省级循环经济发展综合管理部门、财政部门、工业和信息化主管部门核实后逐级上报国家发展改革委、财政部、工业和信息化部。国家发展改革委、工业和信息化部会同财政部审核确认后，财政部清算年度补贴资金。

（五）“以旧换再”实施情况的动态监控。每个月第10个工作日前，试点企业将上个月再制造产品推广数据及收到补贴资金数据等直接报送国家发展改革委、工业和信息化部、财政部，三部门对各试点企业“以旧换再”实施情况进行动态监控。

六、监督管理

（一）各级循环经济发展综合管理部门、工业和信息化主管部门要监督推广企业按照有关要求开展相关工作。地方循环经济发展综合管理部门、工业和信息化主管部门要做好“以旧换再”旧件回收和再制造产品推广情况的核实工作。地方财政部门要确保将补贴资金按时足额发放到推广企业。各级商务部门要支持推广企业利用现有商业网络（定点销售网点、维修网点等）设立再制造产品专柜，利用逆向物流开展“以旧换再”工作；除有关法规禁止交易的产品以外，允许列入公告范围的再制造产品特约经销商开展涉及“以旧换再”相关的旧件收集工作。各级质量监督相关部门要按照职责分工依法查处再制造产品质量违法行为。

（二）地方循环经济发展综合管理部门、工业和信息化主管部门要设立再制造产品“以旧换再”推广活动监督举报邮箱，对收到群众反映的有关问题要及时核实，依法转相关部门处理，并及时向国家发展改革委、工业和信息化部、财政部等部门反馈。

（三）国家发展改革委、财政部会同工业和信息化部、商务部、质检总局将不定期组织开展再制造产品“以旧换再”推广专项核查。具体核查方案由国家发展改革委、财政部会同有关部门另行制定并组织实施。

（四）推广企业有下列情形之一的，国家发展改革委、财政部会同有关部门将视情节给予通报批评、扣减补助资金等处罚。情节严重的，由国家发展改革委、财政部会同有关部门公告取消企业再制造“以旧换再”推广资格。相关企业承担相应的法律责任，构成犯罪的，依法追究刑事责任。

1. 提供虚假信息、骗取补助资金的；

2. 推广产品的质量性能指标不符合原型新品质量标准要求或存在质量违法行为、发生质量安全事故的；

3. 推广产品实际置换价格高于承诺推广价格的；

4. 未按要求使用标识，或伪造、冒用标识，利用标识做虚假宣传，误导消费者的；

5. 其他公开征集公告规定的违法违规行为。

（五）出具虚假报告和证明材料的相关机构，一经查实，依法承担相应法律责任。

（六）“以旧换再”再制造产品推广中央财政补助资金应当专款专用。任何单位不得以任何理由、任何形式截留、挪用。对违反规定的，按照《财政违法行为处罚处分条例》（国务院令第427号）等有关规定，依法追究有关单位和人员的责任。

本方案自发布之日起施行，由国家发展改革委、财政部、工业和信息化部、商务部、质检总局按职责分工负责解释。

附件：1. 再制造“以旧换再”推广产品标识内容
2. “以旧换再”补贴资金联单管理表（样表）
3. 再制造产品“以旧换再”推广财政补助资金及信息汇总表
4. “以旧换再”推广企业承诺书（格式）

附件 1

再制造“以旧换再”推广产品标识内容

一、标识的内容

（一）标识名称：“再制造‘以旧换再’推广产品”；

（二）“再制造产品：（注明本产品类别）”；

（三）“企业名称（或简称）、品牌、型号”；

（四）“质量承诺：不低于原型新品质量标准要求，已享受政府补助金额××××元”。

二、标识的样式

（一）字体

“再制造‘以旧换再’推广产品”：字体 SimHei、对中；

“再制造产品：（注明本产品类别）”：字体 SimHei、对中；

“企业名称（或简称）、品牌、型号”：字体 SimSun、字号根据字数自定并注意画面平衡；

“质量承诺：政府补助金额：”字体 SimHei，“不低于原型新品质量标准要求”字体 SimSun、“××××元”字体 SimSun。

（二）尺寸

根据产品大小确定，不得小于原有商标大小。

（三）颜色

蓝色：（CMYK：95.0.100.27）、边框、中心图案。

白色：其余部分。

三、标识的印制

（一）标识由推广企业自行印制，并对印制的质量负责。

（二）粘贴在零部件产品本体上的标识的图案、规格、文字和颜色不得进行更改，且应清晰可辨；使用在零部件产品本体以外的标识可按比例放大和缩小，也可单色印刷。

四、标识的粘贴

标识应粘贴在零部件产品的显著部位。

附件 2

“以旧换再”补贴资金联单管理表（样表）

回收旧件信息	零部件类型		零部件品牌		零部件型号	
	回收台数		购买时间		完好程度	
	折抵价格		旧件序列号			
购买再制造产品信息	零部件类型		零部件品牌		零部件型号	
	购买台数		零部件序列号			
	推广价格			销售价格		
	购买发票号码					
购买者信息	姓名		身份证件类型		证件号码	
	购买单位名称		组织机构代码			
	联系电话			电子信箱		
	联系地址				邮政编码	
销售方信息	销售网点名称		联系电话		本人愿意接受国家有关部门的情况核实 购买者（经办人）签字（公章）： 年　月　日	
	销售网点负责人		联系地址			
补贴金额		人民币：　万　仟　佰元整　￥				
提供材料：		再制造产品购买发票，旧件抵扣收据，身份证明原件及复印件。 本表一式四份，一联国家存查，二联企业存查，三联经销商存查，四联购买者存查。				

附件 3

再制造产品“以旧换再”推广
财政补助资金及信息汇总表

年第　　季度再制造产品推广财政补助资金汇总表

本次申请拨付（万元）		推广数量（台）	
以前累计拨付（万元）		累计推广数量（台）	
型号	推广数量（台）	补贴标准	补贴金额

年第　　季度再制造产品推广信息汇总表

序号	型号	产品序列号	发票号	销售单价	消费者及联系方式	回收旧件型号及价格	销售商名称及电话

附件 4

“以旧换再”推广企业承诺书（格式）

________（推广企业全称）向社会公开承诺如下：

（1）本单位推广的再制造产品质量达到原型新品标准，产品合格证书中的质保期承诺不低于原型新品；

（2）产品扣除旧件折价后的推广价格不超过原型新品的________%（附：每种型号的再制造品的最高推广价格）；

（3）再制造产品的再制造率达到__________%及以上；

（4）符合法律要求，使用再制造产品标识，具有唯一可识别的产品条码序列号；

（5）质量性能可靠，再制造产品有明确的生产标准和规范，符合国家发展改革委、财政部、工业和信息化部、质检总局制定的《再制造单位质量技术控制规范（试行）》，通过国家组织的再制造试点验收；

（6）具有完善的企业售后服务，售后服务网点达到________家，具有履行约定的质量及服务的能力；

（7）在特约经销商处设立特殊标志，向消费者明示再制造产品，保障消费者知情权，对再制造产品实行联单管理，存档备查；

（8）如实向国家和社会提供推广数据等有关资料；

（9）愿意接受国家组织的再制造产品抽查，并负责将有关被抽查产品运到指定地点；

（10）如经国家认定的质量检测机构确认出现质量问题，本单位按照《再制造“以旧换再”试点实施方案》第六部分第四条相关规定承担一切后果，自行承担相应的补贴资金，并向社会主动公开。

推广单位名称（全称）________

推广单位授权代表签字（或公章）________

日期________

参考文献

[1] 徐滨士等. 再制造与循环经济 [M]. 北京：科学出版社，2007.

[2] 马梅. 机床主轴箱零部件再制造工艺及技术研究 [D]. 北京：北方工业大学，2016.

[3] 徐滨士等. 再制造技术与应用 [M]. 北京：化学工业出版社，2014.

[4] 朱胜，姚巨坤. 再制造技术与工艺 [M]. 北京：机械工业出版社，2010.

[5] 徐滨士等. 再制造工程基础及其应用 [M]. 哈尔滨：哈尔滨工业大学出版社，2005.

[6] 韩玉勇，刘云辉，王士柱. 机床再制造问题研究 [J]. 现代制造技术与装备，2015 (2).

[7] 田欣利. 再制造与先进制造的融合及其相关技术 [M]. 北京：国防工业出版社，2010.

[8] 王秋莲. 机床行业绿色制造模式及支持技术研究 [D]. 重庆：重庆大学，2009.

[9] 贾育秦，王培霞，阎献国. 面向绿色制造的机床全生命周期开发技术 [J]. 制造技术与机床，2000 (12).

[10] 周杰韩，熊光楞，张和明等. 面向环境的产品全生命周期工程 [J]. 制造业自动化，2002，24 (4)：30-33.

[11] 钱松荣. 机械产品生命周期的多目标优化设计方法 [J]. 机械设计与制造，2010 (9)：149-151.

[12] 唐维. 机械产品生命周期设计评价方法及应用研究 [D]. 杭州：浙江大学，2014.

[13] 李先广. 机床制造业绿色制造运行模式及其特征主线研究 [D]. 重庆：重庆大学，2012.

[14] 曹华军，杜彦斌，张明智. 机床再制造与综合提升内涵及技术框架 [J]. 中国表面工程，2010 (6)：75- 79.

[15] 曹华军. 废旧机床再制造关键技术及产业化应用 [J]. 中国设备工程，2010 (11)：7- 9.

[16] 史家迎. 机床再制造技术研究 [D]. 济南：山东大学，2009.

[17] 刘飞，曹华军，杜彦斌. 机床再制造技术框架及产业化策略研究 [J]. 中国表面工程，2006 (5). 10.

[18] 曹华军，廖绍华，杜彦斌等. 机床再制造系统体系结构及产业化应用 [C]. 世界维修大会，2008.

[19] 赵浚宏. 机床企业再制造探索特色新模式 [J]. 机电一体化，2008，14 (10)：16-24.

[20] 杜彦斌. 退役机床再制造评价与再设计方法研究 [D]. 重庆：重庆大学，2012. 4.

[21] 罗毅. 面向再制造的机床能耗分析模型及节能关键技术研究 [D]. 重庆：重庆大学，2013.

[22] 杜彦斌. 面向生命周期的机床再制造与综合提升方案设计研究及应用 [D]. 重庆：重庆大学，2009.

[23] 朱文婷. 星火数控机床再制造项目商业计划书 [D]. 兰州：兰州大学，2015.

[24] 童少飞. 退役机床轴类零件热喷涂再制造工艺及涂层性能研究 [D]. 重庆：重庆大学，2014.

[25] 胡东波. 废旧机床可再制造质量评估与决策研究 [D]. 沈阳：沈阳工业大学，2016.

[26] 张旭刚. 废旧机床再制造性评估与再制造工艺方案决策方法研究 [D]. 武汉：武汉科技大学，2014. 5.

[27] 马辉杰. 机床再制造车间设施布局优化方法及支持系统研究 [D]. 重庆：重庆大学，2015.

[28] 胡耀岭. 机床再制造产业发展国际比较及其启示 [J]. 再生资源与循环经济，2012，05 (2)：41-44.

[29] Go T. F.，Wahab D. A.，Rahman M. N. A.，Ramli，R.，Azhari，C. H.. Disassemblability of end-of-life vehicle：a critical review of evaluation methods [J]. Journal of Cleaner Production，2011，19 (13)：1536-1546.

[30] Steinhilper R. Remanufacturing：the ultimate form of recycling [M]. Fraunhofer IRB Verlag，1998.

[31] Johnson，M. R.. Evaluating Remanufacturing and Demanufacturing for Extended Producer Responsibility & Sustainable Product Management [D]. PhD Dissertation，University of Windsor，Canada，2002.

[32] Saaty，T. L.. The Analytic Hierarchy Process：Planning，Priority Setting，Resource Allocation [M]. McGraw-Hill，New York，NY，USA，1980.

[33] Saaty，T. L.. How to make a decision：the analytical hierarchy process [J]. European Journal of Operations Research，1990，48 (1)：9-26.

[34] Saaty，T. L.. Decision making with the analytic hierarchy process [J]. International Journal of Service Sciences，2008，1 (1)：83-98.

[35] Shapira，A.，Simcha，M.. AHP-based weighting of factors affecting safety on construction sites with tower cranes [J]. Journal of Construction Engineering and Management，2009，135 (4)：307-318.

[36] Korhonen，P.，Voutilainen，R.. Finding the most preferred alliance structure between banks and insurance companies [J]. European Journal of Operational Research，2006，175 (2)：1285-1299.

[37] Suh N. P.. The Principle of Design [M]. New York：Oxford University Press，1990.

[38] 朱龙英. 公理化设计理论及其应用研究 [D]. 南京：南京航空航天大学，2004.

[39] Albano L. D.，Suh N. P.. Axiomatic design and concurrent engineering：tools for product introduction [J]. Computer-Aided Design，1994，26（7）：499-504.
[40] Suh N. P.. Designing-in of quality through axiomatic design [J]. IEEE Transactions on Reliability，1995，44（2）：256-264.
[41] Suh N. P.. 公理设计：发展与应用 [M]. 谢友柏等译. 北京：机械工业出版社，2004.
[42] 曹华军，王本涛，杜彦斌，陈时权. 基于公理化设计的废旧产品可重用再设计方法. 2010 年重庆市机械工程学会学术年会论文集 [C]. 重庆，2010：140-145.
[43] 王本涛. 基于残缺信息的废旧零部件可重用再设计方法研究 [D]. 重庆：重庆大学，2010.
[44] Sullivan L. P.. Quality function deployment [J]. Quality Progress，1988，6：39-50.
[45] Akao Y.. New product development and quality assurance-quality deployment system [J]. Standardization and Quality Control，1972，25（4）：7-14.
[46] 瞿丽. 质量功能展开技术及其应用综述 [J]. 管理工程学报，2000，（1）：52-60.
[47] Growth Opportunity Alliance Lawrence/Quality Productivity Center. 劳伦斯成长机会联盟/质量与生产力中心 [EB/OL]. http：//www. goalqpc. com/.
[48] 穆瑞. 基于公理化设计的质量功能配置研究 [D]. 哈尔滨：哈尔滨工程大学，2007.
[49] 冯辛安，黄玉美，杜君文. 机械制造装备设计 [M]. 北京：机械工业出版社，1999.
[50] 文怀兴，夏田. 数控机床设计实践指南 [M]. 北京：化学工业出版社，2008.
[51] Besl P J，McKay N D. Method for registration of 3-D shapes [J]. IEEE Transactions on Pattern Analysis and Machine Intelligence，1992，14（2）：239-256.
[52] 董世运，马运哲，徐滨士，韩文政. 激光熔覆材料研究现状 [J]. 材料导报，2006，20（6）：5-9，13.
[53] 李聪波，肖卫洪，杜彦斌，顾小进，穆安勇. 基于改进 ICP 算法的损伤零部件精确配准方法. 计算机集成制造系统，2016，22（4）：1020-1028.
[54] Steinhilper R. Remanufacturing：the ultimate form of recycling [M]. Fraunhofer IRB Verlag，1998.
[55] 奥宇可鑫集团 [EB/OL]. http：//www. aoyuksin. com/，2009-4-22.
[56] 揭晓华，徐江. 电刷镀技术的研究进展 [J]. 材料导报，1999，13（3）：26-28.
[57] 徐滨士，胡振峰. 绿色纳米电刷镀技术及其在再制造工程中的应用 [J]. 新技术新工艺，2008，（11）：7-11.
[58] 徐滨士等. 再制造工程基础及其应用 [M]. 哈尔滨：哈尔滨工业大学出版社，2005. 10.
[59] 赵宏霞，吕坤. 机床主轴结构精度检验及维修方法的探索 [J]. 鸡西大学学报，2003，3（2）：42，47.
[60] 邱言龙. 机床维修技术问答 [M]. 北京：机械工业出版社，2001.
[61] 曹健，顾剑锋. 数控机床润滑系统控制的改进 [J]. 制造技术与机床，2005，（8）：72-73.
[62] 饶焕荣. 机床集中润滑系统电气控制改进 [J]. 机电工程技术，2008，37（8）：37，129.
[63] 苗广辉，范帆，姜瑞华. VMC3516 和 TH5640A-1 加工中心润滑系统故障. 设备管理与维修，2007，（7）：52.
[64] 广州机床研究所. 1999. JB/T 10051. 金属切削机床液压系统通用技术条件. 北京：机械科学研究院，2000.
[65] 全国液压气动标准化技术委员会. 2003. GB/T 7932. 气动系统通用技术条件. 北京：中国标准出版社，2004.
[66] 张耀满等编著. 数控机床结构 [M]. 沈阳：东北大学出版社，2007.
[67] 于东，郭锐锋. 数控机床中伺服系统的现状及展望 [J]. 机械工人（冷加工），2005，（3）：19-21.
[68] 薛旺录，刘立美. 数控机床中伺服系统技术特性的应用 [J]. 机械研究与应用，2008，21（3）：13-16.
[69] 刘荫庭. 数控机床维修改造系列讲座——第 1 讲一个新兴的工业领域——机床大修与数控化改造. 机械工（冷加工），2002，（2）：59-61.
[70] 张策主编. 机床噪声——原理及控制 [M]. 天津：天津科学技术出版社，1984.
[71] 李先广，廖绍华，曹华军. 齿轮加工机床绿色设计与制造策略及实践 [J]. 制造技术与机床，2003，（11）：18-20，92.
[72] 鄢萍，刘飞，贺德强等. 网络化制造中的一种多功能信息终端 [J]. 机械与电子，2004，（5）：3-6.
[73] 刘飞，鄢萍，贺德强. 网络化制造系统中的多功能交互式信息终端 [P]. 中国，ZL02113585. 1，2003. 10. 12：1.
[74] 徐滨士等. 再制造与循环经济 [M]. 北京：科学出版社，2007.
[75] 张平，管荣根. 我国废旧机床的使用现状及对策 [J]. 机械管理开发，2008，24（2）：60-62，64.
[76] 丁景民. 机床数控化改造的发展趋势及改造步骤 [J]. 设备管理与维修，2007，（7）：28-30.

[77] Congbo Li，Ying Tang，Chengchuan Li and Lingling Li. A Modeling Approach to Analyze Variability of Remanufacturing Process Routing [J]. IEEE Transactions on Automation Science and Engineering，2013，10 (1)：86-98.

[78] 李玲玲，李聪波，杜彦斌，穆安勇. 基于颜色 Petri 网的再制造工艺过程建模与优化调度方法 [J]. 中国科技论文，2015，10 (4)：407-415.

[79] Alper S，Serpil E，Reha B. A neuro-fuzzy model for a new hybrid integrated process planning and scheduling system [J]. Expert Systems with Application，2013，40 (13)：5341-5351.

[80] Abdolreza Y C，Mojtaba R，Siamak H Y，et al. Developing a fuzzy model based on subtractive clustering for road header performance prediction [J]. Automation in Conctruction，2013，35：111-120.

[81] 诸克军，苏顺华，黎金玲. 模糊 C-均值中的最优聚类与最佳聚类数 [J]. 系统工程理论与实践，2005，25 (3)：52-61.

[82] 谢季坚，刘承平. 模糊数学方法及其应用 [M]. 武汉：华中科技大学出版社，2013.

[83] Daniel R，Guide J. Production Planning and Control for Remanufacturing：Industry Practice and Research Needs [J]. Journal of Operations Management，2000，18 (4)：467-483.

[84] Corum A，Vayvay O，Bayraktar E. The impact of remanufacturing on total inventory cost and order variance [J]. Journal of Cleaner Production，2014，85：442-452.

[85] 李成川，李聪波，曹华军，易茜. 基于 GERT 图的废旧零部件不确定性再制造工艺路线模型 [J]. 计算机集成制造系统，2012，18 (2)：298-305.

[86] Mousav S M and Moghaddam R T. A hybrid simulated annealing algorithm for location and routing scheduling problems with cross-docking in the supply chain [J]. Journal of Manufacturing Systems，2013，32 (2)：335-347.

[87] Zhang R. A simulated annealing-based heuristic algorithm for job shop scheduling to minimize lateness [J]. International Journal of Advanced Robotic Systems，2013，10 (1)：1-9.

[88] Mananvizadeh N，Hosseini N S，Rabbani M，et al. A simulated annealing algorithm for a mixed model assembly u-line balancing type-I problem considering human efficiency and Just-In-Time approach [J]. Computer Industrial Engineering，2013，64 (2)：669-685.

[89] 程宏，江志刚，向鹏，等. 基于熵权和 TOPSIS 法的再制造逆向物流模式决策研究 [J]. 制造技术与机床，2016 (8)：71-76.